出「奇」制胜

奇门遁甲探疑

周德元——著

团结出版社

© 团结出版社，2025 年

图书在版编目（CIP）数据

出"奇"制胜：奇门遁甲探疑 / 周德元著
-- 北京：团结出版社，2025. 4.
　ISBN 978-7-5234-1170-4

　Ⅰ . B992.2

中国版本图书馆 CIP 数据核字 20248S6Z18 号

责任编辑：方　莉
封面设计：谭　浩

出　　版：团结出版社
　　　　　（北京市东城区东皇城根南街 84 号　邮编：100006）
电　　话：（010）65228880　65244790（出版社）
　　　　　（010）65238766　85113874　65133603（发行部）
　　　　　（010）65133603（邮购）
网　　址：http://www.tjpress.com
电子邮箱：zb65244790@vip.163.com
经　　销：全国新华书店
印　　装：三河市东方印刷有限公司

开　　本：170mm×240mm　16 开
印　　张：21.25　　　　　　　　字　　数：327 千字
版　　次：2025 年 4 月　第 1 版　　印　　次：2025 年 4 月　第 1 次印刷

书　　号：978-7-5234-1170-4
定　　价：68.00 元

前　言

近十多年来，研究"周易""紫微斗数""四柱推命术""相术""风水学""解梦"等玄学术数的风气日浓，因此"预测学"成了一个热门的学科领域。坊间出版的这一类书籍可谓汗牛充栋，网上的资料和小视频更加比比皆是。

这个现象对于传承中华优秀传统文化的主流而言是好事。虽然说其中存在着泥沙俱下、鱼龙混杂的现象，有些东西粗制滥造、错误百出，但是大部分出版物是有一定的学术和应用价值的。我们既不能因为这些非主流的现象去否定传承中华优秀传统文化的主流，也不应该因为神秘文化领域有一些糟粕类的东西或者被一些江湖人一知半解的歪曲就简单粗暴地扣以"封建迷信"和"伪科学"的大帽子。这种做法本身就是不科学、不公平的。《孟子·尽心下》云："贤者以其昭昭使人昭昭，今以其昏昏使人昭昭。"毛泽东和邓小平都讲过，"以其昏昏，使人昭昭"是不行的。不少批判神秘文化是"封建迷信"和"伪科学"的人其实对神秘文化不甚了了，却以"唯物主义者""科学家"的身份挥舞反对"伪科学"的大棒去批判神秘文化，这是典型的"以其昏昏使人昭昭"。这种做法就不是唯物和科学的。

记得我国有一位当代著名的大科学家说过，人类在宇宙中还很年轻，许多自然界的现象，仅仅依靠人类现有的科学知识是无法解释的。因此，对于一些目前无法解释的现象，不应该简单地扣上"伪科学""迷信"的大帽子。笔者认为，这位大科学家的说法体现了一个严谨的学者应该持有的学术态度。其实这是一种典型的"哈哈镜现象"。一个人本身并不畸形，但是由于哈哈镜的畸形，才使得照出来的人的形象发生畸形。

笔者在浏览这些出版物之余，不免生出一点缺憾，在这么多出版物中，涉及自古以来被称为三大术数的"奇门遁甲""大六壬""太乙神数"的书籍很少。尤其是专门介绍或者论述号称"帝王之学"的"奇门遁甲"的书籍寥寥无几。倒是近年来网上的小视频出现了很多传授奇门遁甲的东西。

对此，笔者的态度是：莫论他人是与非，做好自己的研究才是正道。

笔者在三十多年前花了几年的时间学习和研究奇门遁甲，1995年一位香港的朋友邀约笔者写一本奇门遁甲的书，到1996年完成书稿和清样，当时的书名是《奇门遁甲预测术》。考虑到是在香港出版，所以排版的清样采用繁体字和竖排本。遗憾的是，1998年美国的资本大鳄索罗斯等人发动的亚洲金融风暴，导致这位朋友几乎破产，于是出版计划搁浅至今已二十多年。在2017年中央提倡传承优秀文化之后的大环境下，再加上出版社的大力支持，这本书有了出版问世的机遇。当然，笔者对近三十年前的书稿需要重新审视，进行必要的修改和调整。这就是出版此书的基点和原则。

由于奇门类书籍和资料在历史长河中辗转流传，加上当时的印刷水平有限，所以古版书籍中谬误难免，笔者尽力进行了勘校，力求为读者提供一本准确率较高的奇门遁甲入门工具书。

书的附录部分收录了奇门遁甲重要的经典文献之一《烟波钓叟赋》，并详细列出了笔者校对过的时家奇门阳遁五百四十局和阴遁五百四十局。读者在演布奇门活盘定局之后可以直接对照查阅。

在笔者1996年的书稿中，列出了笔者编排的1995—2000年的奇门专用历。时至今日，这个专用历已经过时了，但作为参考，依然附上。笔者另外补充了2025年的奇门专用历。读者在运用奇门遁甲时，对于2025年中的任何一日不必再去具体推算该用哪一局，可以直接从这份专用历中查阅，免去了推算超神、接气和置闰的麻烦。

笔者从2011年开始撰写"中国神秘文化的辨析和省悟"系列图书（由团结出版社出版），书中有一个"总序"。由于当时没有打算重新整理出版论述奇门遁甲的本书，所以在那个总序中没有涉及奇门遁甲的内容，算是那套图书的缺憾。

重新审阅三十年前的书稿也是一个重新研究奇门遁甲的过程。由于笔者有了三十年前所不具备的"辨析"和"省悟"思维，在研究过程中，对奇门遁甲历来没有统一标准的几个问题和起局方法产生了疑问。本书第十九章中专门做了介绍，这也是本书的书名叫作《出"奇"制胜：奇门遁甲探疑》的起因。笔者历来主张研究学问必须深入，不能人云亦云。由于历史久远，且文献和资料缺失，没有考古证据的佐证，更没有公认的统一标准，所以传统文化中有一些论点和规则在当下可以应用，但只能作为"不究竟"的疑问搁置。

当然，虽有疑问，但不会妨碍奇门遁甲成为中国传统文化领域中一个重要的分支，很值得研究和探索，历史上许多先贤成为奇门遁甲的大师就是最有说服力的例证。

目录
Contents

绪　论

　　从学术意义上说，奇门遁甲是易学领域的一个重要分支。奇门遁甲起源于上古时代四千六百多年前。在《烟波钓叟赋》中有一段话："轩辕黄帝战蚩尤，涿鹿经年苦未休。偶梦天神授符诀，登坛致祭虔精修。龙龟出自河洛水，彩凤衔书碧云里。因命风后演成文，遁甲奇门从此始。一千八十当时制，太公删定七十二。逮及汉代张子房，一十八局为精艺。"说的是当年轩辕黄帝大战蚩尤，苦战五年没有取胜。后来九天玄女授予黄帝一本《龙甲神章》，帮助黄帝打败了蚩尤。《龙甲神章》中除了记载兵器的打造方法之外，还记载了很多行军打仗调兵遣将的兵法。于是黄帝命风后把《龙甲神章》演绎成兵法十三章，孤虚法十二章，奇门遁甲一千零八十局。后来经过姜太公、黄石公，再传给张良，张良把奇门遁甲中的阴遁局和阳遁局简化为十八局。东汉的张衡和汉末的诸葛亮等先贤又进行提炼、归纳和规范化，使得奇门遁甲更加严谨、完整，并易于使用。尤其是张衡明确界定了九宫的数位与后天八卦的内在联系，诸葛亮在奇门活盘上增设了安置八神的神盘等，使得奇门遁甲真正形成了一门完整的术数。

　　到了唐宋年间，一些佛道术士在奇门遁甲中增加了一部分符、咒、法等内容，给奇门遁甲蒙上了一层神秘色彩。世称奇门遁甲为"帝王之学"大约就是始于此，并由此产生了一种误解，以为谁掌握了奇门遁甲，就可以夺取天下。这种观点引起了一些帝王的警觉，生怕有人掌握了奇门遁甲会对统治者的王权构成威胁。有一个未经证实的传说：明末清初，研习奇门遁甲之人大增，其中一部分人或许是出于推翻满人统治，恢复汉家天下的动机。为了确保江山永固，乾隆皇帝下令制作了一只象征皇家权威的"金瓯永固杯"。"金瓯"代表国家，寓意江山永固。它有三十六颗珍珠、蓝宝石、红宝石、碧玺等按周易九宫数理布局杯身，应验奇门遁甲排宫布局法——知三避五，生三吉门，避五凶门——能盘活周边气场，逢凶化吉。据说当年最后一颗珍珠镶嵌完毕，即出现日月同天、金木水火土五星连珠的天文现象，这种天象历来被认为是大吉大利。后来乾隆皇帝组织了一批学者对奇门遁甲加以删改（甚至篡改），使之面目全非。导致后来存留的奇门类书籍（尤其是清代以前的版本）与早期的版本有出入。

当然稀少并不等于绝迹，作为一门有价值的学问，是无法被永远禁锢和垄断的。在民间依然留有清代以前的奇门遁甲真正典籍，使得这门学问不致失传。笔者当年在学习奇门遁甲时找到了据说是明代的版本。至于这个版本是否原汁原味，笔者也不得而知。

所谓奇门遁甲，其核心是"三奇""八门"和"遁甲"——

"三奇"：是指十天干中的乙、丙、丁。它们与八门中的开门、休门、生门三吉门相遇，则为得奇门。

"八门"：是指开门、休门、生门、惊门、杜门、景门、死门、伤门。

"遁甲"："遁"即隐遁、隐藏，"甲"在十天干中最为尊贵，它藏而不现，故名"遁甲"。在十天干中，除了隐遁的甲和"三奇"乙丙丁，其余的六个天干（戊、己、庚、辛、壬、癸）称为"六仪"。甲就是隐遁于"六仪"之下。形成了所谓的"六甲"：甲子、甲戌、甲申、甲午、甲辰、甲寅。隐遁原则是甲子同六戊，甲戌同六己，甲申同六庚，甲午同六辛，甲辰同六壬，甲寅同六癸。

奇门遁甲的一大特点是它的实用性。它与《周易》研究领域中的义理派截然不同，它没有许多纯理论的探讨和相对模糊的描述，它主要是属于方法论范畴的。如果离开了应用，奇门遁甲就失去了它的存在价值。民间流传一个说法"学会奇门遁，来人不需问"，除了说明奇门遁甲就是用于预测的，还说明奇门遁甲预测的准确性高。从历史上看，《周易》有义理派和象数派两大流派，并各有其代表人物：如义理派的王弼、程颐、杨万里、顾炎武等；象数派的孟喜、焦延寿、陈抟、邵雍（邵康节）等。而奇门遁甲是应用之学，没有出现类似的对立派别。它的代表人物如姜尚（姜太公）、张良、张衡、诸葛亮、刘伯温等人都是大军事家或应用科学的学者，他们致力于奇门遁甲的实际运用，而不是进行纯理论研究。

由于奇门遁甲是用于预测的，根据预测的用途不同，分为"高处奇门"和"平处奇门"两类。高处奇门用于作战、行兵、布阵等军事预测，平处奇门用于预测日常生活中的人、事、物等。本书的主题只是探讨和介绍"平处奇门"，不涉及用于作战、行兵、布阵的"高处奇门"。

　　奇门遁甲的另一个显著特点是预测的准确性高。其原因是它与其他诸种术数相比，在预测过程中使用了更多的预测因子（按照现代科学的术语，这些预测因子就是"参数"）。这些因子构成了以阴阳十八局为主框架的奇门活盘。奇门活盘包括：神盘、天盘、中盘（又名人盘、门盘）和底盘。神盘上的八神、天盘上的九星、中盘上的八门和底盘上的九宫，以及分布在天盘和底盘上的三奇六仪，共有五组因子。

　　20世纪90年代有一个论点认为，易占中的六爻预测法是一个六维空间的问题，超越了人类现有的知识范畴。且不说这个论点是否正确，至少把奇门遁甲预测作为一个五维空间的问题看待是有一定道理的。奇门遁甲的体系有五组因子：三奇六仪、九宫、九星、八门、八神，这五组因子各自相对独立却又相互关联。奇门活盘就是用来演布这五组因子时空动态变化的工具。显然，用于描述三维空间的立体坐标系是无法描述上述五组因子的。因此，奇门活盘是运用奇门遁甲进行预测时必不可少的工具。

　　奇门遁甲的空间基准是底盘上九宫的每一个宫，而它的时间基准则不同，分别可以是年、月、日、时（时辰），于是产生了年家奇门、月家奇门、日家奇门和时家奇门。其中时家奇门的变化单位是时辰，由于时间单位小，所以比其他三种奇门更加精确。在传统上认为年吉不如月吉，月吉不如日吉，日吉不如时吉。时家奇门在阴阳十八局的基础上再按六十个时辰（用六十甲子表示）细分，共有60×18=1080局之多。就复杂程度和精度而言，时家奇门为最，日家奇门次之，月家奇门再次之，年家奇门居末。在实际运用时，通常都是采用由时家奇门演布所得的局进行预测。

　　但是，如果采用时家奇门排局，必然会出现超神、正授或接气的问题。除了现在常见的置闰法、拆补法和无闰法等，有人在年家奇门、月家奇门、日家奇门和时家奇门的基础上又提出了"分家奇门"的起局方法。本书将在第十九章中讨论分家奇门。

　　至于前面提到的一些江湖术士给奇门遁甲增加的那些符、咒、法等内容，它们是精华还是糟粕，仁者见仁，智者见智。笔者认为既不能把这些东西一概视为荒诞迷信的糟粕而抛弃，也不能盲目地相信或认同。那些言必称科学的人，首先是取舍的态度要理性。不能用仅仅存在了几百年历史的西方科学体系去衡量存在了几千年的中国传统术数。合理的做法应该是由人们自己探索、研究和验证之后得出正确的结论。严格地说，那些符、咒、法并不是在预测过程中需要用的，而是一些江湖术士在预测之后用于化解的。至于是否真正有用，本书不做评论。但是对其中相对合理的"天门地户""天马之方"等概念会稍有涉及。

第一章　了解奇门遁甲所需的传统文化基础知识

一、先天八卦和后天八卦

世人皆知是伏羲创立了八卦，当时只是八个卦象符号和它们的类象。伏羲用八卦来预测每年的天象、气候、农耕收成、狩猎捕获等。在周文王被商纣王囚禁在羑里时，周文王在狱中推演八卦，得到了六十四卦。后来他与第四子姬旦（周公）给六十四卦配了卦辞，给三百八十四爻配了爻辞，于是成为一套完整的符号体系。先天八卦和后天八卦之说始于宋代，宋初的易学大家邵雍认为以乾坤坎离为四正卦乃伏羲确立的，为先天八卦。以坎离震兑为四正卦乃周文王确立的，为后天八卦。

现在人们所说的先天八卦是指：依照河图确立的八个卦的卦数：乾一、兑二、离三、震四、巽五、坎六、艮七、坤八；后天八卦是指依照洛书确立的八个卦的卦数：坎一、坤二、震三、巽四、乾六、兑七、艮八、离九。而且，先天八卦和后天八卦对应的方位也各不相同，下面将会详细介绍。

1. 卦数

相传在上古伏羲氏时，洛阳东北孟津县境内的黄河中浮出龙马，背负"河图"献给伏羲。伏羲依照河图而确立的：乾、坤、震、巽、坎、离、艮、兑八个卦，伏羲并确定了八个卦对应的卦数是：乾一、兑二、离三、震四、巽五、坎六、艮七、坤八，后世将之称为先天八卦和先天数。

又相传在大禹时，洛阳西洛宁县洛河中浮出神龟，背驮"洛书"，献给大禹。大禹受洛书的启迪成功治理了水患，并划天下为九州。后来周文王根据《洛书》中的"戴九履一，左三右七，二四为肩，六八为足"规则，将八个卦的卦数确定为：坎一、坤二、震三、巽四、乾六、兑七、艮八、离九，后世将之称为后天八卦和后天数。

2. 方位

先天八卦与后天八卦分别出自河图与洛书，由此引出了先天八卦与后天八卦对应的方位各不相同。在先天八卦中，乾卦代表纯阳，为正南；坤卦代表纯阴，为正北；离卦代表火，为正东；坎卦代表水，为正西；兑卦代表泽，为东南；震卦代表雷，为东北；艮卦代表山，为西北；巽卦代表风，为西南。

在后天八卦中，离卦在正南，坎卦在正北，震卦在正东，兑卦在正西，乾卦在西北，坤卦在西南，艮卦在东北，巽卦在东南。

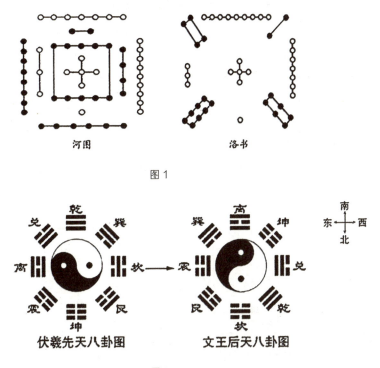

图1

图2

顺便交代一下：在易经占断中，推演八个卦时采用先天八卦中的卦数和后天八卦中的方位；而在奇门遁甲推演中主要采用后天八卦。

二、天干、地支

有史料记载，天干地支是黄帝为了建立当时农耕社会所需的历法体系而命史官大桡创立的。按照《五行大义》中的说法，大桡"采五行之情，占斗机所建，始作甲乙以名日，谓之干，作子丑以名月，谓之枝。有事于天则用日，有事于地则用月。阴阳之别，故有枝干名也"。

天干有十个：甲、乙、丙、丁、戊、己、庚、辛、壬、癸。地支有十二个：子、丑、寅、卯、辰、巳、午、未、申、酉、戌、亥。十个天干是根据五行（金、木、水、火、土）有阴阳两极变化而得之。十二个地支也分别具有五行属性，与一年有十二个月相关联。

天干地支与阴阳五行学说的结合，既给天干地支赋予了阴阳五行属性，又产生了十天干相互之间以及十二地支相互之间的相生、相克（相冲）、相合和比和的关系。如果没有给天干地支赋予阴阳五行属性，它们只是二十二个孤立的汉字而已。

1. 天干

（1）天干的阴阳五行属性

每个天干分别具有各自的阴阳属性和五行属性，见表1-1。

表 1-1

天干	甲	乙	丙	丁	戊	己	庚	辛	壬	癸
五行	木	木	火	火	土	土	金	金	水	水
阴阳	阳	阴	阳	阴	阳	阴	阳	阴	阳	阴
方位	东	东	南	南	中	中	西	西	北	北
四季	春	春	夏	夏	长夏	长夏	秋	秋	冬	冬
内五行	肝	胆	小肠	心	胃	脾	大肠	肺	膀胱	肾
外五行	头	项	肩	胸	胁	腹	脐	股	胫	足

（2）天干相合相冲

相合：甲己合化土，乙庚合化金，丙辛合化水，丁壬合化木，戊癸合化火。（阴阳相配，财官得吉神。隔四相合。）

相冲：甲庚相冲，乙辛相冲，壬丙相冲，癸丁相冲。（又名：坐山冲。戊己中土无对冲、凡所喜之神畏冲，所忌之神欲冲。）

（3）天干的长生墓旺状态

"长生墓旺"是传统文化中描述吉凶状态的一个专用的概念，它包括十二种状态：长生、沐浴、冠带、临官、帝旺、衰、病、死、墓（又称为库）、绝、胎、养。

每个天干在不同的时令（以地支划分）具有不同的状态。见表1-2。

表1-2

状态 时令 天干	五阳干					五阴干				
	甲	丙	戊	庚	壬	乙	丁	己	辛	癸
长生	亥	寅	寅	巳	申	午	酉	酉	子	卯
沐浴	子	卯	卯	午	酉	巳	申	申	亥	寅
冠带	丑	辰	辰	未	戌	辰	未	未	戌	丑
临官	寅	巳	巳	申	亥	卯	午	午	酉	子
帝旺	卯	午	午	酉	子	寅	巳	巳	申	亥
衰	辰	未	未	戌	丑	丑	辰	辰	未	戌
病	巳	申	申	亥	寅	子	卯	卯	午	酉
死	午	酉	酉	子	卯	亥	寅	寅	巳	申
墓（库）	未	戌	戌	丑	辰	戌	丑	丑	辰	未
绝	申	亥	亥	寅	巳	酉	子	子	卯	午
胎	酉	子	子	卯	午	申	亥	亥	寅	巳
养	戌	丑	丑	辰	未	未	戌	戌	丑	辰

（4）天干吉凶对应

甲：天福。宜行恩施惠，进德赏功，获福庆。

乙：天德。宜施恩赏功，敛恤抚告。

丙：天威。宜发号施令，以彰雄威，不可行刑罚。又名明堂。

丁：太阴。宜静居无忧，勿嗔遣谪，无使烦忧。又名玉女。

戊：天武。宜发号施令，行诛屠戮，断除凶恶。

己：六合。宜揭发密事，修封疆，理城郭。又名地户。

庚：天狱。宜断决刑狱，诛戮奸邪，而人无怨言。

辛：天庭。宜正行刑法，行威怒，制罪囚，不宜为吉事。

壬：天牢。宜正平诉讼，决刑狱，不宜为吉事。

癸：天藏。宜行威武，显罪责，积蓄收敛。

（5）天干与主客关系

五阳干（甲、丙、戊、庚、壬）：利客不利主，做事宜先动，耀武扬威以决胜。古人云："得阳干者，飞而不止，利客先举。"

五阴干（乙、丁、己、辛、癸）：利主不利客，做事宜后动。举兵衔救，敌动后而动可决胜。古人云："得阴干，利为伏而不起则利。"

2. 地支

（1）每个地支分别具有各自的阴阳属性和五行属性，见表1-3。

表1-3

地支	子	丑	寅	卯	辰	巳	午	未	申	酉	戌	亥
方位	北	东北	东北	东	东南	东南	南	西南	西南	西	西北	西北
五行	水	土	木	木	土	火	火	土	金	金	土	水
阴阳	阳	阴	阳	阴	阳	阴	阳	阴	阳	阴	阳	阴
四季	冬	冬	春	春	春	夏	夏	夏	秋	秋	秋	冬
脏腑	膀胱	脾	胆	肝	胃	心	小肠	脾	大肠	肺	胃	肾
生肖	鼠	牛	虎	兔	龙	蛇	马	羊	猴	鸡	狗	猪
月建	十一月	十二月	正月	二月	三月	四月	五月	六月	七月	八月	九月	十月

（2）地支相合相冲

相合（六合）：子丑合化土，寅亥合化木，卯戌合化火，辰酉合化金，巳申合化水，午未合化土（又有一说：午未合日月）。

相冲（六冲）：子午相冲，丑未相冲，寅申相冲，卯酉相冲，辰戌相冲，巳亥相冲。

（3）地支三合局

申子辰合化水局，亥卯未合化木局，寅午戌合化火局，巳酉丑合化金局。

（奇门格局中有三合局者，其力最强，若仅二支相合，谓之半合，有旺为佳。）

（4）地支相害（六害）（冲其所合者为害，故害就是不和，又名"六穿"。）

子害未（羊鼠相逢一旦休）、丑害午（从来白马怕青牛）、

寅害巳（蛇遇猛虎似刀断）、卯害辰（玉兔逢龙云端去）、

申害亥（猪遇猿猴不到头）、酉害戌（金鸡遇犬泪双流）。

相害有受害、被害和严重受克之意。凡遇相害者，若气旺无制，定会有大凶大灾。轻者损财千万，重者人口损伤。当官的必被免职，无官位者定会损财伤体。若气弱受制，处于休囚状态，又有相冲者，工作必被调动，或出远差和长差。若测婚姻，往往有第三者插足。

相害的力量逊于相刑，以吉害凶未必去凶，但以凶害吉则损吉气，其中寅巳相害又兼相刑，故寅巳申相遇当以刑论，而不再论害矣。

（5）地支相刑

刑者满极招损之意。相刑是指十二个地支中相互对立的地支。与相冲不同的是，相刑的二者之间既有相生，又有相克，又各自为政，互不相让，形成鼎足之势，造成事物发展中的挫折。凡测事遇相刑者，多为触犯刑法和纲纪。凡测人体遇相刑者，多为有疾病痛苦。

寅、巳、申乃无恩之刑（寅刑巳、巳刑申、申刑寅）：往往是知恩不报，陷害恩人，或因杀害恩人而罹刑法。凡遇此者，当官的不能兴师动众建家立业，以免虽费力却适得其反；无官位者须谨慎小心，防止口舌官非。妇人遇之易损孕，六亲少义不助己，未婚女子须防不测。

丑、戌、未乃持势之刑（丑刑戌、戌刑未、未刑丑）：往往是凭着自己有权势，胡作非为，欺压百姓或他人，而导致违法和灾祸。凡遇此者，当官的同僚之间不和，无官位者打架闹事，惹是生非。若是女性，主与别人口角斗嘴。

子、卯乃无礼之刑（子刑卯、卯刑子）：往往是因为无礼之事造成犯法和有灾祸。也可以是主从之间反目成仇，下属作乱、上官被害。当官的遭暗算却不见其人，父子不和，六亲不顺，或是破财小灾。若与太阴同宫，又被克制，则指妇人小产损孕。未婚者，则平常，无得无失。

辰、午、酉、亥乃自刑（辰刑辰、午刑午、酉刑酉、亥刑亥）：往往是自己为了达到某种目的而触犯法律纲纪，或是没有达到某个愿望而独自生闷气，致使身体虚弱而患病，甚至自杀等。

三、五行

1. 五行

（1）五行基本概念

五行中"五"是指宇宙间万物的属性分为五类。五行中的"行"（读作xíng），是指自然的"运行"，是各种事物按本身具有的属性依循某种固有的规则而持续地运动，是一种自然的行为。东汉的儒学家郑玄给"行"下了一个定义："行者，顺天行气也。"

五行理论不仅将宇宙万物的属性分为五类，而且认为宇宙间万物并非静止、孤立的存在，而是有相互滋生、相互制约的关系，这就是五行的相生、相克原理。五行理论认为，金、木、水、火、土之间的生克关系反映出了事物之间的关联和转化规律。大约在战国时期，又在金、木、水、火、土之间相生、相克的关系之外增加了相乘、相侮等关系的说法，形成了一套完整的五行理论体系。而且，这套理论体系渗透到了哲学、气象、历法、时间、地域、农耕、军事、政体、传统医学和武术等许多领域，成为传统文化中易占、命理、堪舆（风水）、相学、中医、武术等多个领域的理论支撑。奇门遁甲也由五行理论作为支撑。

中医药和养生领域如果没有阴阳五行理论，将失去理论支撑，站不住脚。例如，中医学最重要的典籍之一《黄帝内经》之中，虽然没有直接使用"五行"这个名词，但是与黄帝对话的岐伯对构成五行主体的金、木、水、火、土作了详细的诠释。

堪舆（风水）、易经占卜、命理学、武术等领域必须用到的十个天干和十二个地支，如果没有五行中金、木、水、火、土之间的相生相克关系，天干地支只是没有任何属性的二十二个汉字。

具体地说，堪舆学的理论体系如果没有了五行，东、西、南、北、中五个地理方位就失去了属性内涵，也就无法确定"二十四山"和其他风水元素的吉和凶的属性，更无法运用到建筑学领域。

在易经占卜领域，如果没有五行理论体系，即使占得了一个卦，解卦只能回归到最初的用卦爻辞解卦的时期，无法解释每个卦的卦象更深的内涵。

在命理学中，无论是四柱推命术、紫微斗数还是铁板神数等术数，如果没有阴阳五行理论作为支撑，命理学的各种规则将不复存在，也就失去了命理学存在的意义。

在中华传统武术领域，如果没有阴阳五行理论，太极拳、八卦掌、五行拳等武技只能是一些技击方法，失去了应有的内涵。

总之，五行理论在传统文化中的应用既有广度，又有深度，是不可或缺的理论支柱。

《尚书·洪范》中明确说明了金、木、水、火、土各自的属性："五行，一曰水、二曰火、三曰木、四曰金、五曰土。水曰润下，火曰炎上，木曰曲直，金曰从革，土爰稼穑"，"润下作咸，炎上作苦，曲直作酸，从革作辛，稼穑作甘"。这里所说的金、木、水、火、土是古代先贤对宇宙万物加以抽象和提炼而得出的理论概念，是指五种属性。与通常所说的金、木、水、火、土五种具体物质不同，它们涵盖的范围更加广泛。正因为如此，五行理论中所说的五行才有可能得以更加广泛地应用。

金：《尚书·洪范》中说"金曰从革"。所谓"从革"是指五行中的金具有可熔炼变革特性。所以金的特性也解释为：清肃、敛降，这个特性在中医领域有广泛的应用。进一步引申为凡是具有清洁、肃降、收敛等性质或形态的事物，都属于五行中金的范畴。后来有一种说法：凡具有金属性的皆为金，所以后来就有了"金属"这个词，而五行中其他的木、水、火、土四种，没有带"属"这个字的说法。

木：《尚书·洪范》中说"木曰曲直"。所谓"曲直"是指具有木属性的草木，其枝干生长形态都是有曲有直、向上向外舒展的。所以五行中木的特性也解释为：生长、升发、条达、伸展、易动、收涩。凡是具有这种特性或形态的事物，都属于五行中木的范畴。还有一种说法，木的读音来自与之读音接近的"冒"，即"冒地而生"。这个特性在中医领域也有广泛的应用。

水：《尚书·洪范》中说"水曰润下"。所谓"润下"是指五行中水的属性为湿润，水往低处流。所以五行中水的特性也解释为：滋润、下行。这个特性在中医领域也有广泛的应用。进一步引申为凡是具有寒凉、向下运行等性质或形态的事物，都属于五行中水的范畴。

火：《尚书·洪范》中说"火曰炎上"。所谓"炎上"是指燃烧之火，其性温热，其焰上升。这个特性在中医领域也有广泛的应用。进一步引申为凡是具有温热、升腾、向上、辐射等性质或形态的事物，都属于五行中火的范畴。

土：《尚书·洪范》中说"土爰（yuán）稼穑"。所谓"稼穑"是指土能承载、孕育农作物的播种和收获。所以土的特性也解释为：生化、养育、承载、受纳、静止、缓和。进一步引申为凡是具有此等性质或形态的事物，都属于五行中土的范畴。这个特性在中医领域也有广泛的应用。

五行各自的特性可以归纳为：

木——生长、升发、柔和、条达、舒畅；

火——温热、升腾、向上、明亮；

土——生化、孕育、承载、受纳、收藏；

金——清洁、清肃、收敛、坚挺；

水——寒凉、滋润、向下、运行。

但是，五行理论的起源始终是个谜，多少年来由于缺少考古发掘的实物证据，也没有确切的文献证明，所以虽然关于五行理论的起源出现了多种观点和说法，却一直没有一个得到公认的权威定论。

笔者一直试图解开五行起源之谜，在2021年撰写了《天"行"有常：阴阳五行之探索》(团结出版社，2022年1月出版)详细讨论五行理论，遗憾的是还是没有解决两个问题：Who？是谁第一个提出五行概念；Why？为什么将宇宙万物的属性分为金、木、水、火、土五类。在没有考古实证的支撑下，无法得到最终结论。不得不承认，在中国传统文化领域有一些东西由于历史久远，证据和文献缺失，导致这些东西不够完整。所以面对这一类问题只能采取"不究竟"的态度。只要实践证明这些东西是有效可信的，即可拿来运用，可以不必坐等谜题解开后再去学习和运用。本书的主题是论述奇门遁甲，也存在类似的疑问。关于这一点，将在第十九章中探讨。

无论将来能否彻底解开五行起源这个千古之谜，五行理论是中国传统文化中最重要的精髓之一的结论是不可否认的。而且可以确定的是，中国的古代先民在长期的生活和生产实践中，经过观察、分析、归纳、再抽象后，认识到木、火、土、金、水是生活必不可少的五种最基本物象，世间一切事物都是由木、火、土、金、水这五种基本物象的变化产生的。至于"五行"这个名词，笔者在前面讲过，应该是从《黄帝内经》中说的"五气运行"(简称"五行")衍生的。

中国古代天文学家的观星历史非常悠久，也发现了太阳系中的行星，并且也对发现的行星加以命名，尤其是对金、木、水、火、土五大行星的命名，将五大行星的方位与五行理论中五行的方位对应了起来。所以说，水星、金星、木星、火星、土星的名字自古就有了。

水星——位于北方，在五行中水的方位居于北方，所以称为水星。《天官占》云："辰星，北水之精，黑帝之子，宰相之祥也。"所以古人又称水星为辰星。水星在五大行星中比较暗，相当于北方的黑色（黑色为水）。在《淮南子·天文训》里有一段话："北方，水也，其帝颛顼，其佐玄冥，执权而治冬，其神为辰星，其兽玄武，其音羽，其日壬癸。"

金星——位于西方，在五行中金的方位居于西方，所以称为金星。由于西方的颜色是白色，所以又称为太白金星。金星还称为长庚、启明，金星出现在西方则为长庚，出现在东方则为启明（即通常所说的启明星）。在《淮南子·天文训》里有一段话："西方，金也，其帝少昊，其佐蓐收，执矩而治秋，其神为太白，其兽白虎，其音商，其日庚辛。"

火星——位于南方，在五行中火的方位居于南方，所以称为火星，又称为荧惑，因为荧就是火。在《淮南子·天文训》里有一段话："南方，火也，其帝炎帝，其佐朱明，执衡而治夏，其神为荧惑，其兽朱鸟，其音徵，其日丙丁。"

木星——位于东方，在五行中木的方位居于东方，所以称为木星，又称为岁星。这是因为木星绕太阳公转一周为12年，我国历法中的地支纪年也是以12为一个周期，代表12生肖的轮回。古人通过它的运行规律配以天干地支形成了古代历法中曾经采用过的"岁星纪年"。在《淮南子·天文训》里有一段话："东方，木也，其帝太皞，其佐句芒，执规而治春，其神为岁星，其兽苍龙，其音角，其日甲乙。"

土星——位于中央，在五行中土的方位居于中央，所以称为土星。又称为镇星（填星），填跟镇同音，有土的意思。在《淮南子·天文训》里有一段话："中央，土也，其帝黄帝，其佐后土，执绳而制四方，其神为镇星，其兽黄龙，其音宫，其日戊己。"

（2）五行相生相克

① 五行相生

五行相生即木生火，火生土，土生金，金生水，水生木。所谓"相生"是指：二者互相滋生，促进生长，相合相好。

木生火：火焰的产生和延续需要添加木柴，如果没有木柴，火会熄灭。所以说木能生火。

火生土：凡是易燃的物体被火焚烧后变成灰土，所以说火能生土。

土生金：五行中的"金"是广义的金属。而各种金属来源于土壤和矿石（五行中广义的"土"），所以说土能生金。

金生水：金有熔炼变革的特性，即金被熔炼后变成液态，或被化为水。例如钢水、铁水、金水等，所以说金能生水。

水生木：水的特性是滋润、下行。凡草木皆为广义的"木"，木需要水的滋润才能生长发达。所以说水能生木。

五行中的任何一种"行"，都会有"生我"（即滋生我）和"我生"（即我去滋生）两种关系。例如，土生金，对于金而言，"生我"者是土，是金得到了土的滋生相助；对于土而言，"我生"者是金，是土滋生相助了金。

	生我者	我生者
金	土	水
木	水	火
水	金	木
火	木	土
土	火	金

② 五行相克

五行相克即金克木，木克土，土克水，水克火，火克金。所谓"相克"是指五行中两个"行"之间互相克制和制约。

金克木：金可以砍伐草木，所以说金克木。

木克土：在上古时代，用来掘土、挖土的工具多为木制。而且草木可以扎根于各种土中。

土克水：土可以阻挡水的流动，自古就有"水来土掩"之说。

水克火：灭火须依靠水，即"火得水而灭"。

火克金：凡是具有金属性的类象，只要火力充足，使温度达到其熔点，都能将它融化为液态。

在五行相克的关系中，任何一种"行"都具有"我克"（我去克）和"克我"（我被克）两种关系。例如，金克木：金去克木，所以木对于金而言是"克我"；而木被金克，即金对于木而言是"我克"。

金、木、水、火、土之间相生相克关系图见图3。

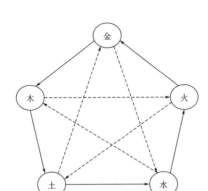

图3　（图中，实线表示相克关系，虚线表示相生关系）

五行之间具有相生相克、相互转化的特性，而相生相克和相互转化的过程需要时间，所以五行与时间是关联的。即随着时间流转，相生相克和相互转化会导致五行发生变化。

一个很有趣的现象是，上述的"阴阳相生"和"阴阳同性相克"的关系与现代物理学中"同性相斥"和"异性相吸"的规律吻合。在中国古代出现"阴阳相生"和"阴阳同性相克"的提法时，现代物理尚未产生，更没有"同性相斥"和"异性相吸"的规律。笔者认为，二者的吻合应该不是巧合，而是某种客观规律在不同文化传承中的体现。

（3）十天干的阴阳五行属性和方位

甲属阳木，为栋梁之木，位于东方。

乙属阴木，为花果之木，位于东方。

丙属阳火，为太阳之火，位于南方。

丁属阴火，为灯烛之火，位于南方。

戊属阳土，为城墙之土，位于中央。

己属阴土，为田园之土，位于中央。

庚属阳金，为斧钺之金，位于西方。

辛属阴金，为首饰之金，位于西方。

壬属阳水，为江河之水，位于北方。

癸属阴水，为雨露之水，位于北方。

图4　天干配五行、方位图

（4）十二地支的阴阳五行属性、方位和对应的生肖

子（鼠）属阳水，位于北方。

亥（猪）属阴水，位于北方。

寅（虎）属阳木，位于东方。

卯（兔）属阴木，位于东方。

巳（蛇）属阴火，位于南方。

午（马）属阳火，位于南方。

申（猴）属阳金，位于西方。

酉（鸡）属阴金，位于西方。

辰（龙）、戌（犬）属阳土，位于中央。

丑（牛）、未（羊）属阴土，位于中央。

图5　地支配五行、方位图

（5）五行的旺相休囚死状态

五行的旺相休囚死状态与季节的关系如表1-4所示。

表1-4

季节	春	夏	秋	冬	四季月
金	囚	死	旺	休	相
木	旺	休	死	相	囚
水	休	囚	相	旺	死
火	相	旺	囚	死	休
土	死	相	休	囚	旺

注1："四季月"是指辰月（三月）、未月（六月）、戌月（九月）、丑月（十二月）。

注2：春季属木，故木在春季旺；夏季属火，故火在夏季旺；秋季属金，故金在秋季旺；冬季属水，故水在冬季旺；四季月属土，故土在四季月旺。

五行的旺相休囚死状态与方位的关系如表1-5所示。

表1-5

方位	东	西	南	北	四维
金	囚	旺	死	休	相
木	旺	死	休	相	囚
水	休	相	囚	旺	死
火	相	囚	旺	死	休
土	死	休	相	囚	旺

注："四维"是指东北、东南、西南、西北。

从上面两个表中可以快速查询到五行在各个季节和方位的旺、相、休、囚、死状态。

（6）五行的生旺墓绝阶段

所谓五行"生旺墓绝"的概念是指人和事物在成长过程中经历的十二个阶段：长生、沐浴、冠带、临官、帝旺、衰、病、死、墓、绝、胎、养。它的基本原理是"五行寄生十二宫"。即五行的每一个"行"在一年的十二个月也会经历从"长生"直至"养"十二个阶段。与上面介绍的旺相休囚死状态是不同的。例如，"生旺墓绝"中的"旺"是指"帝旺"阶段，不同于"旺相休囚死"中"旺"的状态。又如，"生旺墓绝"中的"死"是指死亡的阶段，不同于"旺相休囚死"中"死"的状态。

长生、沐浴、冠带、临官、帝旺、衰、病、死、墓、绝、胎、养又称为"长生十二宫"，其中最主要的是四个阶段：长生、帝旺、墓（又名库）和绝。五行在十二个月中所处的生旺墓绝阶段如表1-6所示。

表 1-6

五行	金	木	水	火	土
长生	巳（四月）	亥（十月）	申（七月）	寅（正月）	申（七月）
帝旺	酉（八月）	卯（二月）	子（十一月）	午（五月）	子（十一月）
墓	丑（十二月）	未（六月）	辰（三月）	戌（九月）	辰（三月）
绝	寅（正月）	申（七月）	巳（四月）	亥（十月）	巳（四月）

（7）五行属性归纳表

下面的表1-7归纳了与五行属性相关的各种属性。

表 1-7　五行属性归纳表

五行	金	木	水	火	土
方位	西	东	北	南	中央
数目	四、九	三、八	一、六	二、七	五、十
性质	从革	曲直	润下	炎上	稼穑
颜色	白	青	黑	赤	黄
季节	秋	春	冬	夏	四季月
天干	庚、辛	甲、乙	壬、癸	丙、丁	戊、己
地支	申、酉	寅、卯	亥、子	巳、午	辰、戌、丑、未
气候	燥	风	寒	热	湿
脏腑	肺、大肠	肝、胆	肾、膀胱	心、小肠	脾、胃
五官	鼻	目	耳	舌	口
五味	辛	酸	咸	苦	甘

四、阴阳

阴阳理论是与五行理论体系相伴的另一个理论体系，人们习惯将二者统称为阴阳五行。阴阳理论与五行理论几乎出现于同一个历史时期，但肯定不是同一个理论体系。相比五行理论，阴阳理论的起源相对清晰一些。古人将二者融合之后形成了一个"阴阳五行"的理论体系，其覆盖的应用领域和应用深度得到了发展和提升。这正是本书专门讨论阴阳理论的原因。

特别要指出的是，本书涉及的"阴阳"概念与社会上带有迷信色彩的阴阳和鬼神概念完全不同，务必不能混淆。在2016年国务院发布的《中国公民科学素质基准》是由科技部、财政部、中央宣传部牵头，中央组织部等20个部门参加制定的，一共有132个科学素质基准点，其中的第9点是："知道阴阳五行、天人合一、格物致知等中国传统哲学思想观念，是中国古代朴素的唯物论和整体系统的方法论，并具有现实意义。"由此可见，"阴阳五行、天人合一"等理论属于中国传统哲学思想范畴，绝对不是什么封建迷信，而是行正道的知识，我们都应该学习和掌握。

在春秋时代，中国社会上各种思想十分活跃，是学术思想界百家争鸣、百花齐放的时期。后世将这个时期的各种思想称为"诸子百家"。其中有一家叫作"阴阳家"，就是信奉阴阳理论的学术派别。阴阳家的代表人物是著名的鬼谷子。《史记》中有关于阴阳家的记载："尝窃观阴阳之术，大祥而众忌讳，使人拘而多所畏。然其序四时之大顺，不可失也。……夫阴阳、四时、八位、十二度、二十四节，各有教令。顺之者昌，逆之者不死则亡，未必然也。故曰：使人拘而多畏。夫春生夏长、秋收冬藏，此天道之大经也，弗顺则无以为天下纲纪。故曰：四时之大顺，不可失也。"《汉书·艺文志》也记载："阴阳家者流，盖出于羲和之官，敬顺昊天，历象日月星辰，敬授民时，此其所长也；及拘者为之，则牵于禁忌，泥于小数，舍人事而任鬼神。"

由于阴阳家这个派别的人数历来较少，又由于后世的其他原因，时至今日，儒家、道家等学术派别在中国依然存在，而阴阳家已经见不到了。但是在日本还有一些人仍然在研究阴阳理论，甚至有一种职业叫作"阴阳师"。

　　阴阳理论是奇门遁甲的理论支撑之一，但本书的主题不是专门论述阴阳理论，所以下面只介绍阴阳理论的基本概念。至于更加详细的阴阳理论，有兴趣的读者可以参阅笔者的《天"行"有常：阴阳五行之探索》一书。（团结出版社，2022年1月出版）

1. 阴阳说的起源

　　阴阳是中国最古老的哲学观念之一，它起源于氏族社会人类对自身和自然界物象的观察。尽管阴阳观念形成于氏族社会，但由于受当时文字发展水平等因素的局限，直到西周末年周幽王时期，才始见记载的太史官阳伯父认为阴阳是存在于天地之间的两种气，他用阴阳二气的交感变化来解释地震的现象，并根据周幽王二年发生的岐山地震，预言西周会在十年内亡。历史也证实了他的预测。老子（东周时期）在阴阳两气理论的基础上提出"万物负阴而抱阳"（《老子·第四十二章》）的观点，认为一切事物都具有阴阳对立的属性。至此开始形成了阴阳理论二元化的雏形。

　　虽然迄今为止也没有见到过到底是何人第一个正式提出阴阳理论的确证。但是，阴阳理论出现于夏朝，在周朝形成了阴阳二气说，并成为哲学范畴的一种理论体系，已经是公认的共识。

　　"太极生两仪，两仪生四象，四象生八卦，八卦定吉凶，吉凶生大业"的说法最先出自《易经·系辞上传》。八卦是中国古代人民的基本哲学概念。所谓八卦是指乾、坤、震、巽、坎、离、艮、兑八个卦象。八卦是由太昊伏羲氏创立的，它们的排列次序称为先天八卦。八卦其实是最早的符号性文字，也是一套符号体系。它是中国传统文化中根据阴阳和五行一体的理论来推演天地间的空间、时间、各类人事关系和人类活动的工具。两仪在《易经》中指阴（— —）和阳（——），即易经中说的阴爻和阳爻。这个说法与两仪乃阴阳是一致的。后来周文王推演出八卦的另一种排列次序，即后天八卦。以及由八卦衍生的六十四卦。再加上周文王和其子姬旦为六十四卦配注了六十四个卦辞和三百八十四爻的爻辞，构成了完整的《周易》理论体系，后世称之为百经之首。其中已经有了与阴阳（两仪）有关的论述。图6描述了阴阳和八卦的完整关系。

图6　两仪生四象，四象生八卦图

2. 阴和阳的相互关系

图7　阴阳太极图

在太极图中黑色部分为阴，白色部分为阳，而且在阴中有阳，在阳中有阴，由此构成了一幅世界上独一无二的阴阳鱼图案，它展示了宇宙中阴和阳始终在流动不息、相互转化。

阴和阳之间相互关系有四种：阴阳对立、阴阳互根、阴阳消长和阴阳转化。阴和阳自身的状态有自和与平衡两种：

阴阳平衡：是指阴阳双方在相互对立和相互作用中处于大体均势的状态，即阴阳能自我协调到相对平衡的状态。

阴阳自和：是指阴阳双方自动维护和调节恢复，从而能自我协调稳定状态的能力和趋势。

（1）阴阳对立

阴阳学说认为一切事物都有着相互对立的阴、阳两个方面，如上与下、天与地、动与静、升与降等，其中上属阳，下属阴；天为阳，地为阴；动为阳，静为阴；升属阳，降属阴。

阴阳对立，这两个方面相互抑制，并相互约束，以维持一个动态的平衡。例如，温热可以驱散寒凉，若没有足够的热力，会变得非常寒冷，而寒凉则可降低温热。又如人体的生理功能，兴奋的机能（阳）与抑制的机能（阴）经常处于相互制约的平衡状态。如果失去了这动态的平衡，则兴奋或者抑制就会过盛，从而产生健康上的问题。

（2）阴阳互根

阴与阳是一对统一体，无论哪一方都不可能脱离另一方而独立存在。犹如一张纸一定具有两个面才能成为一张纸。阴阳双方都需要依靠另一方作为其存在的依据，例如，上为阳，下为阴，如果没有上也就无所谓下；又如，热为阳，冷为阴，如果没有冷也就无所谓热。这种关系就是所谓"互根"的关系。阳依存于阴，阴亦依存于阳。每一方都以相对的另一方的存在作为自己存在的条件。从哲学的角度看，"阴阳互根"就是阴阳相互"创造"了对方，并不断地促进对方，这就是互根互用的关系。

古人对这个问题已经有了完整的认识。例如老子在《道德经》中说："孤阴不生，独阳不长""无阳则阴无以生，无阴则阳无以化"，还有"万物负阴而抱阳，冲气以为和"等说法。

（3）阴阳消长

阴阳之间的对立制约、互根互用并不是一成不变的，而是始终处于一种消长变化过程中的，阴阳在这种消长变化中达到动态的平衡。通过相互对立制约，阴阳维持着平衡状态。这种平衡不是静止和绝对的，而是维持于一定的范围、限度及时间段之内。换句话说，消长变化是绝对的，动态平衡则是相对的，这就是所谓的阴阳"消长平衡"。

某些时候，阴长（增长）而阳消（消退）。其他时候，则阳长而阴消。四季的变化正好佐证了这个概念，从冬至春、春至夏，气候从寒冷逐渐转暖变热，这是阴（冷）消阳（热）长的过程。从夏至秋、秋至冬，气候由炎热逐渐转凉变寒，而这是阳（热）消阴（冷）长的过程。

　　阴阳消长，白天阳盛，人体的生理功能则以兴奋为主。而夜间阴盛，人体的生理功能相应地以抑制为主。从子夜到中午，阳气渐盛，人体的生理功能逐渐由抑制转向兴奋，这就是阴消阳长。而从中午到子夜，阳气渐衰，则人体的生理功能由兴奋渐变为抑制，这就是阳消阴长。

　　最典型的例子是，每年的昼夜长短变化转折点是每年二十四个节气中的夏至和冬至两个节气。夏至节是天地间阳气从旺盛走向衰弱，阴气从衰弱走向旺盛的转折点（阳消阴长），所以夏至这一天白昼最长，然后开始日短夜长的变化；冬至节是天地间阴气从旺盛走向衰弱，阳气从衰弱走向旺盛的转折点（阴消阳长），所以冬至这一天黑夜最长，然后开始夜短日长的变化。这正是六十四卦中的地雷复卦䷗，揭示的是"一阳始生"的状态。

（4）阴阳转化

　　阴阳双方在一定的条件下还可以互相转化，即所谓物极必反。如果说阴阳消长是一个量变的过程，那么阴阳转化则是质变的过程。阴阳消长是阴阳转化的前提，而阴阳转化则是阴阳消长发展的结果。前面说的夏至节和冬至节就是说阴阳消长到了一定火候，阴阳会相互转化的证明。

　　在阴阳理论体系中，阴阳双方发生转化是因为阴阳的"互藏互寓"。即阴中有阳，阳中有阴。由于阴中有阳，阴才能向阳转化；阳中有阴，阳才有向阴转化。当然，阴阳转化的过程是渐变而不是突变。例如冬至节之前，处于冬季，天地阴气很旺盛，但是随着日照的逐步变强，阳气不断增强，阴气不断变弱。冬至节这一天就是阴阳转化的转折点。前面介绍的太极图将阴阳转化的过程用图形展现了出来。

　　不仅天地间阴阳转化过程是如此，其他会发生阴阳转化的现象也大多如此。例如，在中医理论中，人体内的阳气和阴气是可以通过各种手段（药物、针灸、养生等）让阳气和阴气的旺衰状态产生转化。

　　但是必须明确的是，并不是所有成对的阴阳都会像天地间阳气和阴气这样转化。有些成对的阴阳是不会从一方转化为另一方的。例如，男人和女人这对阴阳，男人为阳，女人为阴，二者不可能转化为另一方，男人不会变成女人，女人也不会变成男人。在北半球，山的南面为阳，山的北面为阴。二者也不可能转化。除非将这座山整个地搬到南半球，这是做不到的。

五、六十甲子

1. 基本概念

十个天干分阴阳，有五个阳天干和五个阴天干。甲、丙、戊、庚、壬为阳天干，乙、丁、己、辛、癸为阴天干。十二个地支也分阴阳，有六个阳地支和六个阴地支。子、寅、辰、午、申、戌为阳地支，丑、卯、巳、未、酉、亥为阴地支。用阳天干与阳地支配对组合，阴天干与阴地支配对组合，构成了六十个干支组合，就是通常所说的六十甲子。这是因为六十个干支组合中的第一个是"甲子"，故以"六十甲子"名之。六十甲子在中国传统文化中是非常重要的概念，很多领域会用到六十甲子。

这里要介绍一个有趣现象，前面提到，地支与"地"有关，阴地支和阳地支的区分也与"地"和地支对应的十二生肖有关。《七修类纂》曰："以地支在下，各取其足爪于阴阳上分之。如子属阳，乃鼠虽前足四爪象阴，但后足五爪象阳故也。丑属阴，乃牛蹄分也。寅属阳，乃虎有五爪。卯属阴，乃兔缺唇且四爪也。辰属阳，乃龙五爪。巳属阴，乃蛇舌分也。午属阳，乃马蹄圆也。未属阴，乃羊蹄分也。申属阳，乃猴五爪也。酉属阴，乃鸡四爪也。戌属阳，乃狗五爪也。亥属阴，乃猪蹄分也。"

表 1-8 六十甲子表

天干 地支	甲	乙	丙	丁	戊	己	庚	辛	壬	癸
子	甲子		丙子		戊子		庚子		壬子	
丑		乙丑		丁丑		己丑		辛丑		癸丑
寅	甲寅		丙寅		戊寅		庚寅		壬寅	
卯		乙卯		丁卯		己卯		辛卯		癸卯
辰	甲辰		丙辰		戊辰		庚辰		壬辰	
巳		乙巳		丁巳		己巳		辛巳		癸巳

续表

天干\地支	甲	乙	丙	丁	戊	己	庚	辛	壬	癸
午	甲午		丙午		戊午		庚午		壬午	
未		乙未		丁未		己未		辛未		癸未
申	甲申		丙申		戊申		庚申		壬申	
酉		乙酉		丁酉		己酉		辛酉		癸酉
戌	甲戌		丙戌		戊戌		庚戌		壬戌	
亥		乙亥		丁亥		己亥		辛亥		癸亥

关于六十甲子还有一个很重要的知识叫"六十甲子纳音"。古人给六十个天干地支赋予了五行属性。这个知识在卜筮、命理学领域都会用到。但是，为什么古人给六十甲子的每两组干支赋予一个特定的五行属性，自古以来始终是一个未解之谜。

表1-9　六十甲子纳音

五行	干　支	五行	干　支	五行	干　支	五行
金	甲子 乙丑	海中金	壬寅 癸卯	金箔金	庚辰 辛巳	白蜡金
	甲午 乙未	沙中金	壬申 癸酉	剑锋金	庚戌 辛亥	钗钏金
水	丙子 丁丑	洞下水	甲寅 乙卯	大溪水	壬辰 癸巳	长流水
	丙午 丁未	天河水	甲申 乙酉	泉中水	壬戌 癸亥	大海水
火	戊子 己丑	霹雳火	丙寅 丁卯	炉中火	甲辰 乙巳	佛灯火
	戊午 己未	天上火	丙申 丁酉	山下火	甲戌 乙亥	山头火
土	庚子 辛丑	壁上土	戊寅 己卯	城墙土	丙辰 丁巳	沙中土
	庚午 辛未	路旁土	戊申 己酉	大驿土	丙戌 丁亥	屋上土
木	壬子 癸丑	桑松木	庚寅 辛卯	松柏木	戊辰 己巳	大林木
	壬午 癸未	杨柳木	庚申 辛酉	石榴木	戊戌 己亥	平地木

2. 干支纪年、干支纪月、干支纪日、干支纪时

世界上通用的纪年方法是公元纪年，是以耶稣诞生之年作为公元元年开始。在中国该年刚好是西汉的汉平帝元始年号的元年。中国从辛亥革命后的次年（1912年）起采用公历月、日，但同时还采用中华民国的年号纪年。中国在此之前一直使用农历纪年法。1949年9月27日，中国人民政治协商会议第一届全体会议通过的四项决议的第二项就是："中华人民共和国的纪年采用公元。"

在中华民国时代，许多历史事件还是离不开农历纪年。例如"甲午战争""马日事变""辛亥革命"等。农历纪年法在中国传统文化中无可替代，一直延续使用至今。

所谓农历纪年法就是采用干支纪年、干支纪月、干支纪日、干支纪时，它的依据是六十甲子。关于农历纪年法的资料随处可见，本书不再赘述，读者可以自行查询。在笔者其他几本书中也都有叙述。

3. 二十四节气

二十四节气的概念是中国传统文化所特有的亮点。它与干支纪月有关联，但不等同。在命理学中采用的是干支纪月时，每一年的起点不是该年的正月初一，而是立春；每一个月的起点不是该月的初一，而是二十四个节气中对应的十二个"节"。

二十四节气是：立春、雨水、惊蛰、春分、清明、谷雨、立夏、小满、芒种、夏至、小暑、大暑、立秋、处暑、白露、秋分、寒露、霜降、立冬、小雪、大雪、冬至、小寒、大寒。其中分为十二个"节"和十二个"气"，合起来称为二十四节气。十二个"节"是：立春、惊蛰、清明、立夏、芒种、小暑、立秋、白露、寒露、立冬、大雪、小寒。十二个"气"是：雨水、春分、谷雨、小满、夏至、大暑、处暑、秋分、霜降、小雪、冬至、大寒。

二十四节气对中国古代农业具有非常重要的指导意义。而且，传统文化中的占卜、命理、风水，以及民俗中的择日、择吉也离不开二十四节气。

十二个月与二十四个节气的对应关系如下：

正月——立春、雨水； 二月——惊蛰、春分；

三月——清明、谷雨； 四月——立夏、小满；

五月——芒种、夏至； 六月——小暑、大暑；

七月——立秋、处暑； 八月——白露、秋分；

九月——寒露、霜降； 十月——立冬、小雪；

十一月——大雪、冬至； 十二月——小寒、大寒。

二十四节气是中国农历特有的概念，农历的年份与西方流行的公历年份是有差异的。二十四节气根据太阳在黄道（即地球绕太阳公转的轨道）上的位置来划分。太阳从春分点（黄经零度，此刻太阳垂直照射赤道）出发，每前进15度为一个节气；运行一周又回到春分点，为一个回归年，合计360度，再将360度划分为24个节气。节气的日期在阳历中是相对固定的，如立春总是在阳历的2月3日至5日之间。但在农历中，节气的日期却不大好确定，再以立春为例，它最早可在上一年的农历十二月十五日，最晚可在正月十五。

公历的一年有365天，24个节气。所以平均每个节气约为15.2083天。导致在实际中，有的节气是15天，有的可能是16天，并不都是精准的15天。

从24节气的命名可以看出，节气的划分充分考虑了季节、气候、物候等自然现象的变化。

详细解说如下：

立春、立夏、立秋、立冬、春分、秋分、夏至、冬至是用来反映季节的，将一年划分为春、夏、秋、冬四个季节。春分、秋分、夏至、冬至是从天文角度来划分的，反映了太阳高度变化的转折点。而立春、立夏、立秋、立冬则反映了四季的开始。由于中国地域辽阔，具有非常明显的季风性和大陆性气候，各地天气气候差异巨大，因此不同地区的四季变化也有很大差异。

小暑、大暑、处暑、小寒、大寒等五个节气反映气温的变化，用来表示一年中不同时期的寒热程度。

雨水、谷雨、小雪、大雪四个节气反映了降水现象，表明降雨、降雪的时间和强度。

白露、寒露、霜降三个节气表面上反映的是水汽凝结、凝华现象，但实质上反映出了气温逐渐下降的过程和程度：气温下降到一定程度，水汽出现凝露现象；气温继续下降，不仅凝露增多，而且越来越凉；当温度降至摄氏零度以下，水汽凝华为霜。

小满、芒种则反映有关作物的成熟和收成情况。

惊蛰、清明反映的是自然物候现象，尤其是惊蛰，它用天上初雷和地下蛰虫的复苏，来预示春天的回归。

农历平年全年354天或355天，闰年383天或384天。农历节气有24个，每个节气间隔天数不大一样。由于农历每年的天数，比太阳年约差11天，所以在19年里设置7个闰月，夏至后第三个庚日开始为头伏（初伏），第四个庚日为中伏（二伏），立秋后第一个庚日为末伏（三伏），每伏十天共三十天。有的年份"中伏"为二十天，则共有四十天。冬至进九，每个九有九天，当然冬至后十八天进入三九。

第二章　奇门遁甲基本概念

奇门遁甲的核心有三个：奇（奇仪）、门（八门）、遁甲。

奇门遁甲以后天八卦为基础，将二十四节气、日时、方位、数等各种因子依据一定的规则加以组合，构成多种格局。进行占测时，把具体的日、时、方位置于某个格局之中，进而推断以某一点为中心，所占测的人、事、物在这个特定的时间和方位条件下的吉凶状态，从而为人们提供什么时间采取什么样的行动的依据。而且还需要结合当时的天象一并考虑。由于它从时间、方位和天象入手，具有融天人合一于其中的特点，而且综合了天（星占）、地（风水）、人（六壬）多种占测方法于一体，形成一套独特的占测体系。因此自古以来就有奇门遁甲是"帝王之学"的说法。这个说法的本质并不是指只有帝王才能掌握、用来夺取天下的学问。

一、八神

八神是指：直符、六合、太阴、九天、九地、白虎（勾陈）、腾蛇、玄武（朱雀）。由于八神中的白虎之下隐有勾陈，玄武之下隐有朱雀，所以实际上不是八神，而是十神。但在每一局中白虎和勾陈只用其一，玄武和朱雀也只用其一，故仍称为八神。具体的规则是：在阳遁局中用勾陈和朱雀，在阴遁局中用白虎和玄武。它们在奇门活盘中位居最上层的神盘中，它们与其他各组因子组合构成奇门遁甲中的吉格和凶格。

1. 直符

直符乃八神之首，禀中央土，为天乙之神，所到之处百恶消散、诸凶灭寂，万善并集，是至吉之神。例如，六庚太白是最凶的恶煞，但它若临直符之下，便消形入墓，凶处不凶。反之，直符亦畏惧庚金，又忌入墓。凡直符所临之宫，主有委用之事，必有贵人照临任用。若遇紧急凶险之事，可以从直符之方出，以避凶险。

若预测人，居直符之下者，此人性情清高而厚重，或是神仙佛道、领导人物、长辈；但若时节失令，则此人可能是牙婆媒人，做说和调解之事。

若预测物品，居直符之下者，是官职、权印、文章、调令、钱财、金银首饰、高档家具、高级衣料、珍宝珠玉或其他贵重之物；若五行受克则会变异，可能是水木之精，其外形古怪难辨。

若预测事件，居直符之下者，凡五行旺相者一定是喜庆之事，或是上级提拔，或被邀请赴宴饮酒，或有添妻妾子女之喜；若五行休囚无力，则在位任职之人可能事业不顺，心性烦闷，或有丧葬、诉讼等不吉之事。

直符之色：黄或白。

直符之数：八。

2. 螣蛇

螣蛇乃虚诈之神，禀南方火。性柔而口毒，性虚易耗。专司惊恐怪异之事，专管田禾禾稼之类的争讼。其所临之宫主有怪异之事、火盗之惊。若螣蛇与所临之宫相生，则为阴私之利；若与该宫相克，主有阴私之害。若螣蛇临景门，主火烛；若临惊门，主灾害。若出螣蛇所居之方，主其人精神恍惚，噩梦惊悸；若得奇得吉门，则可无妨。

凡居螣蛇之下者性格虚伪，两面三刀，或者是别有企图，或者任职于政法部门；若时节失令，居螣蛇下者可能是商人，女性可能是奴婢、中介人、媒人。

若预测物品，居螣蛇之下的物品可能是光滑而圆润，但形状外观不佳；或是漂亮的东西上有破损、斑点或是网罟；或是物品上带有花纹；或是该物品的形状长而弯曲。

若预测事件，可能是胎产或婚姻不理想；或因货物的手续、钱财等有损失而引起口舌、官司；若时节失令或变异，可能是光怪火烛、噩梦惊疑、淹没缠绕、心中烦闷超常；或者有血光火殃，或遭受批评污染，或是肮脏、臭气等难于言人之事。

螣蛇之色：红或白。

螣蛇之数：二或八。

3. 太阴

太阴乃荫佑之神，禀西方金，性隐匿暧昧，爱静不爱动，倾向花草女性。善做祯祥吉利之事，更善做欺蔽妾妇之事。太阴所临之宫，主有阴私之事、妇女之非。凡太阴与所临之宫相生者吉，相克者凶。凡相生相合者，主得阴人之利；相克者，主有阴人之害。太阴所居之方可以闭城藏兵、躲避灾难。若人有急难，宜从太阴之方躲避，可免其患。

若预测人，居太阴之下者品行优良、正直无私，往往助人而不留姓名。但其性格有时乖戾多变，不易接受别人意见。此人可能在纪检、政法、秘书、教育、新闻等机构工作。若时节失令或受克制，此人可能因妻妾子女之事而心情不爽。

若预测物品，居太阴之下者可能是金属饰品、鸟羽、车船型玩具、妇女化妆品，或是冷饮、佛寺墨迹、文人字画。

若预测事件，居太阴之下者往往是密谋策划、喜庆婚姻等类事。若旺相，主提拔、增收、婚姻、胎产、喜庆、遇恩、赦宥等类事；若休囚无力，可能是淫滥忧虑、欺诈阴私、口舌诅咒、密约私通、哭泣心烦、走失女性或六畜。

太阴之色：白色。

太阴之数：四或九。

4. 六合

六合乃护卫之神，禀东方木。性平和，专司交易和合、婚姻牙媒之事，有时也会管一些风雨闲事。六合所临之宫主有会合之事，若加景门主有酒食，或遇僧道、艺术之应。凡六合所居之方宜嫁娶、避害，可以埋伏，提防不测。若人有急难，宜从此方隐之，可免其患。

若预测人，居六合之下者性格开朗、品行优良、乐善好施，喜爱文艺、体育，有伯乐之风，荐贤不嫉。可能是名门望族世家、贤士高隐。若时节失令，可能是民间工匠、艺人，或是科技学者、文艺界人士、医生、教师、书法家、美术家等。

若预测物品，多为果品食物、羽毛服装、轿伞彩纹、印章书信、通知函件、钱财、树木等。若时节失令或变异，可能会遇草木之精或水族之怪。

若预测事件，且居其位者旺相，则可能是提拔晋级、喜庆婚姻、交易成功、胎产添丁之类吉事。若为休态，则可能是妇女口舌、争财、患病之类事。若为囚态，则可能是胆怯、毁谤、合谋、求降、勾引之类事。

六合之色：赤黄。

六合之数：六或七。

5. 白虎（下隐勾陈）

白虎乃凶恶刚猛之神，禀西方金。其性好杀，专司兵戈、杀伐、争斗、疾病、死伤、道路不通之类事。白虎所临之宫主有丧亡、疾病、词讼、口舌、伤生之类事。若白虎临死门、惊门则凶。若白虎会奇门，则不以为忌。凡白虎临之，须防备敌人偷袭劫寨。

勾陈乃牵滞之神，禀中央土。其性顽凶，专司田土争讼、词讼勾连之事。凡勾陈所临之方事多淹滞，不可趋向，即使会奇门，亦不以吉论。且勾陈所临之方须防敌人偷袭。

（以下白虎、勾陈共论）

若预测人，居此二神之下又旺相得令者，性格刚烈威雄，掌有一定的兵权实力，或是军官，或是政法官员、国际使者、高级首领的随从。若失令休囚，可能是士兵、山野村夫、牧童、工匠、巡捕、治安人员、屠夫、罪犯、重病患者，或是六亲有损伤之人。

若预测物品，居此二神之下又旺相得令者，可能是金属制品、刀剑、钱财、水果、鱼鳖、蛟龙。若失令休囚，可能是朽铁、瓦石、绸缎、布匹。若变异，可能是冰雹、狂风、迅雷等有害之物。

若预测事件，可能是争吵、词讼、疾病、死伤、道路受阻、跌伤、流连、遗失等类事。

白虎之色：青或白。

白虎之数：七或五。

6. 玄武（下隐朱雀）

玄武乃盗跖之神，禀北方之水。性好阴谋陷害，专干偷盗逃亡之类事。玄武所临之宫，主有盗贼、偷窃、走失之类事。若天盘上乘玄武，主有远方贼恶。若地盘上乘玄武，主本处有人暗窃，宜防之。凡玄武临之，须提防奸细窥探秘密或军情。若玄武会奇门，则不以为忌。

朱雀乃文明之神，禀南方之火，统辖周天之野。若朱雀所临之宫得令旺相，是调函或提拔的文件即至之喜，得奇门亦然。若所临之宫失令休囚，主口舌是非之凶。凡朱雀所临之方须提防奸细，但若得奇门，则无妨。

（以下玄武、朱雀共论）

若预测人，居此二神之下者，聪明多智而性急，能言善辩。可能是文学艺术方面的人才，或是孕妇中女、酒醉之人。若时节失令，可能是戏曲、电影界人士，或是文秘，或是盗贼、娼妓，或是游乡串户的小贩。

若预测物品，可能是文字书画、印章、信笺。若时节失令，可能是服装衣物、鱼蛇、蛋卵、盐卤、油酒、煤炭之类。若有变异，则可能是妖魔鬼魅。

若预测事件，可能是为达到某种目而请求别人。若失令休囚，可能是口舌官非、啼哭号叫、梦见离别、惊恐遗失，逃亡、奸佞之徒做事反复无常。

玄武之色：黑色

玄武之数：四或九。

7. 九地

九地乃坚固之神，坤土之象。性情柔顺，主谦恭之事亦操生杀大权，乃半吉半凶之神。九地怕受克制或入墓。九地所临之宫主有田土之事，安逸之兆。凡九地所居之方可以屯兵固守，保障城池、疆土。

若预测人，居九地之下者，性格柔顺和蔼，但往往吝啬自私。可能是大腹便便或是膀宽腰窄之人，或是医生、卜卦卖艺之人、老妇、道姑、农民、狱卒。

若预测物品，居九地之下者，可能是母牛、五谷粮食布匹织物、金纱、云石、符箓、药饵、废旧物品。

若预测事件，居九地之下者，可能是模糊不清、似是而非、难以描述，或不成体统之类的事。也可能是忧思、疾病、暧昧、哭泣、死丧之类的事。

九地之色：黑色。

九地之数：二或八。

8. 九天

九天乃威悍之神，乾金之象，性刚而好动。所主者，乃名正言顺之权，能伸张其令而无阻。乃至吉之神。若得奇、得吉门，则万福毕集，大吉大利。若不得奇门，则畏忌入墓或临凶门。九天所临之宫，主有显扬之事或为高贵人物、武旺之事、不忿之事。凡九天所居之方，宜扬兵布阵。

若预测人，居九天之下者，性格刚毅，却又使人难以揣测。可能是首席长官、父辈、官员、僧道老人。在人体上，九天所临之处可能是头、脑、股、肋。

若预测物品，可能是马、金、玉器、宝剑、乐器、水果，或是外壳光洁玲珑、能旋转活动、有声有足之类的物品。

若预测事件，可能是博弈、远行，或是预谋前途之类的事。

九天之色：白色。

九天之数：一或六。

表 2-1　八神简表

八神	直符	螣蛇	太阴	六合	白虎	勾陈	玄武	朱雀	九地	九天
五行	土	火	金	木	金	土	水	火	土	金
所主之事	长者贵人天乙元神	官司怪异惊恐罗网追捕	贤士中介人牙媒酒宴	贤士阴私和合	医巫死伤钱物丢失难寻		盗贼遗失云雨匠人		妇人衣物阻隔埋葬走兽	印信文书火灾枪棒飞鸟
吉凶	吉	凶	吉	凶	凶		凶		吉凶参半	吉

二、八门

八门是五组预测因子之一，也是奇门遁甲的核心之一。八门是指：开门、休门、生门、伤门、杜门、景门、死门、惊门。其中，开门、休门、生门是三吉门，伤门、死门、惊门是三凶门，杜门、景门是凶偏平之门。

1. 开门

居西北乾宫，属金。乃显扬之门，主管冀州分野。开门主官印、权柄。若贵者居此方，可永享福禄；贱者居其方，可转贫为富。于人，则为父，百事吉利。开门之星是天心星，又名六白。开门的对门是巽四宫和杜门，属木，其受开门之克而杜绝造化。杜者闭也，被对宫开门克制，闭则复开，故曰开门。

开门旺于秋季和西方，以及庚、辛、申、酉年月日时；相于四季月和四维之方，以及戊、己、辰、戌、丑、未年月日时；休于冬季和北方；囚于春季和东方；死于夏季和南方；入墓于丑位、艮宫。

开门临震、巽宫为门克宫（金克木），即门迫，吉事不成。临本宫（乾宫）若不动为伏吟。尤其是临巽宫，既是门迫，又是反吟，百事不利。

居开门之位，利于征恶伐异、策划计谋、谒贵、考学、参军、嫁娶、乔迁、贸易、营造；不利于为官理政，因为会有小人在背后捣鬼作乱、搞阴谋诡计。

开门乃三吉门之一，逢开门者，见官得理，做事顺畅，觅人可获，求官求财皆遂意，病人易痊，添人进口，婚姻喜庆。

来此门者主封赐、进献、求读、谒取、吉庆等事。出此门者，行六里或六十里有人执持酒食、牵牛骑马或遇紫衣阴人；行四十里遇相识之人；行二十里有武人、紫衣阴人。

2. 休门

居北方坎宫，属水。乃阴气之门，得乾金生之，故受父辈之宠。主管兖州分野。旺于冬季和北方，以及壬、癸、亥、子年月日时；相于秋季和西方；休于春季和东方；囚于夏季和南方；死于四季月和四维之方；入墓于辰位、巽宫。凡于壬子、癸亥年月日时出此门之方者，无往不宜。若临离九宫，水火相克，为反吟，则大凶无吉。休门之星是天蓬星，又名一白。居五行之首，生物不敢与离火为敌，故曰休门。

休门是三吉门之一，宜谒贵、休息、聚会、经商、嫁娶、移徙、赴任、修造。若与吉星吉神相合，百事皆利，但不可扬兵或行刑断狱。

来此门者，主有吉庆之事。出此门者行一里或十里逢僧尼道人；行二十里见官吏或见牵引猪、羊、车马之人，或见跛足之人；行三十里见鼠；行四十里有酒食；行五十里见真人、武弁。

3. 生门

居东北艮宫，属土。乃通泰之门，主管青州分野。艮者，止也。天地生物之化育不能终止，止而复生，生而不息，故曰生门。生门之星是天任星，又名八白。生门临坎宫为门迫（即门克宫），诸事不吉。

生门旺于四季月和四维之方，以及戊、己、辰、戌、丑、未年月日时；相于夏季和南方；休于秋季和西方；因于冬季和北方；死于春季和东方；入墓于辰位、巽宫。

生门是三吉门之一，宜出兵、发令、上官赴任、埋葬、婚姻、入宅、求财、博戏、应举求名、远行、商贾。生门主家财。

来此门者，主进献、归顺、吉庆等事。出此门者，行八里或六十里见贵人骑马或着紫衣；行十五里遇官吏。

4. 伤门

居东方震宫，属木。乃六害之门，主管徐州分野。对宫为兑宫属金，若动，则受对宫之克，故曰伤门。伤门之星是天冲星，又名三碧。

伤门旺于春季和东方，以及甲、乙、寅、卯年月日时；相于冬季和北方；休于夏季和南方；因于四季月和四维之方；死于秋季和西方；入墓于未位、坤宫。

伤门临坤宫、艮宫为门迫（即门克宫），诸事大凶。

伤门是三凶门之一，凡吉利之事逢伤门者，皆不可为。不宜出行、经商、建筑、埋葬、嫁娶、上官赴任。但宜捕捉、征伐、索债、博戏、求神、渔猎、收货、兴讼。

来此门者，主有凶恶、争斗、损害之事。出此门者，行三里或三十里见损伤之物，或见血光争斗之人，或见牛、猪、产妇、犬吠、牛鸣、小人交争；行五十里见囚盗枷锁之人。

5. 杜门

居东南巽宫，属木。乃闭塞之门，主管荆州分野。受对宫乾金之克，须敛迹退藏以避之，故曰杜门。杜门之星是天辅星，又名四绿。杜门临坤宫、艮宫为门迫（即门克宫），主大凶。

杜门旺于春季和东方，以及甲、乙、寅、卯年月日时；相于冬季和北方；休于夏季和南方；因于四季月和四维之方；死于秋季和西方；入墓于未位、坤宫。

杜门为凶中偏平之门，不宜出兵征伐、举事，但宜躲避藏身、隐伏匿迹、决判刑狱、防洪护堤、阻截道路。

来此门者，主抑塞耗失、亡命追寻之事。出此门者，行二十里见男女着碧、皂、褐色之衣相随而行；行四里或四十里，见修筑、惊惶之事，或见凶恶之人，或遇暴风疾雨；行六十里，见路旁有牛羊。

6. 景门

居南方离宫，属火。乃进奏之门，主管扬州分野。对宫为坎宫，水涵太阳百精，重明丽于天中，化生万物，故曰景门。景门之星是天英星，又名九紫。景门临乾宫、兑宫为门迫（即门克宫），主凶。

景门旺于夏季和南方，以及丙、丁、巳、午年月日时；相于春季和东方；休于四季月和四维之方；因于秋季和西方；死于冬季和北方；入墓于戌位、乾宫。

景门为凶中偏平之门，有小利，宜求贤访士、上书献策、受道学业、觅职求官、突阵破围、游戏竞赛，但景门虽发扬振作却不长久。不宜建筑、嫁娶。若渔猎，则无所得。景门所临之方往往会有血光之灾。

来此门者，主上诉、索债、争婚、论讼之类事。出此门者，行九里或九十里见惊恐、盗贼、火光、失物，或有风雨、疾病，或途中遇劫，或见蛇、火，或见罪人；行二十八里遇红衣人，并有宴会之事。

7. 死门

居西南坤宫，属土。乃刑戮之门，主管梁州分野。死门与艮宫相对，艮宫上乘生门，有生则有死，故曰死门。死门之星是天芮星，又名二黑。死门临坎宫为门迫（即门克宫），主大凶。

死门旺于四季月和四维之方，以及戊、己、辰、戌、丑、未年月日时；相于夏季和南方；休于秋季和西方；因于冬季和北方；死于春季和东方；入墓于辰位、巽宫。

死门为三凶门之一，不宜出行、修造、谋事等，皆为凶，否则伤人损财，折将损兵。但宜安葬、渔猎、吊丧、行刑、开田、修路、塞水、填基等。

来此门者会有报仇、行间设伏、争斗等凶恶之事，须谨防之。出此门者，行二十里见哭泣者、病患或者皂衣人，或见枷锁重囚；行三五十里见牛骡马犊、血光死伤，或逢丧葬之事。

8. 惊门

居西方兑宫，属金。乃奸谋之门，主管雍州分野。其对宫为震宫。兑宫为悦，因对震宫而感动，故曰惊门。惊门之星是天柱星，又名七赤。惊门若临震宫、巽宫，为门迫（即门克宫），主大凶。凡惊门所临之方，主有惊惶忧惧之事发生，且多生怪异。

惊门旺于春季、东方，以及甲、乙、寅、卯年月日时；相于冬季、北方；休于夏季、南方；囚于四季月和四维之方；死于秋季、西方；入墓于丑位、艮宫。

惊门为三凶门之一，不宜出行、谋为。凡占吉事皆不可为。若举事，则忧祸随之。但此门宜赌博、斗讼、捕贼、惑众、虚诈、诡谲等，或攻击敌方的伏兵。

来此门者，主惊走失逃、诡诈虚惊、凶险逆料等事。出此门者，行七里见大惊小怪之事，或见阴人，道路阻隔、车伤马惊、鸦鸣雀噪；行十里见阴人、僧道；行四十里见牛羊和争斗之人。

表 2-2　八门简表

八门	开门	休门	生门	伤门	杜门	景门	死门	惊门
五行	金	水	土	木	木	火	土	金
方位	西北、乾	北、坎	东北、艮	东、震	东南、巽	南、离	西南、坤	西、兑
分野	冀州	兖州	青州	徐州	荆州	扬州	梁州	雍州
吉凶	吉	吉	吉	凶	凶偏平	凶偏平	凶	凶
性质	显扬之门	阴气之门	通泰之门	六害之门	闭塞之门	进奏之门	刑戮之门	奸谋之门
旺	秋季、西方	冬季、北方	四季月、四维之方	春季、东方	春季、东方	夏季、南方	四季月、四维之方	春季、东方
相	四季月、四维之方	秋季、西方	夏季、南方	冬季、北方	冬季、北方	春季、东方	夏季、南方	冬季、北方
休	冬季、北方	春季、东方	秋季、西方	夏季、南方	夏季、南方	四季月、四维之方	秋季、西方	夏季、南方
囚	春季、东方	夏季、南方	冬季、北方	四季月、四维之方	四季月、四维之方	秋季、西方	冬季、北方	四季月、四维之方
死	夏季、南方	四季月、四维之方	春季、东方	秋季、西方	秋季、西方	冬季、北方	春季、东方	秋季、西方
门迫	震宫、巽宫	离宫	坎宫	坤宫、艮宫	坤宫、艮宫	乾宫、兑宫	坎宫	震宫、巽宫

续表

八门	开门	休门	生门	伤门	杜门	景门	死门	惊门
入墓	丑位、艮宫	辰位、巽宫	辰位、巽宫	未位、坤宫	未位、坤宫	戌位、乾宫	辰位、巽宫	丑位、艮宫

从表2-2可见，根据八门和九宫的五行属性，可以确定八门和九宫对应的入墓状态，即八门落在哪一宫为入墓状态。

三、九星

奇门遁甲预测法与其他预测方法（例如易占）的不同点之一是，它着重于天文历法的时空背景。具体表现在奇门遁甲引入了九星这一组预测因子。它把常见的九颗行星冠以奇门遁甲的命名，并把九颗星与阴阳五行联系在一起，用来预测人、事、物的祸福吉凶。九星在奇门排局的演布过程中随时间的变动而变动，各颗星的吉凶特性也随着各自所临之宫的变化而变化。

九星是指：天蓬星、天芮星、天冲星、天辅星、天禽星、天心星、天柱星、天任星、天英星。

1. 天蓬星

居坎一宫，水星，或曰一白，又为水贼，主兖州分野，又名贪狼星。

天蓬星旺于冬季、北方，以及壬、癸、亥、子年月日时；相于秋季、西方；休于春季、东方；囚于夏季、南方；死于四季月和四维之方；入墓于辰位、巽宫。

宜屯兵固守、修筑城池、安守边寨、开穴造葬。若移徙，则主火灾；若营造，则主损孕；若争斗，则主见血光；若上任，则主多盗贼。春夏挥兵则大胜，秋冬挥兵则士卒伤亡。此星利主不利客人，大凶。

2. 天芮星

居坤二宫，土星，或曰二黑，主梁州分野，又名巨门星。为教师。

天芮星旺于四季月和四维之方，以及戊、己、辰、戌、丑、未年月日时；相于夏季、南方；休于秋季、西方；囚于冬季、北方；死于春季、东方；入墓于辰位、巽宫。

宜屯兵固守、训练士卒、受业修道、交易地产、安葬、招贤结友、驱邪治病。不宜出兵、移徙、嫁娶、诉讼、营造，凡此类事，即使得奇门也难为吉。秋冬用之吉，春夏用之凶。

3. 天冲星

居震三宫，木星，或曰三碧，主徐州分野，又名禄存星。为雷祖、武士。

天冲星旺于春季、东方，以及甲、乙、寅、卯年月日时；相于冬季、北方；休于夏季、南方；囚于四季月和四维之方；死于秋季、西方；入墓于未位、坤宫。

宜选将出师、征伐战斗、报仇解怨；不宜嫁娶、移徙、修造、经商、求官。春夏用之大胜，秋冬用之无功。

4. 天辅星

居巽四宫，木星，或曰四绿，主荆州分野，又名文曲星。为草民。

天辅星旺于春季、东方，以及甲、乙、寅、卯年月日时；相于冬季、北方；休于夏季、南方；囚于四季月和四维之方；死于秋季、西方；入墓于未位、坤宫。

宜选将求贤、交锋破阵、修道设教、化育万民、造葬、婚姻嫁娶、远行、通财、经商、移徙、宴客。春夏用之吉，秋冬用之凶。

5. 天禽星

居中五宫，寄坤二宫，土星，主豫州分野，又名廉贞星。为巫、工。

天禽星旺于四季月和四维之方，以及戊、己、辰、戌、丑、未年月日时；相于夏季、南方；休于秋季、西方；囚于冬季、北方；死于春季、东方；入墓于辰位、巽宫。

宜祭祀求福、除邪驱凶、赏功封爵、赴官上任、移徙、求财、交易、谒贵、远行、嫁娶。歼敌时，不战用谋而敌自降。凡四季月举事者皆吉。

6. 天心星

居乾六宫，金星，或曰六白，主冀州分野。又名武曲星，为高道、名医。

天心星旺于秋季、西方，以及庚、辛、申、酉年月日时；相于四季月和四维之方；休于冬季、北方；因于春季、东方；死于夏季、南方；入墓于丑位、艮宫。

宜治病、合药、练气功、经商、移徙、嫁娶、营造、埋葬、扬威布阵、捣巢破敌、谒贵、求名。秋冬用之吉，春夏用之凶。

7. 天柱星

居兑七宫，金星，或曰七赤，主雍州分野，又名破军星。为隐士。

天柱星旺于秋季、西方，以及庚、辛、申、酉年月日时；相于四季月和四维之方；休于冬季、北方；因于春季、东方；死于夏季、南方；入墓于丑位、艮宫。

宜隐迹埋名、屯兵固守、修筑营垒、训练士卒；不宜出行、谋事，否则一切所为皆凶、不吉。秋冬用之吉，春夏用之凶。

8. 天任星

居艮八宫，土星，或曰八白，主青州分野，又名左辅星。为富室。

天任星旺于四季月和四维之方，以及戊、己、辰、戌、丑、未年月日时；相于夏季、南方；休于秋季、西方；因于冬季、北方；死于春季、东方；入墓于辰位、巽宫。

宜安邦建邑、选将出兵、婚姻嫁娶、上官赴任、商贾、求谋、造葬、应试、求名。四季月用之吉。

9. 天英星

居离九宫、火星、或曰九紫，主扬州分野，又名右弼星。为炉火、残患。

天英星旺于夏季、南方，以及丙、丁、巳、午年月日时；相于春季、东方；休于四季月和四维之方；因于秋季、西方；死于冬季、北方；入墓于戌位、乾宫。

宜谒贵、远行、余宴、应举。余事皆不宜。四季月用之失财，冬季用之凶。

表2-3　九星简表

九星	天蓬星	天芮星	天冲星	天辅星	天禽星	天心星	天柱星	天任星	天英星
五行	水	土	木	木	土	金	金	土	火
方位	坎	坤	震	巽	中宫寄坤	乾	兑	艮	离
分野	兖州	梁州	徐州	荆州	豫州	冀州	雍州	青州	扬州
属性	水贼	教师	雷祖、武士	草民	巫、工	高道、名医	隐士	富室	炉火、残患
别名	贪狼星	巨门星	禄存星	文曲星	廉贞星	武曲星	破军星	左辅星	右弼星
旺	冬季、北方	四季月、四维之方	春季、东方	春季、东方	四季月、四维之方	秋季、西方	秋季、西方	四季月、四维之方	夏季、南方
相	秋季、西方	夏季、南方	冬季、北方	冬季、北方	夏季、南方	四季月、四维之方	四季月、四维之方	夏季、南方	春季、东方
休	春季、东方	秋季、西方	夏季、南方	夏季、南方	秋季、西方	冬季、北方	冬季、北方	秋季、西方	四季月、四维之方
囚	夏季、南方	冬季、北方	四季月、四维之方	四季月、四维之方	冬季、北方	春季、东方	春季、东方	冬季、北方	秋季、西方
死	四季月、四维之方	春季、东方	秋季、西方	秋季、西方	春季、东方	夏季、南方	夏季、南方	春季、东方	冬季、北方
入墓	辰位、巽宫	辰位、巽宫	未位、坤宫	未位、坤宫	辰位、巽宫	丑位、艮宫	丑位、艮宫	辰位、巽宫	戌位、乾宫
吉凶	春夏吉、秋冬凶	秋冬吉、春夏凶	春夏吉	春夏吉、秋冬凶	四季月吉	秋冬吉、春夏凶	秋冬吉、春夏凶	四季月吉	四季月失财、冬季凶

附：九州分野是指地理上的区域。随着历代的更迭和变迁，中国实际上已经不止九州。以下是古代沿袭下来的区域名称，与现在的名称有了不少的变动，在实际使用时不宜拘泥于古例。

青州：山东省东部和天津一带。

扬州：扬州、淮阴、苏南、闽、浙、赣。

徐州：苏北、淮北、鲁南。

幽州：河北保定一带。

豫州：曹州、济宁一带。

梁州：开封、郑州、洛阳、颍川一带。

荆州：鄂、湘、黔东。

雍州：川、滇、陕。

并州：晋中、晋南。

冀州：河北北部、晋北部分。

兖州：山东中部。

四、九宫

九宫指的是坎一宫、坤二宫、震三宫、巽四宫、中五宫、乾六宫、兑七宫、艮八宫、离九宫。九宫的定位依据是后天八卦的方位，所以各宫之数是后天数。九宫是奇门遁甲演布时的框架和阵地。前面论述的八神、八门、九星的定位和变化都是相对于地盘中的九宫而言的。因此，九宫是其他各组预测因子的参照系。后面将要论述的奇仪，也是在这个参照系中变化的。

九宫的五行属性与其余各组预测因子的五行属性之间的相生、相克、相冲、比和等关系，是人、事、物吉凶的主要依据。尤其是九宫与八门之间的关系最为重要。它们之间的关系主要有以下几种：

迫：门临所克之宫，则为门迫（即门克宫）。

制：门临克此门之宫，则为门制（即宫克门）。

义：门临生此门之宫，则为义（宫生门）。

和：门临其所生之宫，则为和（门生宫）。

1. 坎一宫

坐北方，属水。上乘休门、天蓬星、玄武。对应的干支是壬、癸、子。

若生门、死门临之，则土克水，为门迫，吉事不成，凶灾尤甚。若景门临之，则水克火，为宫制，不吉。若伤门、杜门临之，则水生木，为义。若开门、惊门临之，则金生水，为和。

2. 坤二宫

坐西南，属土。上乘死门、天芮星、九地。对应的干支为未、申。

若伤门、杜门临之，则木克土，为门迫，吉事不成，凶灾尤甚。若休门临之，则土克水，为宫制，不吉。若开门、惊门临之，则土生金，为义。若景门临之，则火生土，为和。

若伤门、杜门、天冲星、天辅星、乙奇临之，皆为入墓，不吉。

3. 震三宫

坐东方，属木。上乘伤门、天冲星、六合。对应的干支为甲、乙、卯。

若开门、惊门临之，则金克木，为门迫，吉事不成，凶灾尤甚。若生门、死门临之，则木克土，为宫制，不吉。若景门临之，则木生火，为义。若休门临之，则水生木，为和。

4. 巽四宫

坐东南，属木。上乘杜门、天辅星。对应的干支为辰、巳。

若开门、惊门临之，则金克木，为门迫，吉事不成，凶灾尤甚。若生门、死门临之，则木克土，为宫制，不吉。若景门临之，则木生火，为义。若休门临之则水生木，为和。

若天蓬星、天芮星、天禽星、天任星、休门、死门、生门、戊、己、壬、癸临之，皆为入墓，不吉。

5. 中五宫

坐中央，属土，无专位，寄于坤二宫，借死门以配，随此二宫之局演布。上乘的九星为天禽星，其余随坤二宫更使。但其自有对应之奇仪。故在坤二宫中，因与中五宫共乘死门，故有天任星和天禽星。且有两个奇仪：中五、坤二各占其一。其自身对应的干支为戊、己。

6. 乾六宫

坐西北，属金。上乘开门、天心星、九天。对应的干支为戌、亥。

若景门临之，则火克金，为门迫，吉事不成，凶灾尤甚。若伤门、杜门临之，则金克木，为宫制，不吉。若休门临之，则金生水，为义。若死门、生门临之，则土生金，为和。

若天英星、景门、丙奇临之，皆为入墓，诸事不吉。

7. 兑七宫

坐西方，属金。上乘惊门、天柱星、白虎。对应的干支为庚、辛、酉。

若景门临之，则火克金，为门迫，吉事不成，凶灾尤甚。若伤门、杜门临之，则金克木，为宫制，不吉。若休门临之，则金生水，为义。若死门、生门临之，则土生金，为和。

8. 艮八宫

坐东北，属土。上乘开门、天柱星。对应的干支为丑、寅。

若伤门、杜门临之，则木克土，为门迫，吉事不成，凶灾尤甚。若休门临之，则土克水，为宫制，不吉。若开门、惊门临之，则土生金，为义。若景门临之，则火生土，为和。

开门、惊门、天心星、天柱星、丁奇、庚、辛临之，皆为入墓，诸事不吉。

9. 离九宫

坐南方，属火。上乘景门、天英星、朱雀。对应的干支为丙、丁、午。

若休门临之，则水克火，为门迫，吉事不成，凶灾尤甚。若开门、惊门临之，则火克金，为宫制，不吉。若生门、死门临之，则火生土，为义。若伤门、杜门临之，为木生火，为和。

表2-4 九宫简表

九宫	坎一宫	坤二宫（中五）	震三宫	巽四宫	乾六宫	兑七宫	艮八宫	离九宫
五行	水	土	木	木	金	金	土	火
方位	北	西南（中央）	东	东南	西北	西	东北	南
干支	壬、癸、子	未、申、戌、己	甲、乙、卯	辰、巳	戌、亥	庚、辛、酉	丑、寅	丙、丁、午

续表

九宫	坎一宫	坤二宫 （中五）	震三宫	巽四宫	乾六宫	兑七宫	艮八宫	离九宫
门迫	生门 死门	伤门 杜门	开门 惊门	开门 惊门	景门	景门	伤门 杜门	休门
宫制	景门	休门	生门 死门	生门 死门	伤门 杜门	伤门 杜门	休门	开门 惊门
义	伤门 杜门	开门 惊门	景门	景门	休门	休门	开门 惊门	生门 死门
和	开门 惊门	景门	休门	休门	生门 死门	生门 死门	景门	伤门 杜门

五、奇仪

完整的奇仪是指三奇六仪。即十天干中除了甲以外的其余九个天干：乙、丙、丁、戊、己、庚、辛、壬、癸。其中，乙、丙、丁为三奇，乙：日奇，丙：月奇，丁：星奇。戊、己、庚、辛、壬、癸为六仪。它们也是奇门遁甲中的一组预测因子。奇仪在不同的时间、不同的方位会产生不同的作用。

1. 六甲隐遁

根据天干地支排列组成的六十甲子中，甲的干支组合有六个（见表1-8 六十甲子表）：甲子、甲寅、甲辰、甲午、甲申、甲戌，也就是所谓"六甲"。奇门遁甲中说的"遁甲"是指十天干中甲最为尊贵，藏而不现，于是六甲需要隐遁。在奇门遁甲中六甲隐遁于六仪：戊、己、庚、辛、壬、癸之下。隐遁的规则是：

甲子→六戊（戊子、戊寅、戊辰、戊午、戊申、戊戌）→甲子戊；

甲寅→六癸（癸丑、癸卯、癸巳、癸未、癸酉、癸亥）→甲寅癸；

甲辰→六壬（壬子、壬寅、壬辰、壬午、壬申、壬戌）→甲辰壬；

甲午→六辛（辛丑、辛卯、辛巳、辛未、辛酉、辛亥）→甲午辛；

甲申→六庚（庚子、庚寅、庚辰、庚午、庚申、庚戌）→甲申庚；

甲戌→六己（己丑、己卯、己巳、己未、己酉、己亥）→甲戌己。

2. 三奇

乙、丙、丁三奇乃上界之真宰。天上为日月星，地下为乙丙丁。三奇是天地之中万神之主，能制一切凶神。

奇门遁甲中的"奇门"是指若开门、休门、生门三个吉门遇乙、丙、丁三奇，则谓之得奇门。凡用于行兵打仗的为高处奇门；凡用于日常琐事的为平处奇门。

若得奇又得吉门，则无往不利；若得奇而不得门，则可用、无凶；若得门而不得奇，则不可用。

凡出门得三奇，则多获吉利；凡安葬、修坟得三奇，则到山头或临向者并不忌山家墓运；凡立宅得三奇，子孙定发福如意；凡上官赴任得三奇，又合吉门（奇门），则三年之内受皇恩；凡求官、应试得三奇，定主黄甲着绯衣；凡迎婚嫁娶得三奇，百年偕老共齐眉。

三奇虽吉，但忌入墓。凡入墓，百事不宜，谋事尽休，纵得奇门也无用。

乙奇入坤宫或见未，即为乙奇入墓。

丙奇入乾宫或见戌，即为丙奇入墓。

丁奇入艮宫或见丑，即为丁奇入墓。

3. 六仪

甲子戊：为阳人，主鱼虾蟹、盐之类，或茶酒，或河濠泉溪之处黑色之物，或土阜，或蛇鼠之类。

甲戌己：为阴人，主田地、宅基、土器之类，或黄色之物，或犬狼畜类。凡得生助，为大粮之进；若逢克制，为大粮之出。

甲申庚：为阳人，主金石、刀剑银钱之类，或猿猴、白色之物。有惩治之难。

甲午辛：为阴人，主火箭、炉龛（即灶）、文辞之类，或红色之物、首饰、猪马畜类，有火烧之难。

甲辰壬：为阳人，主田宅、高阜、土器、蛟龙、黄色之物、道路，在天为雨，在地为水。有牢禁之灾。

甲寅癸：为阴人，主草木、山林、瓜菜之物、虎猫兽类、蓝色之物，在天为雨，在地为水。有罗网之灾。

第三章　阴阳十八局

所谓的"局"，是指在奇门遁甲的主要演布活盘（又称奇门活盘）中由八神（位于神盘）、九星（位于天盘）、八门（位于中盘）、九宫（位于地盘）、奇仪（位于天盘和地盘）依据不同的时空条件产生的各种组合。从奇门遁甲流传至今，几经演变，产生了阴阳十八局之说，即阴遁有九局，阳遁有九局。下面将详细介绍"局"的演变过程。

奇门的局通常按时间的长短划分为：年家奇门、月家奇门、日家奇门和时家奇门四种。但是由于每个节气并不是精准的十五天，所以出现了"超神""正授"和"接气"现象。为了解决这个问题，已经有多种方法："置闰法""拆补法""无闰法"等，但缺乏标准和共识。于是又有人提出了"分家奇门"的概念。下面分别介绍。

一、时家奇门、年家奇门、月家奇门、日家奇门、分家奇门

（一）时家奇门

时家奇门的定局起法是以一个时辰为一个格局。按奇门历法，每年冬至上元至第二年冬至上元为一个循环，总共是360天，每天12个时辰，那么全年的总局数就是4320局，但在这4320局中，实际上每一局重复了四次，所以全年时辰的格局类型总共是1080局。在这1080局中，分为阳遁局540局和阴遁局540局。这些局要受节气和日干所制，每个节气分为上元、中元、下元这三元，一元一局，共分为阳遁的九局和阴遁的九局。从冬至开始到芒种结束为阳遁局时段；从夏至开始到大雪结束为阴遁局时段。

在采用时家奇门排盘时，分为天、地、人、神四盘，依时辰转动天盘、人盘和神盘。

用公元2004年8月6日11：21当作例子来起盘布局。该日在夏至之后，属于阴遁局时段。

甲申年辛未月丁巳日丙午时

用局：年干支甲申就是符头，故用阴遁四局，值符天辅星落一宫值使杜门落六宫。

1. 地盘布局丁巳日位于夏至与处暑之间，属阴遁上元，用阴遁九局，

故戊落在离宫，逆布六仪，顺飞三奇，则己在艮宫、庚在兑宫、辛在乾宫、壬在中宫、癸在巽宫、丁在震宫、丙在坤宫、乙在坎宫。

2. 天盘布局丁巳日属甲寅旬，故甲寅癸天辅星为值符，其宫中的门杜门为值使，则天盘癸落在震三宫，其余的奇仪排法是：己在坎宫、庚在坤宫、辛在兑宫、壬丙在离宫、丁在艮宫、乙在乾宫、戊在巽宫。

3. 八门布局杜门为值使，从旬首逆数至本日的天干——四、三、二、一，本日为丁巳日，旬首是甲寅，故从甲寅逆数到丁巳，则杜门落在坎一宫，其余依次落宫为：开门落离宫、伤门落乾宫、生门落兑宫、休门落坤宫、惊门落巽宫、死门落震宫、景门落艮宫。

4. 八神布局八神即是天八神，八神亦值符为首，其余依次排列，阳顺阴逆，其排法是大值符（九星）在哪一个宫，则对应的八神小值符就在哪一个宫，故天八神值符在震宫、螣蛇在艮宫、太阴在坎宫、六合在乾宫、白虎（下隐勾陈）在兑宫、玄武在坤宫、九地在离宫、九天在巽宫。

（二）年家奇门

年家奇门是以60年为一元，也就是以60年为一局，分为上元、中元、下元，三元共计180年。年家奇门的定局起法是以上元甲子年起坎一宫，中元甲子年起巽四宫，下元甲子年起兑七宫，相当于时家奇门依节气而起定局。但由于天道左旋，所以年家奇门均为阴遁局，依阴遁之法，要逆布六仪，顺布三奇。年家奇门盘定局之后，先看当年的年干和年支是什么，再去寻它的旬头，在盘上依旬头看直符、直使是什么，然后据此转动活盘，直符随年干，直使随年支。吉凶的判断和时家奇门的方法一样。

年家奇门是从黄帝有熊氏即位的甲子年（公元前2697年）作为年家奇门上元开始推算。另外，年家奇门还配有另一套九星，即一白、二黑、三碧、四绿、五黄、六白、七赤、八白、九紫。年家奇门配九星的法则是以上元甲子一白入中宫，中元甲子四绿入中宫，下元甲子七赤入中宫，其他各种则按九星的次序和九宫的顺序顺布。

（三）月家奇门

每年12个月，5年正好60个月，所以5年为一元。月家奇门就是以5

年为一元，也就是以5年为一局，也就是以5年一元，也分为上、中、下三元。月家奇门的分元是：年支遇寅、申、巳、亥四孟为上元，在坎一宫起甲子；年支遇子、午、卯、酉四仲为中元，在巽四宫起甲子；年支遇辰、戌、丑、未四季为下元，在兑七宫起甲子。实际上，月家奇门的分元与时家奇门秋分节气的上、中、下三元完全相同。

月家奇门的布局法是先从年干推出月干，月的干支都明确后，再寻出它的旬头，再根据旬头找出直符、直使，直符随地盘月干，直使随地盘月支飞泊，定局之后，得奇得门之方大利。

月家奇门也配年家奇门九星，配九星的法则是由年决定的，入中宫的九星为：孟年正月二黑，仲年正月八白，季年正月五黄，星顺片逆而布。

（四）日家奇门

日家奇门比时家奇门要简单，其局数只有120个。它与时家奇门相同的地方有以下四点：一是以九宫八卦为排盘的构架；二是都分阳遁和阴遁，冬至到夏至前为阳遁，夏至到冬至前为阴遁；三是都用休、生、伤、杜、景、死、惊、开八门；四是都忌五不遇时。不同的地方有以下五点：一是排局方法不同；二是九星不同；三是日家奇门没有时家奇门的几十个吉凶格；四是日家奇门分十二黑黄道，时家奇门不分；五是日家奇门论喜神方位，时家奇门则没有。

日家奇门排八门之法，首先是根据日辰确定休门在哪一宫，然后按照三日一换宫。冬至后用阳遁，夏至后用阴遁。再根据日干的阴阳，确定顺布还是逆布。日家奇门的九星是太乙、摄提、轩辕、招摇、天符、青龙、咸池、太阴、天乙。排九星首先要确定太乙在哪一宫，然后依次排其他八星，其中九星有一星是入中宫的。另外，日家奇门有十二黑黄道，预示本日内十二个时辰的吉凶。再确定每日的喜神方位，以及由日干来推定天乙贵神、截路空亡和五不遇时等。

以上所述，是四家奇门的基本内容和排式。

（五）分家奇门

这个概念用到了现代计时体系的小时和分钟，因此，毫无疑问它不是中国古人创立的。

10分钟为一个干支单位，一个时辰120分正好12个10分钟，和12地支相对应。比如甲子时（23：00—1：00）分成12个单位，第一个单位为23：00—23：10，干支为甲子，23：10—23：20为乙丑，以此类推。

比如庚寅日辛巳时9点15分干支为：庚寅日、辛巳时、己丑分，辛巳时符头为己卯，又为上午，所以用阳一局。

例：2004年3月4日14：54（甲申、丙寅、壬午、丁未、辛亥），甲辰旬，阴遁六局，值符为天芮星，值使为死门，寅卯空。测股票以后的走势。

九天 死 乙 柱 庚	九地 惊 戊 心 丁	玄武 开 癸 蓬 壬
值符 己 景 壬 禽 芮 辛	己	白虎 休 丙 任 乙
螣蛇 杜 丁 英 丙	太阴 伤 庚 辅 癸	×× 生 辛 冲 戊

分析判断：

1. 景门为信息，时干下临地盘六仪为股票种类；甲子戊和生门的关系为是否有利润。

2. 天冲财星属木，寅月旺，卯月值符填实为应期，财星在6宫受克，涨得不多。财星要动是因为戊年相冲，是否上涨？甲子戊克生门为有利润，会上涨，再者月令正旺，下个月为卯月值符填实，天冲财星当值最旺，所以此股票在卯月涨起来，要赶紧卖出，分干辛下临戊，戊为土，此股票为水泥。

分家奇门按道理应该比时家奇门准确很多倍，但是问题也出来了——时家奇门是四柱，分家奇门是五柱，也就是比时家奇门多了一个分干支，不但多了一个分干支还多了一个分空亡，事物总好比一个跷跷板这头高那头就低了，有利肯定有弊，精确是精确了，但是需要判断的东西也就多了，况且分家奇门的起局不是一般人能掌握的，所以我认为时家奇门虽然没有分家奇门精确，但毕竟判断起来简单一些，精确度也是高的。

事物具有无限可分性，现在有分家奇门，以后可能还会有秒家奇门，但是分得太细就失去意义了，没有丝毫实用价值了，原因就是走极端了。所以我认为熟悉时家奇门已经足够。

二、阴阳十八局的由来

前面已经介绍过奇门遁甲按照时段的划分有多种局，本书的主题不是分辨孰优孰劣，只介绍其中的主流：时家奇门。

阴历纪年以三十天为一月，十二月为一年，全年三百六十天每天十二个时辰，它们与现代计时的对应关系见下表。

表 3-1　十二时辰与现代计时对照表

干支纪时	现代纪时
子时	23:00—1:00
丑时	1:00—3:00
寅时	3:00—5:00
卯时	5:00—7:00
辰时	7:00—9:00
巳时	9:00—11:00
午时	11:00—13:00
未时	13:00—15:00
申时	15:00—17:00
酉时	17:00—19:00
戌时	19:00—21:00
亥时	21:00—23:00

时家奇门以一个时辰为一个格局，每一天有十二个格局。因此，在奇门历法的前一年冬至日到下一年冬至日前一天为止的三百六十天中，全年的局数是：

$$12 \times 360 = 4320（局）$$

但是在四千三百二十局中，每一局将会重复出现四次。例如，冬至上元、惊蛰上元、清明中元、立夏中元这四个时段都是阳遁一局，是同一类型的局。所以，四千三百二十局分为四种类型，其类型数是一千零八十种：

$$4320 \div 4 = 1080 （种）$$

而在这1080种类型中，由于时辰是按照从甲子到癸亥的循环（六十甲子），实际上又会出现六十次重复。由此可知，局的基本类型是十八种：

$$1080 \div 60 = 18 （种）$$

这十八种局的基本类型又分阴和阳，即阴遁局和阳遁局各有九局。阴遁和阳遁是按照节气划分的，下面将会详细论述。相传，局的创立是由黄帝命风后完成的。后来姜子牙（即太公吕望）将一千零八十局简化为七十二局，张良又再次将七十二局简化为十八局，后世称之为"张良十八局"。熟练掌握这十八局是学习和研究奇门遁甲的基本要求。

此外，采用从甲子到癸亥的干支纪时是奇门遁甲的基本元素，也必须熟练掌握。

三、阴遁和阳遁

1. 阴阳之分

按照阴阳消长的规则，从每年的冬至开始，阳气上升，一直到下一年的芒种结束之日，阳气消失。接着从夏至日开始，阴气上升，一直到大雪结束之日，阴气消失。所以从冬至开始到芒种结束之日为阳气时段，共十二个节气，一百八十天。从夏至开始到大雪结束之日为阴气时段，也是十二个节气，一百八十天。所以，从冬至开始到芒种结束的时段中所用之局为阳遁局，夏至开始到大雪结束的时段中所用之局为阴遁局。

阳遁局的节气：冬至、小寒、大寒、立春、雨水、惊蛰、春分、清明、谷雨、立夏、小满、芒种。

阴遁局的节气：夏至、小暑、大暑、立秋、处暑、白露、秋分、寒露、霜降、立冬、小雪、大雪。

2. 上元、中元、下元

全年二十四个节气分为十二个节、十二个气。十二个月均以十二个节作为每个月的起点，配以月干支，而不是从每个月的初一开始配以月干支。同理，每一年的开始是以该年的立春作为起点，配以年干支。每个节气十五天，一个月三十天，有一个节、一个气。

十二个节是：立春（正月）、惊蛰（二月）、清明（三月）、立夏（四月）、芒种（五月）、小暑（六月）、立秋（七月）、白露（八月）、寒露（九月）、立冬（十月）、大雪（十一月）、小寒（十二月）。

十二个气是：雨水、春分、谷雨、小满、夏至、大暑、处暑、秋分、霜降、小雪、冬至、大寒。

每个节气的十五天中，分为三个"候"，候又称为"元"。分别为上、中、下三个元。第一个五天为上元，第二个五天为中元，第三个五天为下元。在定局时，五天为一局，即一元一局，所以一个节气有三个局，即所谓"一气三元"。前面曾经介绍，每天有十二个时辰，所以在每一局的五天中有六十个时辰。刚好用六十甲子表示这六十个时辰的干支。从第六天开始，又是下一轮的六十个甲子。

每一元的第一天称为"符头"。六十甲子按五天一元划分，可以得到十二个能成为符头的日干支：甲子、己巳、甲戌、己卯、甲申、己丑、甲午、己亥、甲辰、己酉、甲寅、己未。见表3-3。

根据天文历法计算，公历的一年有365日（准确地说是365.2422日）。中国的农历将每年分为24个节气，平均每个节气为365÷24=15.2083……（天），并不是精准的15天。这就导致每个节气交替之日并不一定是符头。出现了"正授""超神""接气"三种现象。关于这个问题将在第四节中详细论述。

以下举例说明。

2018年3月5日，为惊蛰节，日干支是丙申，位于甲午旬之后第二日，统领它的符头是3月3日的日干支甲午。这个节气不是十五日，而是十六日。它们的日干支分别是：

3月5日丙申、3月6日丁酉、3月7日戊戌、3月8日己亥、3月9日庚子、3月10日辛丑、3月11日壬寅、3月12日癸卯、3月13日甲辰、3月14日乙巳、3月15日丙午、3月16日丁未、3月17日戊申、3月18日己酉、3月19日庚戌、3月20日辛亥。3月21日壬子是下一个节气——春分。

下一节中将会介绍在一个节气中阳遁局和阴遁局的排列序数。惊蛰对应的是阳一局、阳七局和阳四局。其中，由于甲午为阳一局上元符头，所以3月5日丙申、3月6日丁酉、3月7日戊戌属于阳一局的上元；而3月8日己亥为中元的符头，所以3月8日己亥、3月9日庚子、3月10日辛丑、3月11日壬寅、3月12日癸卯属于阳七局的中元；其后的3月13日甲辰为阳四局下元的符头，所以3月13日甲辰、3月14日乙巳、3月15日丙午、3月16日丁未、3月17日戊申属于阳四局的下元。

采用这个规则就解决了这个惊蛰节有十六天难以按五天一元划分上中下三元的问题。

四、节气和局的序数

每个节气中三个局的排列序数是固定的。排列的口诀是：

阳遁局

冬至、惊蛰一七四；小寒二八五；大寒、春分三九六；雨水九六三；清明、立夏四一七；立春八五二；谷雨、小满五二八；芒种六三九。

阴遁局

夏至、白露九三六；小暑八二五；大暑、秋分七一四；立秋二五八；寒露、立冬六九三；处暑一四七；霜降、小雪五八二；大雪四七一。

排局规则：

在同一节气的上中下三元中，确定了上元是第几局之后，就可以推算出中元和下元的局的序数。推算的规则是，阳遁局顺推，阴遁局逆推。意即，对于顺推的阳遁局，按照一、二、三、四、五、六、七、八、九、一、二、三……的序列顺推。对于逆推的阴遁局，按照九、八、七、六、五、四、三、二、一、九、八、七……的序数逆推。在推算时以九为循环周期（因为是九个局），两局之间以六为间隔。

表3-2 阳遁局和阴遁局列表

阳遁局			阴遁局		
节气	上元	中元	下元	节气	上元	中元	下元
冬至	阳一局	阳七局	阳四局	夏至	阴九局	阴三局	阴六局

续表

阳遁局				阴遁局			
节气	上元	中元	下元	节气	上元	中元	下元
小寒	阳二局	阳八局	阳五局	小暑	阴八局	阴二局	阴五局
大寒	阳三局	阳九局	阳六局	大暑	阴七局	阴一局	阴四局
立春	阳八局	阳五局	阳二局	立秋	阴二局	阴五局	阴八局
雨水	阳九局	阳六局	阳三局	处暑	阴一局	阴四局	阴七局
惊蛰	阳一局	阳七局	阳四局	白露	阴九局	阴三局	阴六局
春分	阳三局	阳九局	阳六局	秋分	阴七局	阴一局	阴四局
清明	阳四局	阳一局	阳七局	寒露	阴六局	阴九局	阴三局
谷雨	阳五局	阳二局	阳八局	霜降	阴五局	阴八局	阴二局
立夏	阳四局	阳一局	阳七局	立冬	阴六局	阴九局	阴三局
小满	阳五局	阳二局	阳八局	小雪	阴五局	阴八局	阴二局
芒种	阳六局	阳三局	阳九局	大雪	阴四局	阴七局	阴一局

具体地说，凡是阳遁局，中元的局数是按照顺数的规则从上元局数向前推进六局，下元的局数是中元的局数按照顺数的规则向前推进六局。满九后，又从一开始计数。例如，冬至上元为阳遁一局，则按照二、三、四、五、六、七的序列，可得出冬至中元为阳遁七局，再按照八、九、一、二、三、四的序列，可得出冬至下元为阳遁四局。

在前面的例子中，惊蛰对应的是阳遁一局，而且各局的序数是顺排，所以惊蛰节的阳遁局分别是阳遁一局、阳遁七局和阳遁四局。

凡是阴遁局，中元的局数是按照逆数的规则从上元局数向前推进六局，下元的局数是按照逆数的规则从中元的局数向前推进六局。到一后，又从九开始计数。例如，夏至上元为阴遁九局，则按照八、七、六、五、四、三的序列，可得出夏至中元为阴遁三局，而夏至下元，则按照二、一、九、八、七、六的序列，为阴遁六局。

五、超神、接气、置闰

奇门遁甲中有很多难题和疑点，关于这些疑点将在第十九章中详细讨论。例如，起局方法。目前奇门的起局方法有多种，导致学习和研究奇门遁甲的人士无所适从。有一种观点认为，奇门遁甲的起局法应该追本溯源，回归到最初的方法，即置闰法。出现这个问题的根源是中国历法中每个节气的天数不一定都是十五天。

每个节气都分为上、中、下三元，每元对应五天时间。根据口诀可以查到节气中每一元所对应的局数。但是由于每个节气并不是刚好等于十五天，所以会产生接气超神的问题。在接气超神的问题上，有"置闰派"和"无闰派"的争论，另外，还有研究者提倡采用"拆补法"来定三元。自古以来，拆补法、置闰法和茅山道士法就一直并存，并流传至今。这3种方法是目前使用率最高、流传最广的起局法。

奇门遁甲最初的起局法只有一种，就是置闰法。奇门遁甲创立之初为兵家所设，主要用于运筹帷幄。置闰法起局，如果是手动起局，就要真正明白：超神、正授、接气、置闰，弄懂这些确实要花费一些精力。后人为了省事，或许也跟奇门遁甲流传到民间有关，在民间以预测民事为主，讲究快捷、灵变。因此后人改进了置闰法，变为相对简单的"拆补法、无闰法（茅山法）"。

奇门遁甲历法是历法史上的重大突破，更具有使用性和精确性。遁甲历法具体体现在节气与符头两个历法系列的吻合，因此非常注重两者的一致。我们都知道甲子历一年360日是固定不变的，而一年内的每个节气并不都是精准的十五天，是有盈缩的。节气的来源是太阳在黄道上移动一周对地球的影响，太阳黄道每增加15度，便完成一个节气，移动360度便完成二十四节气。一个节气有三候，一共十五日零二时五刻一十七秒，每候六十时（五日）又七刻二十八秒，即每候气盈七刻二十八秒，每一气有一百八十二时零五刻有奇，那么每十二气（半年）即盈二日加一时，全年约盈五日。也就是说：甲子符头与节气两种历法存在差距，又由于太阳运行在冬至和夏至时期运行速度不一，因此就会呈现气有盈缩、时有长短，这样甲子符头自然与节气就难以统一，从而出现正授、超神、接气现象。

奇门遁甲是周易发展和演变而来的，也就和中国的农历（也称为"周历"）有着密切的关系。把一年的360天（不计闰余）作为太极，又平均分设为阴阳二遁，以岁首坎一宫子月的冬至节为阳遁的起始点，以离九宫夏至节为阴遁的起始点。每遁历时 180 天。又以临节气最近的甲、己两个天干为符头，配合子、午、卯、酉日为上元，寅、申、巳、亥日为中元，辰、戌、丑、未日为下元。之所以要将甲、己两日作为符头，是因为奇门遁甲每一节气分为上中下三元，每五日为一元（合六十个时辰），每一元的起始点为六十甲子的甲子时，而甲、己两日的第一个时辰就是甲子时。也就是说甲、己两日乃符头的根源。周历以子月为岁首的特点充分体现了阴阳二气在一年四季中的消长变化。其原因是，子月即农历十一月，冬至节在十一月之中，而冬至节之前天地间阴气到了极致，之后则阳气开始上升，这就是阴消阳长。

我国古代长期采用阴阳合历，它根据月亮的盈亏变化定月，平年 12 个月，6 个大月 30 天，叫"大尽"；6 个小月各 29 天，叫"小尽"；全年 354 天。这比太阳年（365.2422 天）要少约 10 天 21 小时。为此古人采取"置闰"的办法加以调整，开始时每三年闰一个月，五年闰两个月，春秋中叶后规定十九年闰七个月。每逢闰年加的一个月叫"闰月"，闰月加于某月之后叫"闰某月"。通过置闰可使历年的平均长度约等于一个太阳年，并和自然季节大致吻合。

凡是气未到而符头先到者谓之超神，符头未到而气先到谓之接气，这就是置闰超接之法。必须在芒种、大雪之后，冬至、夏至之前，这是因为冬至、夏至之后开始分阴阳顺逆。节气与天地间的阴阳之气是相对应的，因此奇门遁甲中的阴遁局和阳遁局需要根据节气进行排列和调整。例如，甲己日巳时交冬至，似乎应作为冬至后阳遁上元阳一局。但辰时在巳时前，所以实际上应作为上一节气大雪后阴遁下元阴遁一局。

奇门遁甲的布局在使用上有不同的方法。宋代景佑年间的《遁甲符应经》其中提到了三种方法：一为置闰法，一为拆补法，一为气应始变法（就是所谓的"陶真人无闰法"）。

置闰法遵循的规则是甲、己符头配合的上元（子、午、卯、酉），中元（寅、申、巳、亥），下元（辰、戌、丑、未），三元依次循环，这个方法采用的是"定气"，虽然它的行进速度小于节气的实际行进速度，但它把积累的时间作为闰奇来处理，在超过九天的时候，把芒种、大雪的局重复使用一次，人为地把符头与节气拉进，闰一次奇为十五天，以后变为接气五天，它的理论原则是超不过九接不过五，这就是置闰法的核心。

奇门遁甲预测注重天地人神四种力量的综合运用，其最佳时空模式只用一种起局方式，后来主流的方法是置闰法，也称为奇门遁甲运筹起局古法。

需要注意的是，公历设置闰月只对公历2月进行，即每隔4年的2月不是28天，而是调整为29天。但是中国农历的设置闰月是在某一年中增加一个完整的闰月。在这样调整后会出现有的节气是15天，有的可能是16天。这样就衍生出新的问题：对于不是十五天的节气如何划分上中下三元？于是古人采用以符头划分三元的规则，因为天干地支的排列顺序是固定不变的。表3-3列举了六十甲子中作为符头的十二个日干支，其余的日干支不能成为符头。有了这个规则，就解决了节气不全部是十五天的麻烦。

五天一局的依据是，每天十二个时辰，五天共六十个时辰。第六天的子时与第一天的子时的干支相同。需要注意的是，虽然第六天的时辰干支与第一天对应的时辰干支相同，但它们的排局却不相同。这是因为第六天的日干支与第一天的日干支不相同，而排局不只是由时干支决定，与日干支也有关。如果日干支不同，即使时干支相同，排出的局也不会相同。

在实际进行排局时，往往会出现每一个节气的第一天不是该节气上元的第一天的情况，两者通常会有误差。产生误差的原因是，每五天为一局，而天干有十个，本来应该是刚好匹配。但是，根据以五为基数的规则，每一局的第一天的日干必须是第一个天干甲或第六个天干己。而一个节气的第一天的日干却经常不是甲或己，而是其余八个天干（根据统计规律，这种情况出现的比例高达百分之八十），所以就产生了误差。这种误差分为三类：上元的第一天在节气的第一天之前，即在上一个节气中；上元的第一天在节气的第一天之后；上元的第一天与节气的第一天重合，误差为零。根据这三种误差情况，引出了三个概念："超神""接气"和"正授"。上元、中元、下元第一天的日干支都称为"符头"。因此，超神、接气和正授的定义是：

超神：符头在节气第一天之前。

接气：符头在节气第一天之后。

正授：符头与节气第一天重合。

由前可知，符头与节气第一天的日干支对应会发生误差（误差为零的称为"正授"，只占百分之二十），而且随着时间的延续，这个误差会累积加大。一旦误差超过九天，就需要进行补偿调整。因为超过九天，达到了十天时，就把十个天干全部计入误差，尤其是在阴遁局和阳遁局交接边界的冬至和夏至这两个节气，如果误差超过九天，会使阴遁和阳遁的日子交叉太多，从而影响预测的准确性。因此，在误差超过九天时，需要进行补偿加以调整。这种补偿叫作"置闰"。即符头超前对应节气的第一天的误差大于九天时需要进行置闰。要注意，这里所说的误差是由超神产生的，并不是节气的误差。

无论是上元、中元还是下元，第一天的日干支一旦确定，则第二天到第五天的日干支也就相应地确定了。为了便于使用，把六十甲子表示的日干支按照上中下三元排列如下，见表3-3。

表3-3　日干支（六十甲子）与上中下三元的符头排列表

三元	上元				中元				下元			
第一日（符头）	甲子	甲午	己卯	己酉	甲申	甲寅	己巳	己亥	甲辰	甲戌	己丑	己未
第二日	乙丑	乙未	庚辰	庚戌	乙酉	乙卯	庚午	庚子	乙巳	乙亥	庚寅	庚申
第三日	丙寅	丙申	辛巳	辛亥	丙戌	丙辰	辛未	辛丑	丙午	丙子	辛卯	辛酉
第四日	丁卯	丁酉	壬午	壬子	丁亥	丁巳	壬申	壬寅	丁未	丁丑	壬辰	壬戌
第五日	戊辰	戊戌	癸未	癸丑	戊子	戊午	癸酉	癸卯	戊申	戊寅	癸巳	癸亥

置闰的方法是，重复这个节气的上中下三元，即把该节气的上中下三元重复排一遍。

例如，在芒种节置闰，芒种的上中下三元之局是阳六局、阳三局、阳九局，置闰就是在芒种下元第五天（下元的最后一日）之后，再重复排一遍阳六局、阳三局、阳九局。过了这次置闰的十五天后，再排芒种之后从夏至开始的阴九局、阴三局、阴六局。

又如，在大雪节置闰，大雪的上中下三元之局是阴四局、阴七局、阴一局，置闰就是在大雪下元的第五天（下元的最后一日）之后，再重复排一遍阴四局、阴七局、阴一局。过了这次置闰的十五天后，再排大雪之后从冬至开始的阳一局、阳七局、阳四局。

上述置闰重排的三元称为"闰奇"。

需要注意的是，只能在芒种和大雪这两个节气进行，并不是任何一个节气都可以置闰。因为芒种是阳遁的最后一个节气，它之后是阴遁开始的夏至节气。大雪是阴遁的最后一个节气，它之后是阳遁开始的冬至节气。在这两个节气置闰的目的是在阴遁开始之前（夏至之前）和阳遁开始之前（冬至之前），把符头和节气的第一天尽量调整得接近，缩小超神的误差，保证预测的准确性。在其他二十二个节气中，即使超神的误差大于十天，也不能置闰。

置闰是一件很复杂的事情，如果置闰不准，排局就会出错预测就不可能准确。可惜许多书籍中对置闰没有论述清楚。

下面是"超接闰奇歌"：

闰奇闰奇有妙诀，神仙不肯分明说。

甲己二日号符头，子午卯酉为上列。

寅申巳亥配中元，辰戌丑未下元节。

节过符兮符超节，闰积原来为准则。

节前得符谓之超，节后得符谓之接。

有时超过近一旬，便当置闰真妙绝。

要知置闰在何时？端在芒种和大雪。

超神接气若能明，便是天外云边客。

歌中最后一句说明了搞清楚超神接气置闰的重要性。有人在万年历注明了每个节气上中下三元的第一天，使万年历成为奇门历。应用时只需查奇门历即可，不必在每次排局时去确定排局序数，便于使用。但是，迄今为止尚未见到正式出版的有权威性的奇门历，导致不同的人排出的局各不相同。笔者手头就有两本书中所附的奇门历差异甚大。如果排局是错的，预测怎么可能准确？建议读者自己搞清楚超神、接气，以及如何置闰的方法，不至于见到不同的书中的奇门历无所适从。

还有一种补偿之法，叫作残局补偿法。它比置闰的补一气三元之法更简捷，补偿的局也往往互不相同。至于哪一种准确，各执一词。笔者认为，此法对于奇门遁甲不熟练者不宜使用，故本书不作专门的介绍。

以下是两个实例：

实例一，公元1996年6月12日，是6月5日芒种之后7天。

农历：丙子年四月廿七。

干支：丙子、癸巳、庚辰。

从表3-3可知，庚辰日属于己卯到癸未的五日之中，四月廿六己卯日是上元的符头。己卯日在芒种之后、夏至之前。而芒种的阳六局、阳三局、阳九局的三个局在四月廿五戊寅日结束。按常规的排法，似乎应该把己卯日作为夏至上元的符头。再看夏至，它在五月初六己丑日。如果把己卯日作为夏至上元的符头，则它与夏至日之间的超神达十天，大于九天。于是需要置闰，即把芒种的阳六局、阳三局、阳九局从己卯日开始重排一遍。这样重排的三局称为闰奇，请参阅正文后附录四。夏至以后是阴九局、阴三局、阴九局。推演如下：

表3-4　芒种后置闰重排实例

6月5日	6月6日	6月7日	6月8日	6月9日	6月10日	6月11日	6月12日	6月13日	6月14日	6月15日
四月廿	廿一	廿二	廿三	廿四	廿五	廿六	廿七	廿八	廿九	卅
癸酉	甲戌	乙亥	丙子	丁丑	戊寅	己卯	庚辰	辛巳	壬午	癸未
	阳遁九局					置闰重排阳遁六局				
芒种	这个芒种节气从6月5日至6月20日，有16天，它是阳遁局中最后一个节气。芒种后的夏至开始为阴遁局。									

表3-4-2　芒种后置闰重排实例

6月16日	6月17日	6月18日	6月19日	6月20日	6月21日	6月22日	6月23日	6月24日	6月25日	6月26日
五月初一	初二	初三	初四	初五	初六	初七	初八	初九	初十	十一
甲申	乙酉	丙戌	丁亥	戊子	己丑	庚寅	辛卯	壬辰	癸巳	甲午
置闰重排阳遁三局					置闰重排阳遁九局					恢复正常排局
					夏至	甲午日开始恢复正常排：阴遁九局、阴遁三局、阴遁六局。				

从表3-4中可见，1996年6月5日癸酉，是芒种。从6月5日至6月20日，这个节气有十六天。它对应阳遁六局、阳遁三局、阳遁九局，6月10日戊寅是阳遁九局的最后一天。按照正常排局顺序，从芒种之后的6月11日开始排阴遁局。它在6月21日夏至之前十天，超过九天，也就是超神十日。这就需要置闰。但是6月11日的干支是己卯，它是上元的符头。于是从6月11日开始排置闰局：

6月11日己卯，农历四月廿六开始为置闰阳遁六局；

6月16日甲申，农历五月初一开始为置闰阳遁三局；

6月21日己丑，农历五月初六开始为置闰阳遁九局。

到了6月26日，它的干支甲午正是上元的符头，于是可以从该日开始正常排阴遁局：阴遁九局、阴遁三局、阴遁六局。经过这次置闰，将原来超神十日的误差缩小到五日（6月21日至6月26日），缩小了二者之间的差距。

要特别强调的是：排置闰局需要从对应于上元的日干支开始。在本例中，不是从夏至五月初六己丑日开始，因为，己丑对应的是下元，所以需要从对应于上元的五月十一甲午日开始排置闰局。

实例二，公元2023年12月7日大雪，日干支己亥。12月22日冬至，日干支甲寅。大雪在冬至之前，其对应的是阴遁局：阴遁四局、阴遁七局和阴遁一局。从冬至开始是阳遁局。其对应的是阳遁局：阳遁一局、阳遁七局和阳遁四局。阳遁一局的符头是甲子、己卯、甲午、己酉之一。但是，甲子日却是2024年1月1日，在冬至节之后第十日，误差大于九天，这个现象称为"接气"，故需要置闰。即将大雪的阴遁四局、阴遁七局和阴遁一局重排一遍。问题在于从哪一天开始重排置闰的阴遁一局。推演如下：

2023年12月7日大雪，日干支己亥，它是中元的符头，不能从该日开始重排。之后的12月12日，日干支甲辰，它是下元的符头，也不能从它开始重排。再之后，12月17日，日干支己酉，它是上元的符头，所以只能从此日开始重排。

表 3-5-1　2023 年大雪后置闰重排实例

12月7日	12月8日	12月9日	12月10日	12月11日	12月12日	12月13日	12月14日	12月15日	12月16日	12月17日
十月廿五	廿六	廿七	廿八	廿九	三十	十一月初一	初二	初三	初四	初五
己亥	庚子	辛丑	壬寅	癸卯	甲辰	乙巳	丙午	丁未	戊申	己酉
阴遁七局					阴遁一局					
大雪	这个大雪节气十五天									

表 3-5-2　2023 年大雪后置闰重排实例

12月18日	12月19日	12月20日	12月21日	12月22日	12月23日	12月24日	12月25日	12月26日	12月27日	12月28日
庚戌	辛亥	壬子	癸丑	甲寅	乙卯	丙辰	丁巳	戊午	己未	庚申
初六	初七	初八	初九	初十	十一	十二	十三	十四	十五	十六
置闰阴遁四局					置闰阴遁七局					重排的阴遁一局
大雪节气					冬至	这个冬至节气十五天				

表 3-5-3　2023 年大雪后置闰重排实例

2023 年			2024 年							
12月29日	12月30日	12月31日	1月1日	1月2日	1月3日	1月4日	1月5日	1月6日	1月7日	1月8日
辛酉	壬戌	癸亥	甲子	乙丑	丙寅	丁卯	戊辰	己巳	庚午	辛未
十七	十八	十九	二十	廿一	廿二	廿三	廿四	廿五	廿六	廿七
置闰阴遁一局			置闰之后正常排的阳遁一局					阳遁七局		
冬至节气								小寒		

按理说本次置闰是将大雪节对应的阴遁四局、阴遁七局和阴遁一局重排一遍，但是，在排了阴遁一局的上中下三元之后已经是 2023 年 12 月 31 日，日干支是癸亥，后一日是 2024 年 1 月 1 日，日干支是甲子，正适合作

为从冬至开始的阳遁一局的符头。注意：置闰重排大雪节对应的置闰阴遁四局、阴遁七局和阴遁一局是从2023年12月17日己酉日开始置闰重排的。到了2024年1月1日，日干支是甲子，进入正常排阳遁局。

尤其要注意的是在这两个实例中，只能在芒种或大雪节才可以置闰。在一年之中，如果不是这两个节气，即使误差超过九天也不可以置闰。

六、阴遁局和阳遁局列表

阴遁局和阳遁局各有九局，共十八局。各局的序数是按照六甲之首的甲子戊位于九宫中的第几宫确定的。在轮到第五宫时，把甲子戊寄放到坤二宫。在甲子戊确定了第几宫之后，其余八个奇仪用来确定剩余的八局。在排列时，阴遁局和阳遁局的排列顺序刚好相反。

阳遁局，仪顺奇逆：戊己庚辛壬癸丁丙乙。即六仪顺排，三奇逆排。

阴遁局，奇顺仪逆：乙丙丁癸壬辛庚己戊。即三奇顺排，六仪逆排。

见表3-6和表3-7。

表 3-6　阳遁九局表

九宫	坎一宫	坤二宫	震三宫	巽四宫	中五宫寄坤二宫	乾六宫	兑七宫	艮八宫	离九宫
阳一局	甲子戊	甲戌己	甲申庚	甲午辛	甲辰壬	甲寅癸	丁奇	丙奇	乙奇
阳二局	乙奇	甲子戊	甲戌己	甲申庚	甲午辛	甲辰壬	甲寅癸	丁奇	丙奇
阳三局	丙奇	乙奇	甲子戊	甲戌己	甲申庚	甲午辛	甲辰壬	甲寅癸	丁奇
阳四局	丁奇	丙奇	乙奇	甲子戊	甲戌己	甲申庚	甲午辛	甲辰壬	甲寅癸
阳五局	甲寅癸	丁奇	丙奇	乙奇	甲子戊	甲戌己	甲申庚	甲午辛	甲辰壬
阳六局	甲辰壬	甲寅癸	丁奇	丙奇	乙奇	甲子戊	甲戌己	甲申庚	甲午辛
阳七局	甲午辛	甲辰壬	甲寅癸	丁奇	丙奇	乙奇	甲子戊	甲戌己	甲申庚
阳八局	甲申庚	甲午辛	甲辰壬	甲寅癸	丁奇	丙奇	乙奇	甲子戊	甲戌己
阳九局	甲戌己	甲申庚	甲午辛	甲辰壬	甲寅癸	丁奇	丙奇	乙奇	甲子戊

表3-7　阴遁九局表

九宫	坎一宫	坤二宫	震三宫	巽四宫	中五宫 寄 坤二宫	乾六宫	兑七宫	艮八宫	离九宫
阴九局	乙奇	丙奇	丁奇	甲寅癸	甲辰壬	甲午辛	甲申庚	甲戌己	甲子戊
阴八局	丙奇	丁奇	甲寅癸	甲辰壬	甲午辛	甲申庚	甲戌己	甲子戊	乙奇
阴七局	丁奇	甲寅癸	甲辰壬	甲午辛	甲申庚	甲戌己	甲子戊	乙奇	丙奇
阴六局	甲寅癸	甲辰壬	甲午辛	甲申庚	甲戌己	甲子戊	乙奇	丙奇	丁奇
阴五局	甲辰壬	甲午辛	甲申庚	甲戌己	甲子戊	乙奇	丙奇	丁奇	甲寅癸
阴四局	甲午辛	甲申庚	甲戌己	甲子戊	乙奇	丙奇	丁奇	甲寅癸	甲辰壬
阴三局	甲申庚	甲戌己	甲子戊	乙奇	丙奇	丁奇	甲寅癸	甲辰壬	甲午辛
阴二局	甲戌己	甲子戊	乙奇	丙奇	丁奇	甲寅癸	甲辰壬	甲午辛	甲申庚
阴一局	甲子戊	乙奇	丙奇	丁奇	甲寅癸	甲辰壬	甲午辛	甲申庚	甲戌己

第四章　奇门活盘

奇门活盘是把八神、九星、八门、九宫汇合在一起的一种演布工具。有了上述四组预测因子, 再配以相应的奇仪、地支, 就在活盘上构成了阴阳十八局。实际上它是把时、空、天象各种参数组合产生在预测时需要用到的十八个局。

奇门活盘有四层构成: 神盘 (纳入八神)、天盘 (纳入九星、奇仪和地支)、中盘 (纳入八门, 中盘又名门盘或人盘)、地盘 (纳入九宫、奇仪和地支)。它们以地盘为基准框架, 其余三盘可以相对于地盘转动而进行演布。

一、天盘、中盘、地盘

这三个盘从内向外按照天盘、中盘、地盘的顺序排列。

天盘列九星: 天蓬、天任、天冲、天辅、天英、天芮、天柱、天心、天禽。

中盘开八门: 休门、生门、伤门、杜门、景门、死门、惊门、开门。

地盘定九宫: 坎一宫、坤二宫、震三宫、巽四宫、中五宫寄坤二宫、乾六宫、兑七宫、艮八宫、离九宫。

在活盘没有转动, 即起始状态时, 九星、八门在阴阳十八局中的位置相对于九宫而言, 它们的位置是固定的, 而且不分阴遁局和阳遁局。

此外, 无论是阴遁局还是阳遁局, 各宫的位置都在后天八卦中规定的方位, 在活盘上, 门和星的位置都是从坎一宫开始, 安置天蓬星、休门, 然后按照顺时针方向继续排列。如表4-1和图8所示。

表4-1

地盘	坎一宫	坤二宫	震三宫	巽四宫	中五宫寄坤二宫	乾六宫	兑七宫	艮八宫	离九宫
中盘	休门	死门	伤门	杜门	死门	开门	惊门	生门	景门
天盘	天蓬星	天芮星	天冲星	天辅星	天禽星	天心星	天柱星	天任星	天英星

图8

注：从外往里看，第二层安八门，第三层安九星，天禽星位于中央。

二、神盘

除了上述三层盘，在天盘的内圈（即最内层）还有一个置放八神的神盘（神盘又称为八诈门）。需要注意的是，天、中、地三盘内的星、门、宫的位置不分阴遁局和阳遁局。而在神盘中，八神在阴遁各局和阳遁各局之中的位置是各不相同的。而且，阴遁局和阳遁局之间也不相同。

八神的置放规则：阳遁顺排，阴遁逆排。即——

阳遁局从坎一宫放直符起，顺时针排列；

阴遁局从坎一宫放直符起，逆时针排列。

在阳遁局中八神的次序是：直符、腾蛇、太阴、六合、勾陈、朱雀、九地、九天。

在阴遁局中八神的次序是：直符、腾蛇、太阴、六合、白虎、玄武、九地、九天。

（注：在阳遁局中用勾陈、朱雀；在阴遁局中用白虎、玄武。）

表4-2　阳遁局神盘表

九宫	坎一宫	坤二宫	震三宫	巽四宫	中五九宫寄坤二宫	乾六宫	兑七宫	艮八宫	离九宫
阳一局	直符	朱雀	太阴	六合	朱雀	九天	九地	螣蛇	勾陈
阳二局	六合	直符	朱雀	九地	直符	太阴	螣蛇	勾陈	九天
阳三局	九地	六合	直符	螣蛇	六合	朱雀	勾陈	九天	太阴
阳四局	朱雀	太阴	九天	直符	太阴	勾陈	六合	九地	螣蛇
阳五局	六合	直符	朱雀	九地	直符	太阴	螣蛇	勾陈	九天
阳六局	螣蛇	九地	六合	勾陈	九地	直符	九天	太阴	朱雀
阳七局	太阴	九天	勾陈	朱雀	九天	螣蛇	直符	六合	九地
阳八局	九天	勾陈	螣蛇	太阴	勾陈	九地	朱雀	直符	六合
阳九局	勾陈	螣蛇	九地	九天	螣蛇	六合	太阴	朱雀	直符

表4-3　阴遁局神盘表

九宫	坎一宫	坤二宫	震三宫	巽四宫	中五九宫寄坤二宫	乾六宫	兑七宫	艮八宫	离九宫
阴一局	直符	六合	九地	玄武	六合	螣蛇	太阴	九天	白虎
阴二局	玄武	直符	六合	太阴	直符	九地	九天	白虎	螣蛇
阴三局	太阴	玄武	直符	九天	玄武	六合	白虎	螣蛇	九地
阴四局	六合	九地	螣蛇	直符	九地	白虎	玄武	太阴	九天
阴五局	玄武	直符	六合	太阴	直符	九地	九天	白虎	螣蛇
阴六局	九天	太阴	玄武	白虎	太阴	直符	螣蛇	九地	六合
阴七局	九地	螣蛇	白虎	六合	螣蛇	九天	直符	玄武	太阴
阴八局	螣蛇	白虎	九天	九地	白虎	太阴	六合	直符	玄武
阴九局	白虎	九天	太阴	螣蛇	九天	玄武	九地	六合	直符

　　无论是顺时针排列还是逆时针排列，都以坎一宫为起点开始，按照各宫在地盘上的位置排列，并不是按照一、二、三……的顺序排列的。但是，八神之首的直符却是按照一、二、三……的顺序置放的，而且不区分阴遁局和阳遁局。也就是说，在阴遁一局和阳遁一局中，直符置放在坎一宫；在阴遁二局和阳遁二局中，直符置放在坤二宫；在阴遁三局和阳遁三局中，

直符置放在震三宫；等等。直符落在中五宫时（无论是阴遁局还是阳遁局），由于中五宫寄坤二宫，所以直符实际上是在坤二宫。在直符置放定位之后，其余七神就不按一、二、三……的顺序置放，而是按照各宫在地盘上的位置，阳遁局顺时针排列，阴遁局逆时针排列。

下面是阳遁一局和阴遁一局神盘的示例，见图9和图10。

图 9　阳遁一局神盘

图 10　阴遁一局神盘

三、值符

"值符"不同于"直符"，是指九星之中目前当值的那一颗星。它不是泛指全部的九颗星，而只是指某一特定时刻的星。因此，值符是一个动态变化的概念，它的具体内容依据时间的变化而变化。

　　务必不能将这个"值符"和八神之首的"直符"混为一谈，二者截然不同。值符属于九星，直符属于八神。值符的内容是随时间变化的，而直符只是八神之一，是不变的。在有些奇门类书籍中，或许是印刷排版或校对的问题，会出现值符和直符混用的情况。对此，读者需要搞清楚。

　　在六十甲子中，以六甲（甲子、甲戌、甲申、甲午、甲辰、甲寅）为首，把六十甲子分为六组，详见第一章第五节。在五天一局之中共有六十个时辰，它们对应于六十甲子，而且也分为以六甲开头的六组。这六甲就是六组时辰的"旬头"。例如，以甲子为旬头的十个时辰是：甲子、乙丑、丙寅、丁卯、戊辰、己巳、庚午、辛未、壬申、癸酉。

　　"旬头"这个名字是借用了历法中十天为一旬，第一天为旬头的说法。但是在实际运用时是指十个时辰之首，不能误把它当作十天之首。

　　每一组时辰在天盘中有一个对应的值符，而且每一组时辰的旬头在地盘的九宫已经标明。如果局变了，对应的值符也会变。由此可知，值符总是有十个时辰相对应。从第十一个时辰开始，又会有另一颗星充当下一个时辰组的值符。各个时辰是以六甲为边界的。

　　天盘上有九颗星，而时辰只有六组。这就是说，在每一局里总是有三颗星是多于时辰组的，没有相应的六甲与它们对应。这三颗星在这一局里就不会充当值符。与它们对应的地盘中也不会有六甲出现，而是置放了乙丙丁三奇。显然，在不同的局中，多出来的三颗星也各不相同，而是轮流替换的。这意味着九颗星中的每颗星都会有机会在某个局中不充当值符。例如，在阳一局中，乙、丙、丁三奇分别位于兑七、艮八、离九这三个宫。因此这三个宫分别对应的天盘上的天柱星、天任星、天英星在阳一局中不充当值符，也没有三组时辰与它们对应。在阳二局中乙、丙、丁三奇分别位于坎一宫、离九宫、艮八宫，与这三个宫对应的天蓬星、天英星、天任星在阳二局中就不会充当值符。

　　确定某日某时辰的值符的方法如下：

　　（1）依据该日属于哪一个节气，以及该日的日干，确定该日是哪一局，找出该局的活盘。

　　（2）依据该时辰的干支确定其所属时辰组的旬头。

　　（3）在该局活盘的地盘九宫中找出此旬头位于哪一宫（要注意：是在

地盘九宫中找旬头，不是在天盘中找）。于是此宫对应的天盘中的星就是这个时辰组的值符，当然也就是这个时辰的值符。

实例一则：确定一九九六年一月十四日十一时十分的值符。

公历：一九九六年一月十四日十一时十分。

农历：乙亥年十一月廿四日午时。

干支：乙亥年己丑月庚戌日壬午时。

（1）日干支庚戌，在己酉至癸丑的五日之中，己酉必是上元的首日，它在大寒节前超神八日，为大寒上元，确定是阳三局。

（2）时干支壬午，其旬头为甲戌。

（3）在阳三局活盘中查到，甲戌己位于巽四宫，该宫对应的天盘之星是天辅星。

因此，该时辰的值符是天辅星。

四、值使

值使是指八门之中目前当值的那一个门。它不是泛指全部的八门，而是指某个特定时刻的门。因此与值符一样，值使是动态的，它的内容根据时间的变化而变化。

值使的定位规则与值符的定位相同，也是先找出某个特定时辰的旬头落在哪一宫，该宫对应的中盘上的门就是该时辰和时辰组的值使。每个时辰组（十个时辰）必有一个值使，从第十一个时辰开始的时辰组的值使就变了。

例如，在阳一局中查看以甲子为旬头的时辰组，甲子戊落在地盘中的坎一宫，而临坎一宫的中盘之门是休门。所以，在阳一局中以甲子为旬头的十个时辰的值使是休门。

与值符类似，凡是在地盘中，乙、丙、丁三奇所落之宫对应的中盘上的门，在该局中不会充当值使。这是因为没有时辰组与之对应。还是以阳一局为例，乙、丙、丁三奇在地盘上分别位于兑七宫、艮八宫、离九宫。所以这三个宫对应的惊门、生门、景门在阳一局中不会充当值使。

再以前面"三、值符"中的实例加以说明。壬午时的旬头为甲戌，而甲戌己在地盘中落在巽四宫，该宫对应的是杜门。所以壬午时的值使是杜门。其余的确定方法与确定值符的方法相同。

五、拨转活盘之法

拨转活盘是指正确地拨转天盘、中盘和神盘，使九星、八门、八神准确地定位到地盘上相应的宫，确定临各宫的是哪一颗星、哪一个门和哪一个神。由此可见，拨转活盘时，地盘不动，只拨转天盘、中盘和地盘。

拨转活盘的步骤如下：

（1）列出预测时的公历、农历和干支纪时。

（2）确定阴阳起局，得到相应的活盘。

（3）在活盘上确定该时辰的旬头的位置，并由此确定值符、值使和值神（即当值的八神）。

（4）根据"值符随时干"的规则，把确定的值符按照阳遁局仪顺奇逆（即，戊己庚辛壬癸丁丙乙）和阴遁局奇顺仪逆（即，乙丙丁癸壬辛庚己戊）的次序，转动天盘，把前面确定的值符转到该时辰的时干所临的地盘之宫，从而确定该时辰值符的位置。

（5）根据"值使临时宫"的规则，以及该时辰在其所属的时辰组中是第几个时辰（即旬头之后第几个），按照阳遁局顺排、阴遁局逆排的次序（阳遁局顺排是指各宫的次序为1、2、3、4、5、6、7、8、9、1、2、3……，阴遁局逆排的次序为9、8、7、6、5、4、3、2、1、9、8、7……）转动活盘，从旬头确定的值使所在宫位出发，该时辰在时辰组中排在第几个，就按上述次序转几个宫位，从而确定该时辰的值使的位置。

（6）最后拨转神盘。确定某个时辰当值的是哪一个八神（又名值神）的方法是，在值符按具体时辰定位后，只要把神盘上的直符转到与天盘上的值符对齐即可（注意："直符"和"值符"是不同的）。

（7）至此，活盘拨转完毕。列出活盘上四盘之间神、星、门、宫、奇仪的组合状态，也就是各种格局。这些格局和状态是进行预测的依据。

由上可见，在研习奇门遁甲时，作为演布工具的奇门活盘是必不可少的。读者可以自己动手制作。阴阳十八局各一个盘，共十八个盘，见图11—图28。

冬至上元　惊蛰上元
清明中元　立夏中元

图 11　阳遁一局

小寒上元　立春下元
谷雨中元　小满中元

图 12　阳遁二局

大寒上元　　春分上元
雨水下元　　芒种中元

图 13　阳遁三局

冬至下元　　惊蛰下元
清明上元　　立夏下元

图 14　阳遁四局

小寒下元　　立春中元
谷雨上元　　小满上元

图 15　阳遁五局

大寒下元　　雨水中元
春分下元　　芒种上元

图 16　阳遁六局

冬至中元　　惊蛰中元
清明下元　　立夏下元

图 17　阳遁七局

小寒中元　　立春上元
谷雨下元　　小满下元

图 18　阳遁八局

大寒中元　　雨水上元
春分中元　　芒种下元

图 19　阳遁九局

夏至上元　　白露上元
寒露中元　　立冬中元

图 20　阴遁九局

小暑上元　　立秋下元
霜降中元　　小雪中元

图 21　阴遁八局

大暑上元　　处暑下元
秋分上元　　大雪中元

图 22　阴遁七局

夏至下元　　白露下元
寒露上元　　立冬上元

图23　阴遁六局

小暑下元　　立秋中元
霜降上元　　小雪上元

图24　阴遁五局

大暑下元　　处暑中元
秋分下元　　大雪上元

图 25　阴遁四局

夏至中元　　白露中元
寒露下元　　立秋下元

图 26　阴遁三局

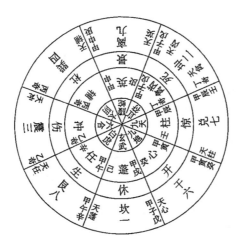

小暑中元　　立秋上元
霜降下元　　小雪下元

图 27　阴遁二局

大暑中元　　处暑上元
秋分中元　　大雪下元

图 28　阴遁一局

六、阴阳十八局总表

在确定了八神、九星、八门、九宫、奇仪的定位后，就有了全部的阴阳十八局。图11至图28列出了十八局的活盘。下面的表4-4和表4-5是阳遁局和阴遁局的汇总表。

表4-4　阳遁局汇总表

地盘：九宫 中盘：八门 天盘：九星		坎一 休门 天蓬	坤二 死门 天芮	震三 伤门 天冲	巽四 杜门 天辅	中五寄 坤二 死门 天禽	乾六 开门 天心	兑七 惊门 天柱	艮八 生门 天任	离九 景门 天英
阳一局	奇仪神盘、八神	甲子戊直符	甲戌己朱雀	甲申庚太阴	甲午辛六合	甲辰壬朱雀	甲寅癸九天	丁奇九地	丙奇腾蛇	乙奇勾陈
阳二局	奇仪神盘、八神	乙奇六合	甲子戊直符	甲戌己朱雀	甲申庚九地	甲午辛直符	甲辰壬太阴	甲寅癸腾蛇	丁奇勾陈	丙奇九天
阳三局	奇仪神盘、八神	丙奇九地	乙奇六合	甲子戊直符	甲戌己腾蛇	甲申庚六合	甲午辛朱雀	甲辰壬勾陈	甲寅癸九天	丁奇太阴
阳四局	奇仪神盘、八神	丁奇朱雀	丙奇太阴	乙奇九天	甲子戊直符	甲戌己太阴	甲申庚勾陈	甲午辛六合	甲辰壬九地	甲寅癸腾蛇
阳五局	奇仪神盘、八神	甲寅癸六合	丁奇直符	丙奇朱雀	乙奇九地	甲子戊直符	甲戌己太阴	甲申庚腾蛇	甲午辛勾陈	甲辰壬九天
阳六局	奇仪神盘、八神	甲辰壬腾蛇	甲寅癸九地	丁奇六合	丙奇勾陈	乙奇九地	甲子戊直符	甲戌己九天	甲申庚太阴	甲午辛朱雀
阳七局	奇仪神盘、八神	甲午辛太阴	甲辰壬九天	甲寅癸勾陈	丁奇朱雀	丙奇九天	乙奇腾蛇	甲子戊直符	甲戌己六合	甲申庚九地
阳八局	奇仪神盘、八神	甲申庚九天	甲午辛勾陈	甲辰壬腾蛇	甲寅癸太阴	丁奇太阴	丙奇九地	乙奇朱雀	甲子戊直符	甲戌己六合
阳九局	奇仪神盘、八神	甲戌己勾陈	甲申庚腾蛇	甲午辛九地	甲辰壬九天	甲寅癸腾蛇	丁奇六合	丙奇太阴	乙奇朱雀	甲子戊直符

表4-5 阴遁局汇总表

地盘：九宫 中盘：八门 天盘：九星		坎一 休门 天蓬	坤二 死门 天芮	震三 伤门 天冲	巽四 杜门 天辅	中五寄 坤二 死门 天禽	乾六 开门 天心	兑七 惊门 天柱	艮八 生门 天任	离九 景门 天英
阴九局	奇仪神盘、八神	乙奇白虎	丙奇九天	丁奇太阴	甲寅癸螣蛇	甲辰壬九天	甲午辛玄武	甲申庚九地	甲戌己六合	甲子戊直符
阴八局	奇仪神盘、八神	丙奇螣蛇	丁奇白虎	甲寅癸九天	甲辰壬九地	甲午辛白虎	甲申庚太阴	甲戌己六合	甲子戊直符	乙奇玄武
阴七局	奇仪神盘、八神	丁奇九地	甲寅癸螣蛇	甲辰壬白虎	甲午辛六合	甲申庚螣蛇	甲戌己九天	甲子戊直符	乙奇玄武	丙奇太阴
阴六局	奇仪神盘、八神	甲寅癸九天	甲辰壬太阴	甲午辛玄武	甲申庚白虎	甲戌己太阴	甲子戊直符	乙奇螣蛇	丙奇九地	丁奇六合
阴五局	奇仪神盘、八神	甲辰壬玄武	甲午辛直符	甲申庚六合	甲戌己太阴	甲子戊直符	乙奇九地	丙奇九天	丁奇白虎	甲寅癸螣蛇
阴四局	奇仪神盘、八神	甲午辛六合	甲申庚九地	甲戌己螣蛇	甲子戊直符	乙奇九地	丙奇白虎	丁奇玄武	甲寅癸太阴	甲辰壬九天
阴三局	奇仪神盘、八神	甲申庚太阴	甲戌己玄武	甲子戊直符	乙奇九天	丙奇玄武	丁奇六合	甲寅癸白虎	甲辰壬螣蛇	甲午辛九地
阴二局	奇仪神盘、八神	甲戌己玄武	甲子戊直符	乙奇六合	丙奇太阴	丁奇直符	甲寅癸九地	甲辰壬九天	甲午辛白虎	甲申庚螣蛇
阴一局	奇仪神盘、八神	甲子戊直符	乙奇六合	丙奇九地	丁奇玄武	甲寅癸六合	甲辰壬螣蛇	甲午辛太阴	甲申庚九天	甲戌己白虎

第五章　奇门克应

所谓奇门克应，是指奇门活盘中各组预测因子之间的相互关系，这种关系是判断吉凶的主要依据。

一、十干克应

十干克应是指天盘上的天干与地盘上的天干之间的克应关系。根据"值符随时干"，天盘上的值符之星落在哪一宫是由时干决定的，于是导致天盘上的天干也随着时干定位。

在奇门遁甲中，甲隐于六戊之下不显现出来，所以十干克应实际上是九干克应。即除了甲之外的其他九个天干（乙、丙、丁、戊、己、庚、辛、壬、癸）之间的克应。

1. 天盘之干为乙，加临于地盘中的天干分别为：

乙——"日奇伏吟"。不宜谒贵求名，只可安分守己。合生则吉，合克则凶。

丙——"奇仪顺遂"。门吉则吉，主迁官进职；门凶则凶，主夫妻离别。

丁——"奇仪相佐"。文书之事吉，百事可为。又名"奇旺太阴"，利出征，行师全胜，四海安宁。

戊——"奇入天门"。万事光明。又名"利阴害阳"，但若门逢凶迫，主财破人伤。

己——"日奇入雾"。被土暗昧，门凶者必凶，利为客，不利为主。若中盘位开门，则为地遁。

庚——"日奇被刑"。争讼败产，夫妻怀私。又名"太白奇合"。门吉尚吉，门凶少逊。

辛——"青龙逃走"。奴仆拐带，六畜皆伤，若和吉门，利主。

壬——"日奇入地"。主有悖乱之事、官讼是非，做事不真，虚张。若遇三吉门，利客。

癸——"奇临华盖"。宜遁迹修道，隐匿藏形，躲避灾难。若遇三吉门，谋事可成。

2. 天盘之干为丙，加临于地盘中的天干分别为：

乙——"日月并行"。公私谋为皆遂心。又名"三奇当阳"，若出兵破敌，贼必投降。

丙——"月奇悖格"。主客相伤，诸事逆理不吉。出入空往返，战败自伤。文书逼迫，破耗遗失。

丁——"月奇朱雀"。贵人文书吉利，常人宜静。得生门为天遁。若遇三吉门，主有喜事。

戊——"飞鸟跌穴"。凡谋为百事，吉顺洞彻。又名"奇门相生"。利主兵出征。若合三吉门，永远亨通。

己——"丙悖入刑"。公私谋为皆不利，逢吉门尚吉，逢凶门转凶。囚人刑杖，文书不行。

庚——"荧入太白"，又名"火入金乡"。主门户破败，盗贼耗失。诸事难，宜守旧。若战，则利客。

辛——"奇神相合"。谋事可成，名利称心，万事大吉，病人不凶。

壬——"火入天罗"。为客不利，是非颇多，狱人主逃亡。

癸——"华盖悖师"。凡事多暗昧不明，迟则名利兴。有阴人害事，灾祸频生。

3. 天盘之干为丁，加临于地盘中的天干分别为：

乙——"玉女奇生"，又名"人遁"。贵人加官进爵，常人有婚姻财喜。谋事吉。

丙——"星随月转"。贵人越级高升，主客皆利，诸事遂心。

丁——"奇入太阴"。主文书即至，诸事可谋，谨慎勿惊。若遇三吉门，则暗计可行。

戊——"青龙得光"。主官人升迁，常人咸吉，凶恶不起。

己——"火入勾陈"。主有阴私之事，谋为皆不利。会因女人而致奸私仇怨。

庚——"玉女刑杀"。主文书阻隔，谋事难就。凡事皆强图，会有反复。

辛——"朱雀入狱"。罪人失囚，求谋不遂。战，利客兵。若遇门制，多凶；若遇三吉门，尚亨。

壬——"奇仪相合"。百事有成，贵人辅佐，讼狱公平。若遇三吉门，永远吉祥。

癸——"朱雀投江"。主文书音信沉失，谋为不利。主客皆不利，家国有灾殃。

4. 天盘之干为戊（含甲），加临于地盘中的天干分别为：

乙——"青龙合灵"。门吉事更吉，门凶事更凶。又名"青龙入云"。利见大人。若遇三吉门，出兵全胜。

丙——"青龙返首"。动作大利，名利皆亨。若逢迫、墓、击刑，则吉事成凶。

丁——"青龙耀明"。宜谒贵，求名利，皆遂。若值迫、死、墓，主招是惹非。

戊——"伏吟"。凡事闭塞阻滞，以静守为吉。

己——"神龙相亲"。凡事有神助。

甲加己——"贵人入狱"。凡占，公私谋为皆不利。

庚——"值符飞宫"。吉事不吉，凶事更凶。又名"太白登天门"。若逢休囚、门制，有祸临身。

辛——"青龙折足"。若有吉门相助，尚可谋为。若逢凶门，主拐带、失财、有足疾。

壬——"龙入天牢"。凡占，一切皆不利。遇门制，则更凶。若遇三吉门，则唱奏凯归。

癸——"龙入华盖"。利为客。逢门制，多伤。逢吉门，多招福。逢凶门，多破败。

5. 天盘之干为己，加临于地盘中的天干分别为：

乙——"奇入地户"。凡事多暗昧，难以图谋。宜遁迹隐形为利。

丙——"火悖地户"。阳人有相害之事，阴人有被淫污之事。凡事不亨。若遇青龙返首格，可得安康。

丁——"星奇入墓"。凡事宜缓谋。凡词讼，主先曲后直。客兵胜，伏兵亨。

戊——"明堂合青龙"。门吉，则万事遂意。门凶，则枉费心机。

己——"明堂重逢"。百事不遂。病者必死。战宜固守。

庚——"明堂逢太白"。凡词讼，先动者不利，后动者利。若谋事，有祸来侵。若上乘阴星，主有谋害之情。

辛——"游魂入墓"。人鬼相侵，凡事宜谨慎。

壬——"地纲高张"。凡事不吉，灾凶更深，固守为亨。有奸情伤杀之事。

癸——"明堂逢天网"。凡事守旧为吉。占词讼，有牢狱之灾。占病，男女疾病垂危。

6. 天盘之干为庚，加临于地盘中的天干分别为：

乙——"太白逢星"。为主者，谋为不利，退吉进凶；为客者，出兵大胜。

丙——"太白入荧"。占贼，必来。为客进利；为主破财，万事不吉。

丁——"亭亭自奸"。会因私匿而引起官司之事。门吉有救，门凶事凶。

戊——"太白天乙伏宫"。百事不吉。

己——"刑格"。官司遭重刑，诸事有阻遏。即使遇三吉门亦非吉。

庚——"太白同宫"，又名"战格"。官灾横祸，兄弟累攻，凡事皆凶。

辛——"白虎干格"。远行必凶，车折马死。诸事有殃。

壬——"小格"，又名"上格"。远行主迷失道路，音信难通，百事敛踪为吉。

癸——"大格"。行人不至，官司破败。占产，母子俱伤，大凶。百事不可举。

7. 天盘之干为辛，加临于地盘中的天干分别为：

乙——"白虎猖狂"。家败人亡，远行多殃，车船多伤，尊长不喜，诸事不吉不就。

丙——"干合悖格"。遭遇荧惑。占雨，无；占晴，旱。占事，必因财致讼。

丁——"狱神得奇"。经商获倍利，因人逢赦宥。

戊——"困龙被伤"。官司破财缺损，惟宜安分守己。

己——"人狱自刑"。诉讼难伸，奴仆背主，暗中受灾殃。凡谋为，主破败。

庚——"天狱自刑"。凡谋不利，不可强求。诸事反复，争论不定。主客相残，刀刃相接。

辛——"伏吟天庭"。谋事费心，公废私就。凡讼狱，自罹罪名。即使遇三吉门，亦不可征兵出战。

壬——"凶蛇入狱"。主争讼不息，先动者失理。两男争女。若遇三吉门合，固守安宁。

癸——"天牢华盖"。日月失明，误入天网。若门逢克制，动辄乖张。

8. 天盘之干为壬，加临于地盘中的天干分别为：

乙——"小蛇日奇"。为事无定。女子柔顺，男人嗟叹。占孕生子。落空亡者凶。

丙——"水蛇入火"。官灾刑禁，络绎不绝，万事不通。若得"青龙返首"格，反吉。

丁——"干合蛇刑"。文书牵连，诸事有阻，谋事暗昧。男吉女凶。

戊——"小蛇化龙"。男命发达，女产男童。凡事多耗散。若逢三吉门，尚可为。

己——"凶蛇入墓"。破败刑冲，大祸将至，顺守可吉。诸事休妄动。

庚——"太白擒蛇"。凡事耗费难进。但刑狱可得公平，立剖邪正。

辛——"腾蛇相缠"。凡求谋诸事，若逢门制，祸尤速；若逢门生，可免祸侵，但亦不能安，易被人欺瞒。

壬——"蛇入地罗"。凡为无就，萧墙祸惊，诸事破败。若逢吉门吉星，庶免蹉跎。

癸——"天狱逢天网"。凡事莫为。家有丑声。若门吉星凶，反祸福隆。

9. 天盘之干为癸，加临于地盘中的天干分别为：

乙——"华盖逢星"。贵人得禄位，常人得平安。战利主。迟吉。

丙——"华盖悖格"。贵贱逢之皆不利，唯上人见喜。战利客。凡为阻滞，百事有惊。

丁——"腾蛇天矫"。文书官司，火焚莫逃。若遇三吉门相合，谋为可得半吉。

戊——"天乙会合"。主财喜婚姻之事，吉人赞助成合。若门凶迫制，反招官非。

己——"华盖地户"。男女占之，音信阻滞。求谋多破败。若得吉门可为。躲避灾难为吉。

庚——"太白入网"。以暴争讼力平。凡谋事无成就，吉事定成空。

辛——"网盖天牢"。占病、占讼皆凶，死罪莫逃。门吉尚吉，门凶尤甚。

壬——"天网逢天狱"。凡谋为，惹祸速至；凡嫁娶，会重婚；凡后嫁，无子，不保年华。

癸——"天网高张"。行人失伴，病讼皆伤，诸事不宜，易自败，宜守旧。

二、八门克应

八门克应是指八门与九宫、八卦、奇仪之间的克应关系。而且，每个门与其余各门之间也有克应关系。但是八门仅居于中盘上，天盘和地盘均无八门。所以，八门相互之间的克应关系是看八门加临于何宫，而该宫在起始状态时所乘何门，从而发生了两门之间的克应。

（一）开门

开门属乾金，凡占身命遇开门，金、水命者吉，土命者损耗，火、木命者主官司、疾病、破财、不利。开门喜入乾、兑二宫。若入坎宫，金水相生，为和，吉。若临艮宫，乃入墓。若临坤宫，乃土生金，吉。若临震宫，金克木，为门迫。若临巽宫，为反吟。若临离宫，则火克金，被克。

1. 与八门之间的克应

开加开：主见贵人、宝物、财喜。

开加休：主见贵人、财喜及店铺开张，贸易大利。

开加生：主见贵人。谋望、所求遂意。

开加伤：主变动、更改、移徙。凡谋事皆不吉。

开加杜：主失脱。刊印书契有小凶。

开加景：主见贵人。会因文书之事不利。

开加死：主官司惊扰。先忧后喜。

开加惊：主百事不利。

2. 与奇仪之间的克应

开加甲、戊：财名俱得。

开加乙：得日精所蔽，小财可求。有谋为。宜做名正言顺之公事，吉；若为阴私之事，必被泄露，凶。

开加丙：得日精所蔽，主贵人印绶。有谋为。宜做名正言顺之公事，吉；若为阴私之事，必被泄露，凶。

开加丁：得太阴所蔽，主远信必至。有谋为。宜做名正言顺之公事，吉；若为阴私之事，必被泄露，凶。

开加己：事绪不定。

开加庚：道路、词讼、谋为两歧。

开加辛：主阴人、道路。

开加壬：远行有失。

开加癸：阴人失财，小凶。

3. 与八卦之间的克应

开加乾：为乾卦。若天心星临此宫，为伏吟之格，只宜访道求贤、积粮收货、练兵、藏宝、防守、暗伏兵机，其余诸事不宜。若别星临此宫，或得三奇吉格，万事大吉。若合凶格，则凶。

开加坎：为天水讼卦。主贵人相扶，进益金宝、牛马之利，名成利遂。若合三奇吉格，尤吉。若合凶格，则凡事先吉，后有耗失，吉事减半。

开加艮：为天山遁卦。凡事有耗、失利，为客者事宜迟。若合三奇吉格，则万事大吉，出兵获大胜。若合凶格，只宜固守。

开加震：为天雷无妄卦。出兵利客。若合三奇吉格，诸事大吉。若合凶格，只宜固守。

开加巽：为天风姤卦。出兵利客，若天心星临此宫，宜捣巢破敌，百战百胜。若合吉格尤吉。若合凶格，反吟，只宜散兵赏赐，移营迁徙，余事不吉。

开加离：为天火同人卦。出兵利主。求名、官讼吉。若合三奇吉格，尤吉。若合凶格，凡事迟吉，先举为强。

开加坤：为天地否卦。出兵利客。诸事耗失。若合三奇吉格，将兵战胜，诸事亦吉。若合凶格，凡事迟吉。

开加兑：为天泽履卦。出兵主客俱利。若合三奇吉格，战必全胜。若合凶格，战宜用计胜，凡事皆凶。

（二）休门

休门属坎水。凡占身命遇休门，水、木命者大利，金命者损耗，土命者灾疾，火命者大凶。凡遇丙、丁、戊、己、巳、午、辰、戌、丑、未年月日时者，则土克水，不利。

休门旺于坎宫，生于乾宫、兑宫，皆吉。若临坤宫、艮宫、中宫，土克水，为宫制。若临巽宫，入墓；临离宫，反吟；皆不利。

1. 与八门之间的克应

休加休：求财、进人口、谒贵皆吉，朝见、上官、修造大利。

休加生：主得阴人财物，谋望虽迟，亦吉。

休加伤：主上官、喜庆。但求财不得。有亲故来分产。凡变动之事不吉。

休加杜：主破财。失物难得。

休加景：主求谋、文书、印信诸事不至，易招口舌，小凶。

休加死：主求谋、文书、印信、官司诸事，或僧道、远行等事皆不吉。若占病，凶。

休加惊：主损财、招非，以及疾病、惊恐等事。

休加开：主开张店肆及见贵、求财、喜庆诸事，大吉。

2. 与奇仪之间的克应

休加甲、戊：主财物和合。

休加乙：凡求谋，重者不得，轻者可得。

休加丙：主文书、和合、喜庆。

休加丁：若上乘太阴，为人遁，百事大吉。主百讼休歇。

休加己：暗昧不宁。

休加庚：主文书词讼，先结后解。

休加辛：疾病退愈，失物不得。

休加壬、癸：主阴人词讼牵连。

3. 与八卦之间的克应

休加坎：为坎卦。若天蓬星临此宫，为伏吟之格，战宜固守，凡事不吉。惟宜开沟养鱼，造酒积粮，若买鱼、盐，迟则有利。若合吉格，凡事迟吉。若合凶格，万事皆凶。

休加艮：为水山蹇卦。出兵利主。求名、官讼吉。若合三奇吉格，战则胜。凡事先难后易之象。若合凶格，只宜固守，百事不吉。

休加震：为水雷屯卦。出兵利主。若合三奇吉格，战必全胜，百事吉。若合凶格，只宜固守，百事不吉。

休加巽：为水风井卦。出兵利客。若合三奇吉格，战则大胜，万事永远吉祥。若合凶格，诸事半吉，战宜固守。

休加离：为水火既济卦。若天蓬星临此宫，为反吟。若战，利客兵大胜。宜散粮赏赐，放水开沟，挖井通渠。若合别星三奇吉格，凡事半吉。若合凶格，诸事不宜。

休加坤：为水地比卦。出兵利主。若合三奇吉格，战则胜。若合凶格，凡事凶。

休加兑：为水泽节卦。出兵利客。若合三奇吉格，凡战，当用计胜。凡事亦利，永享亨通。若合凶格，诸吉减半，迟则祯祥。

休加乾：为水天需卦。出兵利客。凡事先施仁义，后得吉祥。若合三奇吉格，战则胜，事亦利。若合凶格，战宜固守，诸事欠利。

（三）生门

生门属艮土。凡占身命，土、金命者大利，火命者损耗，水、木命者不利，多厄难。更忌甲、乙、寅、卯年月日时。若是壬、癸命，主肿胀、凶。

生门临坤、艮宫旺，生于离宫，临坎宫为迫，临震宫被克，临巽宫入墓。

1. 与八门之间的克应

生加生：主远行。求财吉。

生加伤：主亲友变动，道路不吉。

生加杜：主阴谋。阴人破财，不利。

生加景：主阴人、小口不宁，有文书之事，后吉。

生加死：主田宅官司，病难救。

生加惊：主尊长财产、词讼，病迟愈，吉。

生加开：主见贵人，求财大发。

生加休：主阴人处求望财利，吉。

2. 与奇仪之间的克应

生加甲、戊：嫁娶、求财、谒贵皆吉。

生加乙：主阴人生产，迟吉。

生加丙：主贵人印绶、婚姻、书信、喜事。

生加丁：主词讼、婚姻、财利大吉。

生加己：主得贵人扶持，吉。

生加庚：主财产争讼，破产，不利。

生加辛：主官司、疾病。后吉。

生加壬、癸：主婚姻不成，余事皆吉。

3. 与八卦之间的克应

生加艮：为艮卦。若天任星临此宫，为伏吟之格。战宜固守，诸事不利。若别星临此宫，且合吉格，战则胜，吉。若逢凶格，精兵休妄动，吉事成凶。若是伏吟格，利开田耕种、筑墙、塞路、填井、收货、积粮。

生加震：为山雷颐卦。出兵利主。若合三奇吉格，一人可敌百人，凡求有遇。若合凶格，则战守皆凶。

生加巽：为山风蛊卦。出兵利主。若合三奇吉格，百事大利，战必大胜。若合凶格，诸事先吉后败，用兵须防危险。

生加离：为山火贲卦。出兵利客。宜施仁义，以利诱之。若合三奇吉格，不战自退，化邪归正，凡事皆遂。若合凶格，凡所为皆自损，有始无终。

生加坤：为山地剥卦。若天任星临此宫，为反吟。只宜散兵赏赐。若别星临此宫，且合三奇吉格，战则利，主客全胜。若合凶格，凡所为皆不利，只宜固守。若反吟格，只宜破土、崩墙、坏屋。

生加兑：为山泽损卦。出兵利主，敌必求和。事多进益。若合三奇吉格，万事亨通，战则大胜。若合凶格，凡事半吉，战宜固守。

生加乾：为山天大畜卦。出兵利主，战得力。凡为有益。若合三奇吉格，尤吉。若合凶格，吉事减半，征兵勿举。

生加坎：为山水蒙卦。出兵利主。宜施仁义，以计取胜。诸事先虚后实。若合三奇吉格，战必全胜，凡所为有大利。若合凶格，吉事减半，后凶。

（四）伤门

伤门属震木。凡占身命，火、木命者吉，水命者损耗，金命者主病，土命者凶，官司刑杖。伤门旺于震宫，生于坎宫。若临坤、艮宫为迫，大凶，且临坤宫为入墓。

伤门若得乙、丙、丁三奇，惟宜捕捉、逃亡、盗贼、渔猎、索债、赌钱等事。凡上官、出行、嫁娶、商贾、修造等皆不利，大凶。

1. 与八门之间的克应

伤加伤：主变动、远行、折伤，凶。

伤加杜：主变动、失脱、官司桎梏，百事皆凶。

伤加景：主文书、印信、口舌。

伤加死：主官司、印信类事，凶。出行大忌。占病凶。

伤加惊：主亲人疾病忧惧，谋伐不利，凶。

伤加开：主见贵人、开张、走失、变动之事，不利。

伤加休：主阳人变动，或托人谋事、求财、求名等事不利。

伤加生：主阳人小口破财，求财不得。

2. 与奇仪之间的克应

伤加甲、戊：主失脱难获。

伤加乙：主求谋不遂，反需防盗、防失财。

伤加丙：主道路损失。

伤加丁：主音信不实。

伤加己：主财散人死。

伤加庚：主讼狱，被刑杖，凶。

伤加辛：主夫妻怀私恣怨。

伤加壬：主囚盗牵连。

伤加癸：主讼狱被冤，有理难申。

3. 与八卦之间的克应

伤加震：为震卦。若天冲星临此宫，为伏吟，只宜索债、求神、博戏、收货、积粮、捕捉、斩邪伐恶。若别星临此宫，且合吉格，战则利主，皆胜。若合凶格，只宜固守，凡事勿求。

伤加巽：为雷风恒卦。若出兵，主客俱利。若合三奇吉格，战必全胜，凡事称心。若合凶格，先吉后凶。

伤加离：为雷火丰卦。出兵利主，敌来投降，不动兵戈，奏凯而回。若合三奇吉格，首尾皆吉。若合凶格，先吉后凶，须防埋伏。凡事早为则利，迟则惊忧。

伤加坤：为雷地豫卦。战利主。若合三奇吉格，弱兵亦强，百战百胜。若合凶格，凡所为皆不吉。

伤加兑：为雷泽归妹卦。若天冲星临此宫，为反吟，只宜散众赏赐，伐木脱货。若合三奇吉格，战利主。若合凶格，凡所为皆不吉。

伤加乾：为雷天大壮卦。若合三奇吉格，战则胜，凡事顺遂。若合凶格，凡事无成，战宜收兵，迟则取胜。

伤加坎：为雷水解卦。出兵利客。若合三奇吉格，战则利，先举者得胜，凡为皆遂。若合凶格，凡事迟吉，勿举兵。

伤加艮：为雷山小过卦。若合三奇吉格，战则胜，诸事亦吉。若合凶格，凡事大凶，只宜防守。

（五）杜门

杜门属巽木。凡占身命，火命者贵，水命者富（但有损耗），木命者平稳，金命者疾病，土命者官司、凶。凡逢金的年月日时（庚、辛、申、酉）或土的年月日时（戊、己、辰、戌、丑、未）者不利。凡逢水、火的年月日时（壬、癸、丙、丁、亥、子、巳、午）者吉。

杜门旺于巽宫。临坤、艮宫为迫，大凶。临坤宫又为入墓。

1. 与八门之间的克应

杜加杜：主父母疾病、田宅出脱之事，凶。

杜加景：主文书、音信阻隔，阳人、小口疾病。

杜加死：主田宅文书失落，官司破败，凶。

杜加惊：主门户内多生忧疑惊恐，并有词讼之事。

杜加开：主见贵人、官长。凡谋事，主先破己财，后吉。

杜加休：主求财有益。

杜加生：主阳人小口破财及田宅求财不成。

杜加伤：主兄弟相争财产，求财不成。

2. 与奇仪之间的克应

杜加甲、戊：主谋为不成，密处求财可得。

杜加乙：宜暗求阳人财物，得主不明，因而致讼。

杜加丙：主文契遗失。

杜加丁：主阳人讼狱。

杜加己：主私谋害人而招非。

杜加庚：主因女人而讼狱被刑。

杜加辛：主打伤人，词讼，阳人小口，凶。

杜加壬：主奸盗之事，凶。

杜加癸：主百事皆阻，病者不食。

3. 与八卦之间的克应

杜加巽：为巽卦。若天辅星临此宫，为伏吟，只宜积粮收货、窖珍藏宝、逃避、种园、蓄果。若别星临此宫，且合吉格，战宜主客，利兵暗剿，诸谋宜私计暗图。若合凶格，凡事俱凶。

杜加离：为风火家人卦。战利主。若合吉格，贼来投降，闻威自败，凡事皆遂。若合凶格，主先胜后败。

杜加坤：为风地观卦。战利客。若合吉格，凡所为皆半吉。战宜先举，则胜。若合凶格，先胜后败。

杜加兑：为风泽中孚卦。战利主。若合吉格，战必全胜，谋事亦吉。若合凶格，百事成凶，精兵必败。

杜加乾：为风天小畜卦。若天辅星临此宫，为反吟，宜回兵，散众逃遁，赏赐放脱。若别星临此宫，且合吉格，战利主，敌人闻威退避。然后进剿，凯歌而回。若合凶格，诸事皆凶。

杜加坎：为风水涣卦。战利客。若合吉格，战则胜，凡事吉。若合凶格，战宜固守，凡谋为多见虚花。

杜加艮：为风山渐卦。战利客。若合吉格，战则胜，凡事先难后易。若合凶格，战必败亡。

杜加震：为风雷益卦。主客皆利，战则胜。若合三奇吉格，尤吉。凡所为，亦利。若合凶格，须防有诈兵埋伏，凡事成空。

（六）景门

景门属离火。凡占身命，水命者大凶，金命者疾病，土命者贵，木命者虽贵但有损耗。凡逢金、水的年月日时（庚、辛、申、酉、壬、癸、亥、子）者不利。

景门旺于离宫；生于震、巽宫；临坤、艮、中宫吉；临坎宫反吟；临乾、兑宫为迫，大凶。临乾宫又为入墓。

1. 与八门之间的克应

景加景：主文状未动有预见之意，内有小口，忧思。

景加死：主官讼，因田宅争斗之事而争吵。

景加惊：主阳人、小口疾病，凡事凶。

景加开：主官人升迁，吉。求文印更吉。

景加休：主文书遗失，争讼不休。

景加生：主阴人生产大喜，更主求财旺利，行人皆吉。

景加伤：主姻亲、亲眷口舌。

景加杜：主失脱文书，散财后平。

2．与奇仪之间的克应

景加甲、戊：主因财产而致词讼。远行吉。

景加乙：主讼事不成。

景加丙：主因文书急迫、火速而不利。

景加丁：主因文书印状招非。

景加己：主官事牵连。

景加庚：主讼人自讼。

景加辛：主阴人词讼。

景加壬：主因贼牵连。

景加癸：主因奴婢而刑。

3．与八卦之间的克应

景加离：为离卦。若天英星临此宫，为伏吟。宜约谋献策、遣使突围、赏赐士卒、投师授道、造炉炼丹、修灶。若别星临此宫，且合吉格，战则主客俱利，以合取胜，百事亨通。若合凶格，战只宜固守待敌，凡所为不利。

景加坤：为火地晋卦。战则利主。若合吉格，化邪归正，贼自投降，诸事亦吉。若合凶格，先吉后败，战宜固守。

景加兑：为火泽睽卦。战利客。若合吉格，战必全胜，百事半吉，迟则全利。若合凶格，始终无望。战，只宜固守。

景加乾：为火天大有卦。战则利客。若合吉格，奏凯而回。若合凶格，战则损兵卒，凡事不宜。

景加坎：为水火未济卦。战则利主。若合吉格，凡出战，后举则得胜，凡事吉。若合凶格，百事无成，固守则迟胜。若天英星同临此宫，为反吟，宜散众赏赐，打屋拆灶。

景加艮：为火山旅卦。出兵利主。战则得利。凡为有利。若合吉格，尤吉。若合凶格，吉事减半。

景加震：为火雷噬嗑卦。战则利客。若合吉格，出兵，先举者胜。凡为小吉。若合凶格，战宜固守，凡事勿行。

景加巽：为火风鼎卦。战则利客。若合吉格，兵宜先举，可得胜。凡事宜先施仁义，迟则亨通。若合凶格，战宜固守，百事不利。

（七）死门

死门属坤土。凡占身命，主有孝服病死之凶。水、木的年月日时（壬、癸、甲、乙、寅、卯、亥、子）者大凶。余平。

死门若得三奇相助，则吊死、捕捉、狩猎之事有得。临巽宫为入墓。

1. 与八门之间的克应

死加死：主官事稽留，印信无气，凶。

死加惊：主因官司不结，忧疑患病，凶。

死加开：主见贵人，求印信、文书之事大利。

死加休：求财物之事不吉。若问僧道、求方之事，吉。

死加生：主丧事。求财得。占病，死者复生。

死加伤：主因官事动而被刑杖，凶。

死加杜：主官事破败而刑杖，凶。

死加景：主因文契、财产之事见官，先怒后喜，不凶。

2. 与奇仪之间的克应

死加甲、戊：主作伪财。

死加乙：主求事不成。

死加丙：主信息忧疑。

死加丁：主老年男人疾病。

死加己：主病、讼案牵连不已，凶。

死加庚：主女人生产，母子俱凶。

死加辛：主盗贼，失脱难获。

死加壬：主讼人自讼自招。

死加癸：主嫁娶事，凶。

3. 与八卦之间的克应

死加坤：为坤卦。若天芮星临此宫，为伏吟，宜耕种、筑墙、补路、开山、积粮、防守。若别星临此宫，且合吉格，战则主客以和取胜，凡事大吉。若合凶格，凡事勿谋，兵勿妄动。

死加兑：为地泽临卦。战则利主。若合吉格，凡出兵，后举者得胜。凡为小吉。若合凶格，须防有暗昧，不可轻动，凡事先吉后忧。

死加乾：为地天泰卦。战则利主。若合吉格，兵强战胜，谋为皆就。若合凶格，凡战，守者迟利。

死加坎：为地水师卦。战则利客。若合吉格，兵宜先举取胜。若合凶格，百事皆逢凶，所谋不就。

死加艮：为地山谦卦。若天芮星临此宫，为反吟，宜散粮赏赐，开井挖河。若别星临此宫，且合吉格，战则利客，以和取胜，凡事皆成。若合凶格，凡事不遂，战宜固守。

死加震：为地雷复卦。战则利主，若合吉格，精兵后举得胜，凡为半吉。若合凶格，凡为无益，战宜迟胜。

死加巽：为地风升卦。战则利主。若合吉格，主兵大胜，谋为小吉。若合凶格，百事皆凶。

死加离：为地火明夷卦。战则利客兵。若合吉格，征兵，先举者大胜，诸事迟吉。若合凶格，战须防失机，固守待敌，凡事无成。

（八）惊门

惊门属兑金。此门虽凶，然词讼、捕捉、设疑、伏兵者皆吉，亦不可弃。凡占身命，主词讼、官灾、口舌、血光之事。值火的年月日时（丙、丁、巳、午）者不利。

惊门临巽宫为迫，临震宫为反吟，临艮宫为入墓，皆凶。

1. 与八门之间的克应

惊加惊：主疾病、忧虑、惊疑。

惊加开：主忧疑、官司、惊恐。又主被召见则喜，不凶。

惊加休：主求财之事，或因口舌而求财之事，迟吉。

惊加生：主因妇人而生惊忧，或因求财而生惊忧，皆吉。

惊加伤：主因商议合谋害人，事泄而惹讼事，凶。

惊加杜：主因失脱、破财而惊恐，不凶。

惊加景：主词讼不息，小口疾病，凶。

惊加死：主宅中有怪异而生是非，凶。

2. 与奇仪之间的克应

惊加甲、戊：主损财、信阻。

惊加乙：主谋财不得。

惊加丙：主因文书印信之事而惊恐。

惊加丁：主词讼牵连。

惊加己：主因恶犬伤人而成讼。

惊加庚：主道路折损、盗贼，凶。

惊加辛：主因女人成讼，凶。

惊加壬：主因官司囚禁。病者大凶。

惊加癸：主被盗，失物难获。

3. 与八卦之间的克应

惊加兑：为兑卦。主客皆利，若天任星临此宫，为伏吟，宜捕捉、置货。若别星临此宫，且合吉格，战则宜用计胜，凡事皆大吉。若合凶格，战宜固守，百事勿为。

惊加乾：为泽天夬卦。战则利主客。若合吉格，必大胜，凡事昌盛，永远亨通。若合凶格，百事无成，战则宜防守。

惊加坎：为泽水困卦。战则利主。若合吉格，百战百胜，谋事通达。若合凶格，战则宜回兵，谨防奸细，百事无成。

惊加艮：为泽山咸卦。战则利客。若合吉格，宜用计胜。凡事先施仁义，后必大利。若合凶格，精兵勿动，凡为欠利。

惊加震：为泽雷随卦。战则利客。若合吉格，耀武扬威，百战百胜，凡事先难后吉。若合凶格，战必大败。若天柱星临此宫，为反吟，只宜散众赏赐，入山伐木。

惊加巽：为泽风大过卦。战则利客。若合吉格，大胜。凡事先难后吉。若合凶格，凡事大凶，战必大败。

惊加离：为泽火革卦。战则利主。若合吉格，主兵全胜。凡事先难后利。若合凶格，诸事不利。

惊加坤：为泽地萃卦。战则利客。若合吉格，战则宜用计胜，凡事迟吉。若合凶格，战则宜固守，凡为皆凶。

三、八门路应

休门：行三十里，逢阴人，身着黄蓝或碧青。

生门：行十五里，逢贵人、官吏，着皂紫衣衫。

伤门：行三十里，逢争讼、凶人，着紫衣并有血腥。

杜门：行二十里，逢男女着绢褐之衣相随而行。

景门：行三十里，鸦噪鸣，见官府相从。

死门：行二十里，逢患病之人、着黄皂衣之人，或宴会。

惊门：行七里，逢险阻之事，见车马、桥梁失惊。

开门：行二十里，阴人至，贵人乘马，着紫衣巾。

四、九星临宫克应

1. 天蓬星

临九宫，利为客。若在秋、冬月，或壬、癸、亥、子日临战，会有黑色云气从北方来助战，客胜。

临二、八宫，利为主。若在四季月，或戊、己、辰、戌、丑、未日临战，会有黄色云气从东北或西南来助战，主胜。

2. 天芮星、天任星、天禽星

临一宫，利为客。若在四季月，或戊、己、辰、戌、丑、未日临战，会有黄色云气从东北或西南来助战，客胜。

临三、四宫，利为主。若在冬、春月，或甲、乙、寅、卯日临战，会有青色云气从正东或东南来助战，主胜。

3. 天冲星、天辅星

临二、八宫，利为客。若在冬、春月，或甲、乙、寅、卯日临战，会有青色云气从正东或东南来助战，客胜。

临六、七宫，利为主。若在秋月，或庚、辛、申、酉日临战，会有白色云气从正西或西北来助战，主胜。

4. 天英星

临六、七宫，利为客。若在春、夏月，或丙、丁、巳、午日临战，会有赤色云气从南方来助战，客胜。

临一宫，利为主。若在秋、冬月，或壬、癸、亥、子日临战，会有黑色云气从北方来助战，主胜。

5. 天心星、天柱星

临三、四宫，利为客。若在秋月，或庚、辛、申、酉日临战，会有白色云气从正西或西北来助战，客胜。

临九宫，利为主。若在春、夏月，或丙、丁、巳、午日临战，会有赤色云气从南方来助战，主胜。

由上可知，天盘为客，地盘为主。凡天盘星五行克地盘宫五行，在四时旺相之月日，会有本方五色云气从其方来助战，客胜。凡地盘宫五行克天盘星五行，在四时旺相之月日，会有本方五色云气从其方来助战，主胜。

五、九星值时克应

1. 天蓬星

值子时：不利入宅、安坟、上官、下穴。主有口舌争讼。作用之时有鸡鸣、犬吠、宿鸟闹林，或鸟飞于北方争斗。造葬后，主有缺唇人。至六十日，应鸡生肉卵，有官讼至，主退财。

值丑时：主树倒伤人。有雷电发作，及风雨至为应。造葬后七日内鸡生鹅子卵，犬上主人屋。主丧小口。三年后，白头翁作牙（有请客致谢之意，或为补牙之意），进商音人田契，大旺财谷。十年后即败退。

值寅时：作用时，有青衣童子持花来，北方有和尚着黑衣头巾至，女人着衫裙至。造葬后有贼劫家财。六十日内，有蛇入屋咬人，因马牛死伤人，及鬼打屋。三年后进田地，大旺财谷。

值卯时：黄雾四起。妇人持铁器前来，大蛇横过。造葬后十日内角音人相请。半月内有徵音人送财物。六十日内，女人因贼牵连大破财。百日得窖财大发。

值辰时：东北方有树倒伤人。鼓声四起。女人着红衣至。造葬后乌鸦四鸣绕屋，有劫贼至，破财。六十日有风脚人上门要赖。后，家生贵子，大发财谷。

值巳时：有驼背老人披蓑衣至，女人携酒及师巫人至。造葬后一百日，因火大获横财。至周年，因武获职，加官进禄。

值午时：作用时，有人持刀上山，妇人披青衣，童子发叫叹声。后四十日内，家主亡。六十日内，犬来作人语，入屋为怪。赤面风脚人上门要赖，行凶破财。三年内得古窖大发。

值未时：童子牵二牛至，及惊鹅群至北方。有女人着红衣至。后六十日内，军贼入屋劫掠财物。

值申时：有取水人带伞笠至。西方有小儿打水鼓喧叫。造葬后二十日内，鸡巢内有蛇伤人，新妇自缢，淫欲事败。

值酉时：西方有赤马及轮舆至。群鸦四噪。造葬后百日内，家生贵子，僧道作牙（有请客致谢之意，或为补牙之意），进商音人田地，大发。三年内，鸡生变子，猫养白儿。

值戌时：有老人持杖来，西方雷雨至，三牙须人担萝来。造葬后有白犬至。六十日内，因拾到军器，故得横财大发。

值亥时：小儿成群。女人着孝服至。造葬后，因捉贼得财谷。三年出人，且入道法，凭宝符咒水起家。

2. 天芮星

值子时：秋、冬用之吉，春、夏凶不可用。若春、夏作用，主有走禽惊，西南有火光，二人相逐为应。造葬后，主有猫、犬伤人，公事发。六十日内有女人自缢事。若秋、冬作用，当进羽音人田产及妻女。

值丑时：作用时，有金鼓声自西北至。造葬七日，有乌龟自林中出，六十日被盗钱财，口舌官司至。

值寅时：作用时，有瘦妇怀孕至，更有粪衣人至。若下葬日有奇门旺相，六十日有水牛入屋，大进血财，加官进禄，子孙大吉。

值卯时：有女人穿红衣送物，及贵人骑马至。两犬相咬，水牛作声。造葬后六十日，进东方绝户产业，因汤火伤小儿，进血财及羽音人财物。二年内，妇人堕胎，产死。

值辰时：同天蓬星。

值巳时：同天蓬星。

值午时：主有人缺唇。白衣人至，有妊妇过。六十日内，有猫鬼咬人，因做买卖发横财。周年内得妻家财产大发。

值未时：有捕猎人至，及白衣道人携茶过。后七日，有乌鸦绕屋噪鸣，赤面人、三牙须人大斗闹。周年内，动瘟，见火烧屋，蛇伤。

值申时：主东方凉伞青盖及僧道胡须人至。牛斗伤人，犬咬人。造葬后一百日，进羽音人财物。周年内有水牛入屋，鹏鸟入屋，该时辰主大病。

值酉时、戌时、亥时：同天蓬星。

3. 天冲星

值子时：有大风雨至。仙禽噪，钟鸣为应。造葬后，六十日内有阳生气物入屋。周年，田蚕倍收。须防新妇产死。因口舌得财。

值丑时：作用时，主云雾，小儿成群来，及妇人为应。造葬后，乌猫生白子，拾得古镜而发财。周年遇僧道，得田契，生贵子。

值寅时：作用时，有贵人乘轿至，及童执金银器至。造葬后，二十日进角音人契字、六畜、琉璃入屋。六十日，母鸡啼家，主死。因口舌争讼得财，大发财谷。主乙、丁、己生人发福。

值卯时：同天蓬星。

值辰时：主鲤鱼上树，白虎出山，僧道成群。造葬后，拾得黄金、白银之物，大发横财。七十日内，见伤折之灾，一女一男进。

值巳时：有牛相斗，羊争行。女人相骂，西南方有鼓声喧闹。造葬后六十日内，蛇咬鸡，牛入室，有女人送契至。一百日，犬生花子，大旺田财。

值午时：东方人家火起，穿白衣人前来大叫，山禽噪闹。六十日内拾得古器、鬼运之物、钱禾而发。

值未时：有鼓声，小儿着孝衣至。牛马成群过西北方，或闹或争。后六十日内，有白羊入屋，六畜大旺。

值申时：南方有白衣人骑马过，吏卒人持刀相杀。造葬后一百二十日内，女人作牙（有请客致谢之意，或为补牙之意），进绝户田产。

值酉时：远方人送书信至，东方狐狸咬叫，妇女持火来。造葬后周年生贵子，得横财大发。

值戌时：西方有三五人持火光寻失物，师巫及三牙须人至，造葬后六十日，鸡上树啼，远方有信，获羽音人财。周年，小口被牛踏损。

值亥时：有跛足青衣人至，东北方人家有火光。造葬后百日内，猫捕白鼠为应。进商音人田契大发财，得妻财。

4. 天辅星

值子时：若反吟，主田中有衣物，西方有人穿红白衣前来大叫为应。造葬后六十日，进商音人物产，野猴入屋蹭鸣。时主加官进禄，生贵子。若门、奇并到，十二年大旺。

值丑时：主东方有犬咬，有人持刀杀人、闹叫。造葬后，有白兔、野鸡入屋。六十日内，僧道送物，东南方羽音人送文契至，远行有信归。周年，添进人口，大旺血财，加官进禄。

值寅时：见公吏人手执铁器及艺人携物至为应。造葬后六十日内，白鼻猫咬鸡时，有贼送财宝至。赤面人作牙，进羽音人田契。十二年大发，生贵子。

值卯时：女人挑伞至，闻师巫吹角声。造葬后六十日大发，添人丁，有生气物入屋，大旺财谷，因女人、公事得财帛及田地契字。

值辰时：白羊与黄犬相撞，卖油人与卖菜米人相撞，白衣小儿哭，孕妇至。造葬后大发财谷，一年内双生贵子。

值巳时：有人相打，女人抱布来，风四起，小童喊叫。造葬后六十日内，进东方人财物，但因有鬼运，故不大发。

值午时：有僧道持盖，女人穿红衣至，有火光。后六十日内，有贵人至，送异物，进西方人金银。周年内，得寡妇或绝户财物。

值未时：有群犬相争，丐者携蓑衣至，僧道成群过西北方，有人争屋。后一百日内，有文书契字，进商音人财物金银。

值申时：有青肿患脚人携酒至，三教色衣人至，闻西北金鼓声。造葬后半年内，因妇人财大发，蛇从井中出，平白人送牛羊至。

值酉时、戌时、亥时：同天冲星。

5. 天禽星

值子时：主有怀孕妇人来，及紫衣人至为应。造葬后六十日，鸡上篱，犬衔花，儒人送物至为应，主因武得官，进田土、财物。廿年后，财谷大旺，人丁千口。

值丑时：主孝妇人持锡器来，小儿拍掌笑，吹笛打鼓叫闹为应。造葬后，赌博获财，或拾窖发财。三年后，因获盗贼致富。

值寅时：鸡乱鸣、犬吠，有人戴深笠至。造葬后六十日，进羽音人契字。人丁田禾旺。

值卯时：大风东起，小禽四叫，孕妇至。造葬后半年，猫自来园内，得窖大发。

值辰时：有师巫、术人相争大叫，东方鸡噪。造葬后六十日内，有僧道及绝户送物产至。

值巳时：有白颈鸭成队飞鸣，师巫人相打，贵人骑马过。造葬后七十日，有妇人来，合生贵子，成家立产，三年田产大旺。

值午时：有白衣女人来，犬衔花，山鸡斗叫，风从东方来。六十日内有犬自外来，或野犬入屋，主进东北方人之财。更因赌博、公事得财。一年，乌鸡生白雏，生气物自来为应，田蚕大旺。

值未时：有老人及跛足人担花过，或青衣人携酒至。造葬后六十日内进羽音人铁器，六畜大旺。

值申时：主空中飞鸟大叫，师巫将符来。造葬后百日内，女人自到，拾得珠翠归。周年，新妇昌盛，生贵子，大旺田蚕。

值酉时：西方火起，人家相打大叫，鼓声绕噪。造葬后周年生贵子，得横财大发。

值戌时：东北方有钟声、铙钹（naó bō）声，有青衣童子携篮至。后六十日，白龟至，大发。得寡母田契，有人请举。

值亥时：西北方有妇人笑声，大风从西起，树倒拆屋，大叫。造葬后六十日内，进铁匠人财物，商音人作牙，进僧道产。

6. 天心星

值子时：西北方有鼓声为应。造葬后百日内，赤面人作牙，进商音人古器及书轴，家内生白鸡。十二年内田蚕大旺，后因赌博、见讼破财。

值丑时：北方有匠人携斧至，树木上生金色花为应。造葬后六十日，进羽音人金银器。三年，被火，一贫彻骨，出入弄蛇戏犬。

值寅时：有白鹭水禽至，金鼓四鸣，女人穿青衣携篮至。造葬后，遗火烧小口。六十日内，公事至。百日内大进金银，因拾得古窑，进商音人、羽音人物产。三年内，因妻得财，生贵子。

值卯时：有跛足妇人相打，犬吠，鼓声，北方有人乘轿至。造葬后七日内，进横财。三年后有牛自来，大旺六畜。有人请举，因军得财。

值辰时：有云从西北起，青衣人携鱼至，女人僧道同行。造葬后六十日，气如云出。三年内，家生贵子，请举及第，大富贵。

值巳时：有女人着青衣抱小儿至，紫衣人骑马至，乌龟上树。造葬后半月内，得四方人财物。跛足人作牙（有补牙之意），进商音人产契，六畜兴旺。三年内，女人成家，寡母坐堂。

值午时：主大风雨骤至。蛇横路，女人着红衣携酒至。后六十日蚕鸣，有跛足人送生气物。五日内，进金银，田蚕大旺。

值未时：有瘦妇与僧道同行东北方，有人携盖骑马至。造葬后百日内，因媳妇见狐狸而败。

值申时：僧道前来，金鼓四鸣，白鸟交噪，红裙女人送酒至。造葬后，寡妇坐堂，拾得古窖大发。

值酉时：僧道尼姑持火从西南来，北方有钟鼓声。造葬后七十日内，进商音人骡马，官员财喜，艺术人送远信至，大利。

值戌时：主南方有大叫声，贼惊，小儿骑牛至。百日内家生贵子，金鸡鸣、犬吠，三年请举。

值亥时：有金鸡鸣夜，犬吠，老人戴皮帽子手执铁器至。造葬后七日内，有不识姓名之人上门借宿，遗下财物而去。

7. 天柱星

值子时：主有大风四起，火从东至，有缺唇人为应。造葬后六十日内，主有蛇犬伤人，遇刀刃杀人，血光破财。

值丑时：有青衫妇人携酒至，四方有鼓声为应。造葬后半年内，进无名财物。周年，有鹦鹉入屋，主口舌得财。三年后，猫犬相咬，主请举。

值寅时：有牛马喧叫，僧道人持盖，大雷电至，喜鹊喧噪。造葬后六十日内，有贼牵连公事，因公事词讼而破财。女人堕胎，产死。

值卯时：有瘦妇持刃至，僧道持盖至，女人相骂。造葬后六十日内，火灾，母鸡啼、昼鸣。周年，疫病死绝。

值辰时：有人扛树过，男人持鼓过，黄衣老人持锄至。造葬后六十日，乌猫生子，鸡生双子，进北方人财物，寡妇送契至，赤面人作牙，进羽音人田产。

值巳时：有黑牛过，钟声鸣，猪上山后二十日内，进商音人财物。六十日内家内女人下水，有生气物入屋。周年内，猫捕得白鼠，大发大贵之兆。

值午时：西方有人骑马至，就有大雪，鸦飞鸣起。后五日内，孕妇先病，行丧哭泣。六十日内，水边得古器，水边神位福，退小口。

值未时：同天心星。

值申时：主水鹰、掠禽坠地，青衣人携篮至。造葬后因失火丧家。

值酉时：同天心星。

值戌时：有女人持白布至，西方有鼓声，北方树倒打人，大叫。六十日，蛇虫入宅咬人，连人瘟疫死，大败。

值亥时：主西方有玉磬声，山下人持火叫喧。造葬后因救火得财，大发。

8. 天任星

值子时：有风雨至，水畔鸡鸣，东南方遇持刀人为应。造葬后百日内，主新妇自离，三牙须人及木姓人上门，退田产，出入男盗女娼。

值丑时：同天柱星。

值寅时：女人成队把火前行，童子拍手大笑，西方有人、轿、马至。造葬后六十日内，甑鸣妇死。百日内进六畜，女人、财宝自至，田蚕大旺。缺唇人争讼，婚事败。

值卯时：有老人持杖至，及喜鹊喧噪。造葬后七日内，有人进古器物。六十日内，因女人获财宝，进牛羊六畜。因赌博得财，加官、晋职。

值辰时：同天柱星。

值巳时：有两犬争一物，野人负薪过，吏人持盖至。造葬后六十日内，获异路人财，南方人送鲤鱼，生贵子，异路显达，进田财。

值午时：西北方有黄色飞禽来，师巫与君子人至。后四十日进外宝、贵人财物。紫衣人入屋，生贵子。

值未时：主有白鸡飞来，飞禽自西南方至，北方大斗闹，鼓声喧天，大风雨至。造葬后七日内，女人送白色物至。六十日内，家生异白气物，得六畜大旺。

值申时：主大风雨至，三牙须人打鼓至，僧道着黄衣为应。造葬后七日内，甑鸣，女人被火汤烧伤，大败。

值酉时：同天心星。

值戌时：同天心星。

值亥时：同天柱星。

9. 天英星

值子时：有锣声自西北至，及三五人把火伐木为应。造葬后，主有缺舌人，破家业。三年内有血光、自刎，有小儿因汤火死。

值丑时：东北方有师巫人至，闻锣声为应。造葬后一月内，主火烧屋。一年内，犬作人言，百怪俱见，死亡大败。

值寅时：东方有军马至，及捕渔猎网人至。造葬后，女人因行路拾得财宝。六十日内进寡妇人田产契书，百日，雷打屋，即败。

值卯时：有女人持灯来应，或执木棍为应。若见雷鸣来应，则六十日内，进女人财宝，因而大发。

值辰时：西北方大雨至，鸡飞上树，女人着红衣携篮至。造葬后七日内，有生气入屋。六十日内，进横财大发。

值巳时：同天任星。

值午时：南方有婚姻事，捕猎人执弓箭至。后六十日内，被木伤死及自缢，公事败。

值未时：有孕妇过，及西北方鼓声为应。造葬后六十日内，家主落水死。周年，瘟疫败。

值申时：有孕妇大哭，西方有鼓声及僧道持盖。造葬后大凶。

值酉时：西方有人相争，鸟雀喧噪，白衣孕妇至。造葬后六十日，母折足，破财。百日，因口舌得财。

值戌时：同天柱星。

值亥时：女人把火来。造葬后百日内，有癞疾人上门，由赖而身死破财。

六、三奇静应

乙到乾：有黄衣人至，或缠钱之人来应。

丙到乾：有披衣人至，或飞鸟成双来应。

丁到乾：有执刀斧或牵角畜之人来应。

乙到坎：有皂衣人或鼓乐声来应。

丙到坎：有执杖人或黄白鸟从西北来应。

丁到坎：有抱小儿之人南来或黑云飞起来应。

乙到艮：有青衣人或提铁器之人来应。

丙到艮：有青衣人或网罟鱼鸟之物来应。

丁到艮：有文书纸笔或小儿、铁器来应。

乙到震：有武士执刀枪或鼓吹之声来应。

丙到震：有网罟卖鱼或游猎小儿来应。

丁到震：有女人成双南来或飞禽来应。

乙到巽：有白衣赤马或小儿戏行来应。

丙到巽：有乐声或喝诺或南方惊事来应。

丁到巽：有小儿乘牛或南方黑云来应。

乙到离：有病眼病脚或小儿骑牛来应。

丙到离：有黄黑飞禽成群或单飞来应。

丁到离：有青衣人或青鸟成群来应。

乙到坤：有裹白披孝或四方擂鼓声来应。

丙到坤：有青衣人、鸟雀南飞或鼓声来应。

丁到坤：有皂衣人担水或黑禽来应。

乙到兑：有女人三五或鸟声飞鸣来应。

丙到兑：有执杖人东来或小儿鸣声来应。

丁到兑：有文书纸笔或黄禽来应。

七、三奇临宫克应

1. 乙奇

临震宫：为日出扶桑，有禄之乡，又为贵人升殿。行兵奏凯，百事皆合，吉。

临兑宫：为白兔游宫，又为玉女藏威，凡事迟得吉，退隐则安稳，行兵则主客大败。

临巽宫：为飞鸟乘风，又为玉女降神，百事皆吉，战必胜。

临离宫：为金鸟当阳，吉。又为长生之乡，凡百事皆显扬。

临坤宫：为金鸟损日，凶。又为玉女入墓，百事暗昧，凡有为必阻逆。

临乾宫：为金鸟入林，若受制，则凶。又为玉女朝天，百事大吉，军令宏宣。

临坎宫：为金鸟饮泉，吉。又为玉女旺乡，父母之地，凡事皆吉昌。

临艮宫：为金鸟步青云，吉。又为玉女升堂，帝旺之所，凡事安康。

2.　丙奇

临离宫：离居南方，为火旺之地，为贵人升殿，吉。又为临帝旺之宫，登台命将，百事皆吉。

临震宫：为月入雷门，吉。又为奇临雷霆之乡，父母之邦，事事贞嘉。

临巽宫：为火行凤起，吉。又为临有禄之乡，火入风门，得吉之助。

临坤宫：为子活母腹，吉。又为子孙之宫，威德收藏，凡事皆益，但主迟缓。

临兑宫：为玉兔折足，又为阳入阴宫，和合之象，诸事可暗图，亦主迟缓。

临乾宫：为奇神入墓，凡事迟阻，宜暗图。

临艮宫：为玉兔入舟，又为凤入舟山长生之位，平敌凯还，万事大吉。

临坎宫：为火入水池，凶，水火相克，凡事主损伤。

3.　丁奇

丁奇临时干为丁者，出幽入冥，至老不刑，临险不惊。丁为玉女，三奇中此星最灵，凡隐匿逃亡绝迹诸事，当从天上六丁方出，人皆不见，故曰日出幽入冥，吉。

临兑宫：为天乙贵人升丁酉之殿，又为长生之方，火德流辉，无晦而光明。

临震宫：为光耀通明，吉。又为玉女入雷门，事多妄惊，难于收拾。

临巽宫：玉女临帝旺之所，万事皆亨通。

临离宫：为豪气乘旺，又为得禄之乡，百事逢之，利名显扬。

临坤宫：为玉女游地户，吉。凡事暗地图谋必胜。

临乾宫：为玉女游天门，吉。三奇斯为贵，其福利自得。

临艮宫：为玉女游鬼门，凶。又为入墓，固守无忧，宜埋伏取胜。

临坎宫：为朱雀投江，凶。逢壬、癸更甚。又为玉女收藏，宜安静。

八、三奇杂应

1. 三奇路应

乙奇遇生门：路逢鼠斗。遇休门：路逢扛木人。遇开门：路逢红衣人及公吏人。

丙奇遇生门：路逢眼患之人或争斗。遇休门：五十里闻鼓乐声。遇开门：路逢执杖老人或哭泣死丧。

丁奇遇生门：路逢鹰犬、猎人。遇休门：二十里逢皂衣人。遇开门：路逢执杖小儿。

2. 三奇会使克应

乙奇会天蓬、生门，若是乙、庚日或时，则雷电现，二鸟应，暮风一阵应之，大利。

丙奇会天芮、休门，若是甲、己日或时，鹤鹏现，二人乘马来应，大吉。

丁奇会天英、开门，若是戊、癸日或时，黑鸟白项，雷鸣，大利。

九、时辰与十干克应

时临六甲

一开一合，上下交接。所谓"下"，即时下，是指该时辰的旬头所临地盘宫中的奇仪。如果时下为甲申等六甲，则为伏吟，以下仿此，不再赘述。

如果临阳星为开，则百事吉；临阴星为关，则百事不利。

时临六乙

往来恍惚，与神俱出。如果时下为六乙，则如有攻击行来，宜从天上六乙方逃亡，此为日奇相随，恍惚如神，他人不见。

六乙为蓬星，又为天德，百事利，所求能得，移徙、入官、市贾、嫁娶皆吉。若将兵，则大胜，所向获功，不可遣怒或行鞭笞之事。

凡六乙之时，天盘上乙奇所临之宫为天德，此时客胜，宜和，筑营垒。而六乙之下，必安军鼓。

时临六丙

万兵莫往，王侯之象。若时下为六丙，为月奇，凡去攻击宜从天上六丙之方出，与月奇相遇。

六丙为明堂，闻忧不忧，闻喜则喜，入官得迁升，商贾有利，将兵大胜。又，六丙为天威，宜发号施令，迁徙、入宅、归伏等万事大吉。

时临六丁

出幽入冥，到老不刑，若时下为六丁，为星奇，又为玉女，宜安葬、藏匿等事。若随星奇从天上六乙而出，入太阴而藏，敌人不能见之。利请谒、嫁娶、入官、市贾，百事皆吉，无凶。

又，六丁为三奇之灵，行来出入，宜从天上六丁所临之方出，白事吉利。凡征战、谋为等事，利于暗斗、私约、交通。

时临六戊

乘龙万里，莫敢呵止。戊为天武，从天上六戊而出，挟天武入天门，百事皆吉。若逃走亡命远行万里，无所拘止。又宜发号施令、诛恶伐罪、图谋大事。若临本时之值符，且得龙返首，鸟跌穴、三奇得使诸格，凡征伐，不战自退，万事大吉。若犯刑冲，得凶格，大凶。

时临六己

如神所使，出被凶咎。己为地户，又为六合，宜隐谋私密之事，不可衣衫暴露，若强为之，必获凶咎。凡入官、嫁娶、造作，诸事皆凶。只宜市贾。将兵必弱。凡六己之时，天盘上甲戊己所临之宫为明堂，此时用兵，乃上将所居之地，宜隐伏，偷营劫寨，利为阴私秘密之事。小人利亡命惊走。

时临六庚

抱木而行。强出者，必有争斗。庚为天狱，又为天刑。出行被凌辱，市贾则无利，凡入官、嫁娶，百事皆凶。若将兵，客死主胜。

时临六辛

行逢死人。强为者，殃罚缠身。辛为天庭，不宜远行、诉讼、决刑狱、嫁娶、市贾、入官，不可问疾，诸事不利。若将兵，客死主胜。

时临六壬

为吏所禁，强而出入者，飞祸相临。壬为天牢，不可远行、入官、问疾、移徙、嫁娶、逃亡，百事皆凶。此时用事，必有仇怨，为吏所呵。不可举兵，只宜严刑狱、平诉讼。

时临六癸

众人莫视。不知六癸，出门即死。癸为天藏，宜求仙，远遁绝迹。从天上六癸所临之方而出，则众人莫见，不宜市贾、入官、迁除、嫁娶、入宅。若问病，则病重。宜扬鞭笞之事。九地之下利逃亡，六癸之下利伏兵、逃亡、隐形。若临一、二、三、四、五宫，则可隐；临六、七、八、九宫为网遏，不可隐。此时将兵主胜，其余百事皆凶。

第六章　格

格，或称"格局"，是奇门遁甲中用来描述八神、九星、八门、九宫、奇仪之间五行属性的生克制化关系的一套固定的吉凶格式。格分为吉格和凶格两类，这些格是择时、择方、趋吉避凶的基本依据。奇门遁甲解析预测的主要依据也是格。

一、吉格

1. **青龙回首**（又称"龙返首"）：天盘甲子戊，地盘丙奇。

若合奇门，此格上吉。若无奇门，亦可用事。但若遇门迫，或地盘为震三宫，则为击刑之格，吉事成凶。凡逢龙返首，利见大人，举兵利客，扬威万里，从生击死，一敌万人，百事皆吉。

2. **飞鸟跌穴**（又称"鸟跌穴"）：天盘丙奇，地盘甲子戊（与龙返首刚好颠倒）。

凡逢鸟跌穴，出兵、行征、远游，百事皆吉。君子利，小人凶。

3. **天遁**：天盘丙奇，中盘生门，地盘丁奇。
百事生旺。利上书、求官、行商、隐迹、婚姻等事。

4. **地遁**：天盘乙奇，中盘开门，地盘六己（甲戊己）。
百事皆吉。宜扎寨藏兵、修造、逃亡、绝迹、安坟、婚姻、求财诸事。

5. **人遁**：天盘丁奇，中盘休门，神盘太阴。
得人遁之方宜和谈、探秘、伏藏、求贤、婚姻、交易、献策。

6. **云遁**：天盘乙奇，中盘开、休、生三吉门之一，地盘六辛（甲午辛）。
宜求雨、立营寨、造军械。

7. **风遁**：天盘乙奇，中盘开、休、生三吉门之一，地盘巽四宫。

若风从西北方来，宜顺风吉敌；若风从东方来，而敌人在东方、南方，皆不可交战。

8. **龙遁**：天盘乙奇，中盘开、休、生三吉门之一，地盘坎一宫或六癸（甲寅癸）。

宜求雨、雨水战、密运计谋、填堤塞河、修桥穿井、开渠放水。

9. **虎遁**：天盘乙奇，中盘休门，地盘六辛临艮八宫。

宜招安设伏、据险守隘、建立营寨、捕捉射猎、演武火战、祭封镇邪、驱除鬼魔。

10. **神遁**：天盘丙奇，中盘生门、神盘九天。

宜攻虚、开路、塞河、祈神、造像。

11. **鬼遁**：天盘丁奇，中盘杜门，神盘九地。

宜设伏攻虚、偷营劫寨、诡诈文书、超度亡魂。

12. **三奇得使**：天盘乙奇，地盘甲戌己或甲午辛；天盘丙奇，地盘甲子戊或甲申庚；天盘丁奇，地盘甲辰壬或甲寅癸。

凡三奇得使，宜出师、演武、行兵布阵、出行、上官、修造、嫁娶、远行、商贾。若再遇吉门，主客皆吉。

13. **三奇贵人升殿**：乙奇临震宫，是贵人升于乙卯正殿；丙奇临离宫，是贵人升于丙午正殿；丁奇临兑宫，是贵人升于丁酉正殿。

此处所言贵人是指天乙贵人。凡逢此格，百事可为。宜出师、远行、征讨、嫁娶、竖柱上梁、修造、埋葬、谒贵、上官、交易、求财、迁徙。若会吉门尤吉。贵人升殿须无门迫、宫制，且三奇不入墓，方可用。

14. **玉女守门**：中盘值使，地盘丁奇。

宜营建、宴会、嘉庆、造葬、嫁娶、入宅、出仕、经商，若行兵，宜埋伏得胜。

15. 天辅之时：甲己之日己巳时，乙庚之日甲申时，丙辛之日甲午时，丁壬之日甲辰时，戊癸之日甲寅时。

宜行兵战斗，上官参谒，求财远行，诸事皆吉。有罪者逢赦宥。

16. 三诈五假、有门无遁

三诈是指三吉门遇合乙丙丁三奇或即使遇不到三奇，构不成奇门，却得到八神之中的阴神：九地、太阴、六合相助，再得地盘吉助者，即为三诈。凡三诈之格，宜远行、商贾、嫁娶。诸事皆吉。

有门无遁者，是指三吉门遇三奇，构成奇门，但无九地、太阴、六合，则为有门无遁。凡有门无遁之格，行事有七分之利。

三诈有真诈、休诈、重诈。五假有天假、地假、神假、人假、鬼假。

真诈：三吉门遇合三奇，上又乘太阴，为真诈。宜施恩、隐遁、修养、安民、招抚。

休诈：三吉门遇合三奇，上又乘六合，为休诈。宜合药、治病、祈福。

重诈：三吉门遇合三奇，上又乘九地，为重诈。宜进人口、求财、拜官、出师、设计、埋伏、上任交接。

天假：景门得三奇，上又乘九天，为天假。宜谒贵、上策、扬兵、诉讼。

地假：杜门合丁、己、癸，上乘九地或太阴或六合，均为地假。若上乘九地，宜潜伏、埋葬、修炼。若上乘太阴，宜遣人行间、操密。若上乘六合，宜逃亡、避难。

神假：伤门合丁、己、癸，上又乘九地，为神假。宜埋葬、伏藏、使人难知。

人假：惊门合壬，上又乘九天，或惊门上又乘六合，均为人假。宜捕捉逃亡、搜擒匿寇。此时，若逢太白入荧之格，则捕捉必获。

鬼假：死门合丁、己、癸，上又乘九地，为鬼假。宜抚境安民、破土修茔、超度亡魂。

17. **奇游禄位**：乙奇临震宫，丙奇临巽宫，丁奇临离宫，为三奇临丰禄之位。

宜上官赴任、求财、祈福、谋为，百事吉。

18. **欢怡**：三奇临六甲值符之宫为欢怡。

凡谋为皆利，抚恤将士，群情悦服。

19. **相佐**：本旬值符临地盘中三奇，为相佐。

凡事皆利。

20. **交泰**：天盘乙奇临地盘丁奇，或天盘丁奇临地盘丙奇均为交泰。

若遇吉门，主客皆利，谋为大利。

21. **门宫和义**：宫生门者为义，门生宫者为和。

若遇吉门，凡事皆吉。

二、凶格

1. **青龙逃走**（又称"龙逃走"）：天盘乙奇，地盘六辛（甲午辛）。

此时不宜举兵，否则主将士逃窜，临阵败亡。又主奴仆拐带，六畜皆伤，失财破败，百事为凶。

2. **白虎猖狂**（又称"虎猖狂"）：天盘六辛（甲午辛），地盘乙奇（与"龙逃走"颠倒）。

此时不宜举兵，主客皆伤。谋为耗财，小人是非。更忌行船、婚姻、修造，大凶。

3. **朱雀投江**（又称"雀投江"）：天盘丁奇，地盘六癸（甲寅癸）。

不宜上官、入市、嫁娶、移徙、远行。文书主泄露。有水灾怪异，音信错失。

4. **蛇天矫**：天盘六癸（甲寅癸），地盘丁奇（与"雀投江"颠倒）。

百事不利，主虚惊不宁，盗贼，水火，文书迟滞。兵家值此，须防敌人妖术、火攻。

5. **太白入荧**（又称"白入荧"）：天盘六庚（甲申庚），地盘丙奇。

利主不利客，须防贼来偷营，宜埋伏，以固守为吉。

6. **荧入太白**（又称"荧入白"）：天盘丙奇，地盘六庚（甲申庚）（与"白入荧"颠倒）。

利客不利主。贼惧而自退，不宜追击，宜退避。

7. **岁格**：天盘六庚，地盘岁干。

凡用事，大凶。惟宜捕捉盗贼、逃人。

8. **月格**：天盘六庚，地盘月干。

凡用事，大凶。惟宜捕捉盗贼、逃人。

9. **日格**（又称"伏干格"）：天盘六庚，地盘日干。

凡用事，大凶。战必遭擒，主客两伤，出行尤忌。

10. **时格**：天盘六庚，地盘时干。

凡用事，大凶。惟宜捕捉盗贼、逃人。

11. **大格**：天盘六庚，地盘六癸。

谋为百事不利。出行主车破马伤。修造主人散财破。惟捕捉可立获。

12. **小格**（又称"上格"）：天盘六庚，地盘六壬。

百事不利。远行，迷失道路。求财，破财得病。

13. **奇格**：天盘六庚，地盘三奇。

凡出行、用兵，大凶。

14. **飞干格**：天盘日干，地盘六庚。

若战斗，主客皆伤。若出行，有飞灾横祸。

15. **刑格**：天盘六庚，地盘六己。

主官司受刑、破财、得病、道路阻隔、行兵大凶，战阵主丧亡。

16. **战格**：天盘和地盘皆为六庚。

主官灾横祸，兄弟雷攻。凡事皆凶。

17. **悖格**：天盘丙奇，地盘年干或月干或日干或时干。

倒行逆施。利为主，不利为客。行兵宜固守，不可妄动。凡举百事，纲纪混乱。

18. **天乙伏宫格**：天盘六庚，所临地盘的宫中有值符。

百事不宜。用兵，主客皆不利，出行，路逢盗贼，车折马死。

19. **天乙飞宫格**：天盘值符，地盘六庚。

凡用兵者，先举必败，固守为吉。战斗，主败亡，大将遭擒。宜静，不可躁进。

20. **三奇入墓格**：天盘乙奇临坤宫或见未，为乙奇入墓。天盘丙奇临乾宫或见戌，为丙奇入墓。天盘丁奇临艮宫或见丑，为丁奇入墓。

凡遇三奇入墓，吉事不吉，凶事更凶。即使遇三吉门，亦不可举事。尤忌行军。

21. **时干入墓**：丙戌时，时干丙入墓于戌。壬辰时，时干壬入墓于辰。丁丑时，时干丁入墓于丑。癸未时，时干癸入墓于未。戊戌时，时干戊入墓于戌。己丑时，时干己入墓于丑。

此六个时辰为时干入墓。此时，百事皆不宜，尤忌出师、远行。

22. 星门入墓

九星入墓：天蓬星入墓于辰；天心星、天柱星入墓于丑；天冲星、天辅星入墓于未；天英星入墓于戌；天任星、天芮星、天禽星入墓于辰。

八门入墓：休门入墓于辰；开门、惊门入墓于丑；伤门、杜门入墓于未；景门入墓于戌；生门、死门入墓于辰。

23. 伏吟：九星伏本宫为九星伏吟。八门伏本宫为八门伏吟。故六甲时辰，即每一时辰组的旬头：甲子时、甲戌时、甲申时、甲午时、甲寅时，以及九星、八门皆伏吟。

凡伏吟之时，诸事不宜，惟宜收敛财货。

24. 反吟：值符临地盘上对冲之宫为九星反吟。八门临地盘上对冲之宫为八门反吟。

反吟遇吉门可无害，不遇吉门则事情危急，灾祸将至。且反吟令吉凶见效快。若出行，可能半途而返。若长远大计则无结果。近病，不药而愈。久病，定死难痊。婚姻不成。求财无利凡蚀本。

九星反吟有四对：天心、天辅相冲；天蓬、天英相冲；天任、天芮相冲；天冲、天柱相冲。

八门反吟有四对：开门、杜门相冲；休门、景门相冲；生门、死门相冲；伤门、惊门相冲。

这里说的四对相冲，其实就是一、九宫相冲；四、六宫相冲；二、八宫相冲；三、七宫相冲。

25. 六仪击刑：它是由十二地支中的相刑关系产生的。有下列六种：
天盘甲子戊临地盘震宫（子刑卯）；
天盘甲戌己临地盘坤宫（戌刑未）；
天盘甲申庚临地盘艮宫（申刑寅）；

天盘甲午辛临地盘离宫（午自刑）；

天盘甲辰壬临地盘巽宫（辰自刑）；

天盘甲寅癸临地盘巽宫（寅刑巳）。

从后天八卦知，卯居震宫，未居坤宫，寅居艮宫，午居离宫，辰、巳居巽宫。

六仪击刑最凶，其时凡事皆不可用，一动必有灾伤。出行、谋为皆不利。若遇天网四张格，必被捕捉，有牢狱之刑。凡遇击刑，吉事不吉，凶事更凶。

26. **天网四张**：天盘六癸，地盘时干。

凡阳遁局，时干落一、八、三、四宫（内宫）为网高，落九、二、七、六（外宫）为网低。

凡阴遁局，时干落一、八、三、四宫（外宫）为网低，落九、二、七、六（内宫）为网高。

网高时，万事不宜，纵有奇门、吉星亦不可用，强行举事会有血光之灾。网低时，亦不可举事，但尚可匍匐而出。

27. **地网遮格**：天盘六壬，地盘时干。

时干落五、六、七、八、九宫为高格，大凶，勿用。时干落一、二、三、四宫为低格，尚可匍匐而出。

28. **五不遇时**：时干克日干者为五不遇时。有下列十种：

甲日庚午时、乙日辛巳时、丙日壬辰时、丁日癸卯时、戊日甲寅时、己日乙丑时、庚日丙子时、辛日丁酉时、壬日戊申时、癸日己未时。

凡逢此格，百事皆凶，纵有奇门亦不可用。

29. **门迫、宫制**：门临其所克之宫为门迫。门临克其之宫为宫制（又名宫迫）。

若有吉门迫宫，或宫制吉门，则吉事不吉，凶事不凶。

若有凶门迫宫，或宫制凶门，则灾殃尤甚。

第七章　天门地户

一、十二月将、天三门

十二月将并不是奇门遁甲中的专用名词，其他的术数，如大六壬中也采用。它们是指一年的十二个月中都有一个月将主事。每个月的月将必须在过了当月的中气之后才发挥作用。每个月的中气的定义是：每个月之首为节，管十五天，每个月的第十六天开始为气，也管十五天。节气之说见第三章第三节。在奇门遁甲中，十二月将的作用是求天三门之用，凡天三门之方可以推测阴私和合之事。十二月将分别与十二个月对应，它们是：

正月雨水亥登明　　二月春分戌河魁

三月谷雨酉从魁　　四月小满申传送

五月夏至未小吉　　六月大暑午胜光

七月处暑巳太乙　　八月秋分辰天罡

九月霜降卯太冲　　十月小雪寅功曹

十一月冬至丑大吉　　十二月大寒子神后

上述十二月将均在该月中气（如正月的雨水、二月的春分等）之后才发挥作用。若未过中气，仍用上个月的月将。例如，立春后为正月，但在雨水之前，仍用十二月的月将神后。雨水之后，才用正月的月将登明。利用十二月将便可求出天三门。

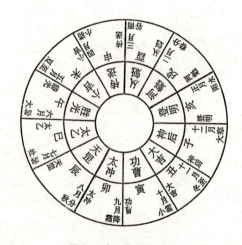

图29　十二月月将活盘

求天三门之法：做一个上下两层的活盘如图29中的十二月月将活盘所示。上下盘各分十二个宫。下盘各宫按顺时针方向标上子、丑、寅、卯、辰、巳、午、未、申、酉、戌、亥。再按逆时针方向标上正月、二月、三月、四月、五月、六月、七月、八月、九月、十月、十一月、十二月，将正月与亥对齐。并在每个月的下面标上该月的中气：雨水、春分、谷雨、小满、夏至、大暑、处暑、秋分、霜降、小雪、冬至、大寒。再在下盘各宫中从亥开始按逆时针方向依次排入十二个月将：登明、河魁、从魁、传送、小吉、胜光、太乙、天罡、太冲、功曹、大吉、神后。

上盘各宫中按逆时针方向依次排入十二个月将：登明、河魁、从魁、传送、小吉、胜光、太乙、天罡、太冲、功曹、大吉、神后。

求天三门时，把上盘中当月的月将（例如正月的登明、二月的河魁等）对准下盘中预测时的时辰的时支。定位后，上盘中从魁、小吉、太冲三个月将所在的方位（由下盘中的地支定位）即为天三门之方。在起始位置，太冲卯、小吉未、从魁酉即天三门。

凡天三门之方，宜出行、征伐、避难，百事问之吉。若被围困，消息不通，或欲打探细事，可按上述求天三门之法，确定天三门所临之方，若此方不被冲克，则私路任其出入，人莫能知。

二、天马

天马所在之方即太冲方，乃三天门之一。求天马，同样可以用求天三门的活盘，如图29所示，即把当月的月将（位于上盘）对准预测时的时支（位于下盘），定位后，上盘中太冲所临下盘中的地支之位即天马之方。

前面曾论述过，三奇得三吉门者为得奇门，奇门是吉方。这样的吉方，在事情从容、时间充裕的情况下可以选择等待。但是，如果突然间遇到紧急危难之事，此时很难遇到有得奇又得吉门的吉方可供趋向。碰到这种情况，可以从天马之方避难，以救急，此方即使刀剑如林、兵甲如山，亦不能加害。

每个月内各个时辰的天马之方如表7–1所示。

从上面求天马方的方法可知，天马方只与月和时辰有关，与日无关。因此，在同一个月中，只要时辰相同，尽管是不同的日期，天马方都是相同的。此外，天马方即太冲方，求太冲方的过程说明，确定太冲方是以每个月的中气为起点的。所以，天马方的确定也是以每个月的中气为起点，而不是以每个月起点的节作为起点。例如，正月的天马方的时效是从雨水之后到春分之前的三十天，而不是从立春之后到惊蛰之前的三十天。表中的方位是后天八卦的方位。

表 7-1 太冲天马方表

	子时	丑时	寅时	卯时	辰时	巳时	午时	未时	申时	酉时	戌时	亥时
正月	辰	巳	午	未	申	酉	戌	亥	子	丑	寅	卯
二月	巳	午	未	申	酉	戌	亥	子	丑	寅	卯	辰
三月	午	未	申	酉	戌	亥	子	丑	寅	卯	辰	巳
四月	未	申	酉	戌	亥	子	丑	寅	卯	辰	巳	午
五月	申	酉	戌	亥	子	丑	寅	卯	辰	巳	午	未
六月	酉	戌	亥	子	丑	寅	卯	辰	巳	午	未	申
七月	戌	亥	子	丑	寅	卯	辰	巳	午	未	申	酉
八月	亥	子	丑	寅	卯	辰	巳	午	未	申	酉	戌
九月	子	丑	寅	卯	辰	巳	午	未	申	酉	戌	亥
十月	丑	寅	卯	辰	巳	午	未	申	酉	戌	亥	子
十一月	寅	卯	辰	巳	午	未	申	酉	戌	亥	子	丑
十二月	卯	辰	巳	午	未	申	酉	戌	亥	子	丑	寅

三、地四户

地四户之方也是避难之方，出行无危，若再有三奇临之，大吉。

地四户的求法也需要做一个上下二层的活盘。上下盘各分十二宫，下盘十二宫中按顺时针方向依次排列十二地支作为十二个月的月建：

十一月建子，十二月建丑，

正月建寅，二月建卯，

三月建辰，四月建巳，

五月建午，六月建未，

七月建申，八月建酉，

九月建戌，十月建亥。

上盘有内外两圈，外圈的十二个宫中仍按顺时针方向排十二地支，内圈的十二个宫中，从外圈的子位开始也按顺时针方向排入：建、除、满、平、定、执、破、危、收、成、开、闭。

要注意：下盘中内圈的十二个地支表示每年十二个月的月建，上盘中外圈的十二个地支表示每天十二个时辰的地支。两组地支的含义不同，不能混为一谈。

图 30　地四户活盘

求地四户之方是把上盘的时支转到下盘中表示当月月建的地支之位，对准后，上盘内圈中的除、定、危、开所落的四个方位即地四户。

显然，地四户与天三门、天马太冲之方一样，只与月和时辰有关，与日无关。但是，地四户不用月将，因此，不是从每月的中气开始推算，而是从每月起始的节开始推算。例如，正月节立春、二月节惊蛰等。

天三门、天马太冲之方、地四户均是用于应急避难的。按照古训"平安是福"，避开灾难是首要的。古人又云："君子问命，问祸不问福"，也是这种含义。

四、地私门

地私门与天三门、地四户类似，凡地私门之方宜隐藏潜伏，取用出入，举事大吉，这一点与天三门、地四户纯为避难之用稍有不同。

求地私门之方不用十二个月将，也不用十二个月建，而是用十二神：

腾蛇、朱雀、六合、勾陈、青龙、天空、白虎、太常、玄武、太阴、天后、贵人。其中最重要的是"贵人"之神。贵人有阳贵人、阴贵人之分。贵人是由日干确定的，每个日干各有一个阳贵人和一个阴贵人，而贵人的方位则由地支表示。

阳贵人是：甲日未、乙日申、丙日酉、丁日亥、戊日丑、己日子、庚日丑、辛日寅、壬日卯、癸日巳。

阴贵人是：甲日丑、乙日子、丙日亥、丁日酉、戊日未、己日申、庚日未、辛日午、壬日巳、癸日卯。

具体运用时，是选用阳贵人还是选用阴贵人，则由日支确定。因此可以在确定贵人时，把日干、日支、地支的作用归纳为：日干定贵人（哪一个是贵人），日支定阴阳，地支为方位。

凡日支为亥、子、丑、寅、卯、辰者用阳贵人。

凡日支为巳、午、未、申、酉、戌者用阴贵人。

表7-2　日干贵人表

日干	甲	乙	丙	丁	戊	己	庚	辛	壬	癸
阳贵人	未	申	酉	亥	丑	子	丑	寅	卯	巳
阴贵人	丑	子	亥	酉	未	申	未	午	巳	卯

求贵人的方法也是采用活盘。由于贵人有阴阳之分，所以有阳贵人活盘和阴贵人活盘。阳贵人活盘和阴贵人活盘均分为上下两层。如图31和图32所示。

阳贵人活盘的上下盘都分为十二宫。下盘的十二宫中依照顺时针方向置放十二个地支：子、丑、寅、卯、辰、巳、午、未、申、酉、戌、亥。上盘的十二宫中依照顺时针方向排十二神：腾蛇、朱雀、六合、勾陈、青龙、天空、白虎、太常、玄武、太阴、天后、贵人。

阴贵人活盘也有上下盘。其下盘与阳贵人活盘的下盘相同，上盘十二宫中排十二神的次序与阳贵活盘的次序相反：天后、太阴、玄武、太常、白虎、天空、青龙、勾陈、六合、朱雀、腾蛇、贵人。

要注意的是，阳贵人活盘和阴贵人活盘在起始状态时，"贵人"都定位

图 31　阳贵人活盘（日支为亥、子、丑、寅、卯、辰）

图 32　阴贵人活盘（日支为巳、午、未、申、酉、戌）

于亥宫。

　　求地私门时，先要看当日的日支是哪一个，以此决定用阳贵人还是阴贵人。再看当日的日干，从"日干贵人表"（表7-2）中查出贵人在哪一个地支，就把上盘中的"贵人"转到下盘中对应的地支上。除了贵人被定位外，六合、太阴、太常三个方位即是地私门之方。例如，丁亥日，日支为亥，用阳贵人。日干为丁，则阳贵人在亥方，把上盘的"贵人"转到下盘上的亥宫处，即可得到：六合在寅、太阴在酉、太常在未。所以，当日的寅、未、酉为地私门。

第八章　奇门预测方法论

在掌握了前面七章的内容后，已经具备了运用奇门遁甲进行预测的准备知识。奇门遁甲的预测与《周易》等其他各种预测方法有些共通之处，但又有其本身的特点。由于奇门遁甲中预测因子（或者叫参数）较多，增加了复杂性。正因为如此，它的预测准确性也就比较高。所谓"学会奇门遁，来人不用问"是有它的根据的，并非狂妄之言。

一、主客论

主客，又称宾主。用奇门遁甲预测人、事、物，首先要分清主客关系。在排出了局之后，首先要分清谁是主，谁是客，然后才能准确地进行推断。在推断过程中，既包含了根据主和客在局中的关系来判断吉凶，也需要明了如何选择为主和为客地位的方法，以及相应的行动准则，从而达到趋吉避凶的目的。在排出来的局中，有些状态和格是利于客的，有些状态和格是利于主的。如果分不清主客，往往会事与愿违，适得其反。

划分主与客的规则有以下几条：

根据动静状态划分，动者为客，静者为主。

根据先动和后动划分，先动为客，后动为主。

根据动的态度划分，积极主动者为客，消极被动固守者为主。

根据活盘划分，天盘为客，地盘为主。

根据阴阳划分，阳为客，阴为主。

在分清了主客之后，如果当前的时辰在方位上利于主，我方就做"主"，以按兵不动为宜。如果此时此方利于客，我方就做"客"，采取主动。如果此时此方对主客都不利，就应该屯兵固守，养精蓄锐，不采取行动。但是，如果主客的选择由不得我，或者事态的发展不允许拖延，就需设计行事，或者采取某种方法。例如可以运用闭六戊之法来削弱敌方斗志，长我方的士气，迎合天盘六丁的盛势；或者可以立于天冲天马之方，采地盘之灵气，以弥补自己的不足；或者可以向天马之方避难，即使刀枪剑如林，亦无所碍。

凡是国家大事，一个地区的人事、家庭琐事、口舌是非、立案讼事、修造建筑、求官求名、觅利求财、走失逃脱、捕捉盗贼等诸事，均以地盘为主，天盘为客。

凡是发兵、竞赛、谈判等事，须先审视敌方所在之方，或所往目的地之远近来决定主客。

主客生克关系：

客生主——做事美满称意、进益多端。

主生客——做事多耗散迟延，拖拉散财。

主客比和——做事或动或静，行藏皆遂。

主克客——做事半实半虚，有始无终，虚花自败，难有成果。

客克主——做事难成，多败招破坏，求吉反招凶。

总之，凡天盘诸星（往往居客位）生合地盘者为上吉。以地盘（往往居主位）生合天盘之星者为次吉，至少无凶。二者相克则不利。

二、方法论

在运用奇门遁甲时，根据预测者获取的信息和感应不同，可以采用不同的方法进行演布和推断。在纷杂和多变的信息源中提取哪一种有用的信息，选用哪一种方法，是十分重要的问题。在易占中（无论是六爻预测法或梅花易数），有所谓的"不动不占"的说法。在奇门遁甲中也有类似的概念，这就是"灵机"之说。俗话说的"灵机一动"也是这个意思。在奇门遁甲中的"灵机"，是指根据人体的信息感应（指对于时、空、动、静、人、事、物的感应），把它作为推断的出发点。它的原理是，从人、事、物最初在人的大脑中反应的时间、地点、形状、数目、颜色等因素出发，配合相应的奇门推断方法进行预测。在预测时，要精神专注、灵活变通，不能拘泥呆板、心神不一或生搬硬套，这就全无灵机之灵可言。切忌采用了一种因素又取另一种因素。若取了一种因素预测不准，再取一种因素又不准，就不宜再推测。因为心绪不定是测不准的。在易占中也有这个要求，如《山水蒙卦》的卦辞："……初筮告，再三渎，渎则不告……"，也是这个道理。

对于人、事、物的预测，按照选取依据的不同，会有不同的方法和推断过程，选取得正确，预测的结果就会准。

例如，预测一个人的寿元、行运盛衰，应取此人的出生年、月、日、时来演布，接着再依据此人的父母、妻妾、子女、事业、钱财、健康等状况进行推测。

又如，预测事件的成败或物品的久暂，可以取事件发生的时间或得到物品的时间为依据。或者可以取最初见到或听闻到该事件或该物品的时间、方位作为依据。也可以把事件的性质或物品的形状（长、短、方、圆）、五色按其五行属性作为依据进行演布和推断。

以下是几种常用的方法。

1. 取时法

取时法是把时间作为依据进行推测。分别看年干、月干、日干、时干落在哪一宫，该宫与天盘、中盘、地盘之间是什么样的关系、哪一种格局。在年干、月干、日干、时干之中，年干为君、帅、主、父母。月干为臣、将、仕、兄弟、朋友。日干为自己。时干为妻妾、子女、士卒、奴婢。熟悉四柱推命术的读者可以看出，上述四个干的表征与四柱推命术不相同。在易占中也有用时间起卦法，是用年、月、日、时四者起卦，但年干、月干、日干、时干不论表征类象。

若天盘与年干相合得吉格，再得门生宫，或天盘星与地盘相合，则主国泰民安、边境安宁、君臣和谐、父子融洽、长辈福寿、晚辈康宁。

若天盘与年干合成凶格，或被冲、刑、克、制，则主四海兵戈，君主身心不宁，父母疾病缠身，骨肉刑伤，灾厄忧惊。

若月干得天盘相生或合成吉格，主有忠臣烈士，辅国安民，加官封爵，万事称心。又主兄弟和睦，贵喜临门，身安友助，求谋遂心。

若月干与地盘合成凶格，或被冲、刑、克、制，主有奸臣专权，欺君罔上，忠臣罢职，贤人受辱。又主六亲不和，兄弟相残，朋友反目，小人作祟。

若日干得天盘相生或合成吉格，或日干得八门生助，主官禄并臻，福寿齐旺，事业成功，化险为夷。

若日干与地盘合成凶格，或被冲、刑、克、制，主小人暗算，反福为祸，谋事不成，身遭困灾。

若时干得天盘相生或合成吉格，或时干得八门生助，主士卒精强，下属得力，妻贤子能。

若时干与地盘合成凶格，或被冲、刑、克、制，主妻妾矛盾，子女不和，父子成仇，奴婢或下属欺主。

六庚为白虎，最凶，若成格（凡六庚成格统称为庚格），或六庚加临于年干、月干、日干、时干之上，或年干、月干、日干、时干加临于六庚之上，要看六庚加临（或被加临）于哪一干，即可知其人吉凶。若是吉格则吉，若是凶格则凶。一般而言，庚临或临庚多主骨肉不和，己身危困。

2. 取位法

取位法是把方位作为预测的依据。看求测者居所的方位或来求测时落座的方位，或让求测者随意指定一个方向，看这个方位或方向落于地盘哪一宫，再看该宫与神盘、天盘、中盘之间构成什么格，或处于什么状态、关系（生助、比和、冲、刑、克、制）来判断吉凶。

3. 取数法

取数法是把数作为预测的依据。让求测者随意报一个数字，或以求测者本人看到某种事物的数量（往往由灵机决定），把这个数字除以九，余数是几，即落在第几宫。若该数字刚好被九整除，则看得到的商是几，即落在第几宫。然后再看神盘、天盘、中盘与该宫之间构成什么格，或看它们之间的生助、比和、冲、刑、克、制的关系来推断。

4. 取色法

取色法是将所测事物颜色的五行属性作为预测因子，由此确定落在哪一宫：

黑色为水，以坎宫与神盘、天盘、中盘之间的格局或关系（生助、比和、冲、刑、克、制）进行推断。

红色为火，以离宫与神盘、天盘、中盘之间的格局或关系（生助、比和、冲、刑、克、制）进行推断。

青色为木，若色浓，则落于震宫；若色淡，则落于巽宫。再根据这两个宫与神盘、天盘、中盘之间的格局或关系（生助、比和、冲、刑、克、制）进行推断。

白色为金，若纯白，则落于乾宫；若色淡，则落于兑宫。再根据这两个宫与神盘、天盘、中盘之间的格局或关系（生助、比和、冲、刑、克、制）进行推断。

黄色为土，若深黄，则落于坤宫；若浅黄，则落于艮宫。再根据这两个宫与神盘、天盘、中盘之间的格局或关系（生助、比和、冲、刑、克、制）进行推断。

三、预测要诀

1. 预测步骤

（1）以夏至、冬至为界限，确定当日用阴遁局还是阳遁局。

（2）根据当时的节气确定三元和第几局。

（3）根据当时的时辰确定值符、值使、值神。

（4）根据当时的时辰的时干确定值符合值神的位置，再根据时支确定值使的位置（需要转到活盘）。

（5）查看活盘上的吉凶格局。

（6）查看三奇、六仪、九星、八门、时干等是否入墓、是否处于旺相、休囚或长生之地。

（7）查看门、宫之间的迫、制、义、和等关系。

（8）查看门、宫、星、奇仪是否落空亡。

（9）分清动静、主客。

（10）确定预测结论和应期。

2. 生、克

（1）门和宫的生克

凡门和宫比和，主客皆和，主客相投。若合吉格、三奇，则万事大吉。若合凶格，须分别论之。

凡门生宫，为和。客生主。若合吉格，利主。若合凶格，须防暗计，审慎用之。

凡门克宫，且门临其宫，为迫。客伤主。若合吉格，利客。若合凶格，不利于客。

凡宫生门，为义。乃客强主弱。宜施恩布德，赏赐招安。

凡宫克门，为制。乃主强客弱。若合吉格，利主。行兵大胜，谋为有成。若合凶格，反招破败。

（2）天盘和地盘生克

若天盘星克地盘，凡谋为诸事多是非，忧惊不免。若地盘克天盘星，为主者百战百胜，有力。

（3）吉神和凶神生克

凡吉神生我，更吉。

凡凶神生我，不全凶。

凡吉神克我，吉事不为吉。

凡凶神克我，凶上加凶。

3. 空亡

若门、宫、星、奇仪落空亡，凶者不凶，吉者不吉。

若值符落空亡，必以出旬断之。

论空亡之法：

所谓空亡，即旬空。由于天干有十个，地支有十二个，故在六甲旬中必有两个地支会值空，此即空亡。甲子旬戌亥空，甲寅旬子丑空，甲辰旬寅卯空，甲午旬辰巳空，甲申旬午未空，甲戌旬申酉空。

在后天八卦图中，十二地支分别分布于：

坎卦：子；坤卦：未、申；震卦：卯；巽卦：辰、巳；

乾卦：戌、亥；兑卦：酉；艮卦：丑、寅；离卦：午。

预测当日所属的六甲旬中，必有两个地支值空亡。在预测时，从后天八卦图可知这两个地支位于哪一宫，则该宫落空亡，于是该宫中的星、奇仪自然也落于空亡，而且临该宫的八神、九星、八门，以及天盘中对应的奇仪也都落空亡。

例如，甲子旬戌亥空，若在乙丑日预测，亦是戌亥空。从后天八卦图知，戌亥居乾宫，故排出的局中，乾六宫及相应的八神、九星、八门、奇仪都落空亡。

4. 动静

凡占事，以静者用地盘（为主），以动者用天盘（为客）。

凡占事，若事未发而遇冲，则动；若事已发而遇冲，则散；若事未发而遇合，则成。至于吉凶，还需与星、门合看。

在预测时，对动者要着重看其动的方向；对静者，只要查看值符、值使目前的生、克、旺相、休囚等状态和格局。

5. 三盘应事

若预测出行、趋避等事，要着重看中盘，即着重看中盘上八门的生克状态。此时，门克宫者吉，宫克门者凶。

若预测修造等事，要着重看地盘，即着重看地盘上的九宫。此时，门生宫者吉，宫生门者亦吉，但不宜相克。

若预测国事、地区事、安宅、官讼、坟茔、求谋、名利、婚姻、行人、失脱、捕捉等诸事，均以地盘为主，着重看九宫，以天盘为客。

在预测事件时，三奇、九星、八门所应的顺序有先后。通常是三奇应在初期，九星应在中期，八门应在末期。

若预测我寻人，我先动，故我为客，他为主。以天盘为我，以地盘之星为他。若他人寻我，他先动，故他为客，我为主。以天盘之星为他，以地盘之星为我。

6. 入墓

奇仪、星、门的生、旺各个阶段，以及刑克、冲、旺相、休囚等各种状态在推断过程中十分重要。其中，入墓比较特殊，其余诸种都可以从其五行属性的生、克、冲等关系中一目了然，只有入墓与众不同。因为奇仪、星、门的只限于辰、戌、丑、未四个地支。相对于九宫而言，辰在巽宫，戌在乾宫，丑在艮宫，未在坤宫。因此，凡是奇仪、星、门临此四宫就为入墓，临其他宫没有入墓之事。

奇仪、星、门入墓的作用见前面关于它们的论述。

图 33　奇仪、星、门入墓图
注：时干入墓的癸未、戊戌、己丑这三个时辰在图中没有列出。

7. 应 期

根据奇门活盘中的神、星、门、仪、宫之间的各种状态和格，可以推断出人、事、物的吉凶结果。但是，吉凶应在何年、何月、何日、何时是通过定"应期"来解决的。

定应期的原则是先定地支的应期，再配以天干，就得到完整的时间信息。先定地支的原因在于：生、克、冲主要是由地支决定的。

凡遇相冲状态，则以相合的年、月、日、时定为应期。例如，甲子戊临离宫，子午相冲，根据子丑相合之理，应期定在地支为丑的年、月、日、时。

凡遇相刑的状态，也以相合的年、月、日、时定为应期。例如，甲戌己临坤宫，戌刑未，根据卯戌相合之理，应期定在地支为卯的年、月、日、时。

凡遇空亡，必以出旬填实之日为应期。例如，甲子旬戌亥空，临乾六宫，应期定为地支为戌、亥的年、月、日、时。

若不冲、不刑、不空，则需要根据天盘中六仪所带来的地支去确定其对应于哪一个地支。若所带来的地支逢冲，则以相合确定应期的地支；若所带来的地支逢合，则以相冲确定应期的地支。若所带来的地支既不冲又不合，则由星、门的生克关系定应期。凡星、门相生，则以相生之日为应期；凡星、门相克，则以相克之日为应期。用星、门定应期须分先后，值符之星的应期主先应，值使之门的应期主后应。

第九章　预测天象、年成

一、天象

测下雨

以天柱星为雨师，天英星为电母，天辅星为风伯，天冲星为雷公，天蓬星、壬、癸为水神，伤门为雷，休门为云雨，生门为风，杜门为电，景门为露，死门为水母，惊门为虹。然后根据天盘、地盘、值符、值使之间的生克关系推断。

测天晴

以天辅星为风伯，天英星、景门为火神。若它们临旺相之宫或克日干，则为天晴。

测下雪

以天柱星、天心星为主，若二星乘壬、癸，临兑七宫、乾六宫，则此二宫中的天干为应期。

测雷电

若天冲星、伤门临乾六宫或巽四宫，上又见螣蛇、朱雀、从魁、太冲者，则会有雷电（从魁为三月月将，太冲为九月月将，分别属于酉、卯位，见第七章第一节）。

二、年成

测庄稼丰收、歉收

若天任星临震三宫、艮八宫，主丰收；若临其他宫，主歉收。并以伤门为麦、以生门为谷，若螣蛇、朱雀临之，主旱；传送、神后临之，主涝（传送为四月月将，神后为十二月月将，见第七章第一节）。

测种植成活

以天冲星为花木，以天辅星为树木，若二者临旺相之宫为成活，若临休囚之宫为死，凡星、宫相生者，主成活；星宫相克者，主死。

测蚕桑

若三奇和三吉门临金木之宫（乾六宫、兑七宫、震三宫、巽四宫）为吉；若宫克奇、星为状况良好；若临金木之宫，但宫克门者，状况不利。

测蝗虫等灾害

若死门、伤门、杜门、惊门临日干之宫，主有虫灾。

测年成丰歉

以当年的立春日的日建演布，看天地二盘之间的关系而推断。看三奇和三吉门临何宫，再由九州分野确定该宫所指的地区（见第二章第三节中的九州分野）。凡奇和三吉门所临的地区主丰收，其余地区歉收。

第十章　预测前途

凡预测前途、财运、婚姻、产育、疾病、出行、军事、破案、竞赛等诸事，均需正确选择用神。用神这个概念在易占、四柱推命术中也都采用。例如，在四柱推命术中的用神是指在四柱或大运中能对日柱起辅助和补救作用的五行。在奇门遁甲预测中，用神的含义与易占中类似，是指预测的对象和主体。对于不同的人、事、物而言，预测的对象和主体是不同的。在预测中使用的八神、九星、八门、九宫、奇仪等诸多因素中，用哪一个因素来表征对象和主体，就是选择用神的目的。用神选择得正确，因此才会准确。否则就会张冠李戴，差之毫厘，谬以千里。

一、升学、投考

用神

以日干为考生，值符为主考，月干为副主考，天辅为监考，丁奇、景门为考卷、文章，值使为授课老师。

八神的作用

与预测其他人、事、物不同的是，在预测升学时，八神的作用相对而言较为重要。若值符旺相，且与所临之宫生合，则考试成绩较为理想，有把握被录取。若白虎（或勾陈）、玄武（或朱雀）生助日干，则考试成绩理想；若与日干相刑，则考不好。若日干与九天同宫，会金榜题名。若开门与九天同宫，成绩不会名列前茅。若杜门与九地同宫，会名落孙山。若景门与九地同宫，则虽然成绩不佳，但会被录取。

星、门、奇仪的作用

若八门不遇刑、克，且得九星、奇仪相生，会被录取。

若九星临旺相之宫，会被录取。

若弱星临旺宫，会被录取；若旺星临弱宫，难以录取。这说明关键在于宫的旺衰。

若星、门、宫三者互相生助，会被录取；若互相刑克，则难以录取。

格的作用

若天盘六戊加临地盘丙奇，或天盘丙奇加临地盘六戊，且无刑克，会被录取。

若天盘乙奇加临地盘六辛，或天盘六辛加临地盘乙奇，难以录取。

若得天遁、人遁、龙遁、虎遁四路，且生合日干，肯定会被录取。

若得三诈五假之格，会被录取。

若得三奇得使之格、玉女守门格，且值符、值使旺相，会被录取。

若得朱雀投江格，考卷的试题答不出来。

若得螣蛇夭矫格，答案的错误颇多。

若得天乙伏宫格、天乙飞宫格，考试后会招惹麻烦。

若得伏干格、飞干格，考场上会发生意外之事而影响考试。

若得奇格，评分和录取人员会做手脚。

若得刑格、悖格，要防止有人冒名顶替。

若太白入荧或荧入太白，难以录取。

若得五不遇时，难以录取。

若得六仪击刑之格，难以录取。

若逢反吟、伏吟、门迫，难以录取。

若遇三奇入墓、时干入墓、星门入墓等，或天网、地网，可能会被录取。

若值使为三吉门，生助日干，会被录取。

测报考大学、研究生，或参加全国竞赛

若年干生助丁奇、景门，且丁奇、景门得奇门吉格，主能考上一类学校，竞赛得第一名。

若年干生助丁奇、景门，但丁奇、景门不得奇门吉格，能考上普通学校。

若年干不生助丁奇、景门，但丁奇、景门旺相，可能考上代培生或旁听生。

若年干不生助丁奇、景门，且丁奇、景门反吟或入墓，则考学难以录取，或参加竞赛名落孙山。

若丁奇、景门克年干，又有五行相同的凶神（如螣蛇、朱雀等）临同宫，则不仅难以录取，反而会惹麻烦。

若日干上乘玄武，必是答卷错误太多而难以录取。

若日干得值符、月干生助，但落空亡，则考分虽高，仍难录取。

若日干、丁奇、值符皆落空亡或入墓，考分能上录取线，但不被录取。

测报考中等学校

若值符克日干，主招生的学校不来录取。

若值使克日干，授课教师因某种原因不推荐考生，使其不被录取。

若丁奇克日干，或日干克丁奇，且休囚、入墓，则是考题难度大，答卷不佳。

若值符、值使是指日干，且丁奇旺相，会考入高一级学校。

测参加县、区、乡级会考或竞赛

若天辅星生助丁奇、日干，又得奇门吉格，会得第一名。

若丁奇、日干临吉门，可能得第二名。

若日干得门不得奇，或得奇不得门，或者丁奇与日干比和，可能得第三名。

若丁奇值空亡，日干遇凶神凶格，只能得鼓励奖。

若天辅星克日干，丁奇休囚，则考试成绩很差，名落孙山。

二、官运

用神

以日干为求官之人或候选人；求文官，以开门为用神；求武官，以杜门为用神；开门为官印；若求人推荐保举，以甲子戊为求荐之人，以直符为推荐之人；若参加选举，以年干为中央级官员，以月干为上一级官员，以时干为选民；以值符为上级派来的官员。

八神的作用

八神的作用之一是论述职务和级别的。

以预测者落座之宫上乘何神而断：

若上乘直符，则主在党政机关或人事部门工作，多居首长之位。

若上乘螣蛇，则主在信访、接待、宣传部门工作。

若上乘太阴，则主在司法、纺织、商业、军工等部门工作。

若上乘六合，则主在行政机关工作。

若上乘白虎（亦指勾陈），则主在政法、武装、保险、卫生等部门工作。

若上乘玄武（亦指朱雀），则主在税务、工商、财贸、营运、水利等部门工作。

若上乘九地，则主在农林畜牧部门工作。

若上乘九天，则主在外交、外贸、交通、特派等部门工作。

八神的作用之二是论述其人到任后，该地或该单位会多出哪一类案件。此时以开门所临之宫上乘何神而断。

若上乘直符，将去出任之地的人民或单位的员工仁义，文化水准高，人才多。

若上乘螣蛇，将去出任之地或单位多有怪异之事。

若上乘太阴，将去出任之地的风俗不佳，易出奸淫之案。

若上乘六合，将去出任之地的人民多礼仪、淳朴、知书达理、便于领导。

若上乘白虎（亦指勾陈），将去出任之地多出凶杀、打斗等类案件。

若上乘玄武（亦指朱雀），将去出任之地多盗贼。

若上乘九地，将去出任之地或单位多为农业区或农林部门，且农林旺盛，庄稼高产。

若上乘九天，将去出任之地多商贾、经贸、涉外等类案件。

八门的作用

八门是论述出任的地区和方向的。以预测者落座之宫上乘何门而断。若乘凶门，只要得时令、旺相、且不受刑克，则还能任职。若居吉门，却受刑、迫，则任期内劳心劳力，而业绩平平，且遭同事抱怨，上司训斥，任期难长久。若乘吉门，又旺相，逢吉格，则业绩卓著，还会被提拔升迁。

出任的方向以开门论远近（因为开门是官印），若开门临内四宫，出任之地较近；若开门临外四宫，则出任之地必远。阳遁局一、八、三、四为内四宫，阴遁局九、二、七、六亦为内四宫，其余诸宫皆为外四宫。

出任的地点以部门论断，以北京为中心而论分野：

居休门，多在北方诸省。

居生门，多在东北诸省。

居伤门，多在东部省市。

居杜门，多在东南沿海诸省和台湾等地。

居景门，多在江南、华南诸省区。

居死门，多在西南诸省区。

居惊门，多在西部诸省。

居开门，多在西北诸省区。

此处所说的方位，与常规所言的华北、东北、华东、西北、西南、中南诸大区有所不同，此处均以北京为中心而论。例如，山西省在常规的区域划分属于华北，但相对于北京而言，它位于西方，乃惊门之位，而不是休门之位。而且，在推断出任的地区时，还应辅以其他因素（例如十天干）一起推断。

十天干的作用

十天干的作用之一是论述担任什么职务。需要根据十天干所临之宫的旺相休囚而定。若旺相又得奇仪生合，主为官清廉，政绩卓著，获得嘉奖提升。若休囚，又遇刑克，在任期内常遭非难，上司批评，部下不服，民众告状。若逢相合，则不受重用，难以升迁，但与人民的关系融洽。若比和，且旺相，则钱财丰盈，但切记不可多贪。

逢甲、戊，是副职代正，或掌主权的副职。且冀求的职务和部门会得到满足。

逢乙，是人事、教育、科技等部门的宣传官员。

逢丙，在高等院校、科研机构任职。

逢丁，为官期间有劣迹，会遭查办，故需求救，甚至弃官而逃。

逢己，在农、林、牧、商等部门任职。

逢庚，在政法、武装、监察、廉政等部门任职。

逢辛，在涉外或特派部门任职。

逢壬，在城建、市政、卫生、政法等部门任职。

逢癸，在水利、渔业，或近水、临海的部门任职。

十天干的作用之二是配合开门，辅助推断任所的方向。以开门所临之宫中的天干推断。推断的规则是：以北京为中心，乙奇主东方诸省，丙奇、丁奇主南方诸省，庚、辛主西方诸省份，壬、癸主北方诸省份，戊、己主中原诸省和北京市。

九星的作用

九星是论述其人具体主管什么事务的。若预测者落座之宫得年干、月干所临之宫相生，且该宫不被九星克制，再得落座之宫上乘的星旺相，则会不断地被提拔、官场遂意。若落座之宫与年干、月干所临之宫相刑克，成凶局，再有旁宫相克者，其人会被罢官，或在任期间与上司、同僚之间不和。

论断时，以落座之宫上乘何星推断：

若上乘天蓬星，主管水利、渔业、江河等事务。

若上乘天任星，主管林业、畜牧等事务。

若上乘天冲星，主管纺织系统。

若上乘天辅星，主管文教、卫生、宣传等事务。

若上乘天英星，主管人事、组织、外交、外贸、邮电、交通等事务。

若上乘天芮星，主管武装、保卫等工作。

若上乘天禽星，主管民政、福利、劳动保障等事务。

若上乘天柱星，任副手之职，主管政法、监察、廉政、信访等工作。

若上乘天心星，乃所在单位的第一号首长，统管全盘事务。

九宫的作用

九宫是论述官职的升降，也用来辅助推断其人在什么部门任职。推断时，看预测者落座第几宫，即按该宫的五行属性推理。若该宫自身旺相，或宫门相生，则官运亨通。若落入子孙宫（按"我生者子孙"的规则确定子孙宫），或遭刑、克、冲，则不仅不会升迁，反而会遭攻击暗算，降职被贬。

若居坎一宫，属水，在己酉丑三合金局的年、月、日会被提拔。

若居震三宫、巽四宫，属木，在申子辰三合水局的年、月、日会被提拔。

若居乾六宫、兑七宫，属金，在土的年、月、日会被提拔。

若居离九宫，属火，在亥卯未三合木局的年、月、日会被提拔。

若居坤二宫、中五宫、艮八宫，属土，在寅午戌三合火局的年、月、日会被提拔。

此外，九宫还用于推断在什么部门任职，根据预测者落座之宫的五行属性进行推断。

落坎宫，主管商业、财贸、水利、交通。

落坤宫，在直属机关供职。

落震宫，在科教、文化、卫生、宣传及服务部门供职。

落巽宫，在申子辰三合水局时被提升；在巳酉丑三合金局时被降职。

落中五宫，在四季土之月，或土的年、月、日会被提拔。

落乾宫，在寅午戌三合火局时倒霉，甚至遇难，在亥卯未三合木局时不祥，运气不佳。

落兑宫，主管政法、监察、廉政等工作。

落艮宫，主管商业、外贸、林牧工作。

落离宫，在组织、人事、民政或工业部门供职。

由前所述，八神、十天干、九星、九宫都被用来推断在什么部门任职（当然，它们还各自被用来推断其他项目）。在实际应用时，不能生搬硬套，要灵活应用，把这几个因素与预测者的实际情况综合起来推断。

吉凶格的作用

吉凶格是论述任职期间的吉凶状况的。

青龙返首：主升迁，福禄深厚。

白虎猖狂：主仕途不吉。

青龙逃走：任期内会发生蹊跷怪异之事。

天遁、地遁、人遁、风遁、云遁、龙遁、虎遁、神遁、鬼遁：主退出官场。

三诈：求人推荐保举会遂心愿。

五假：主挂冠离职报平安。

三奇得使：若再遇禄神（乙禄在卯、丙禄在巳、丁禄在午），多主升官提拔。

玉女守门：任期不称职。

螣蛇夭矫：任职之地会有变动。

朱雀投江：不断被人上告。

飞干格、天乙飞宫格：同僚之间意见多分歧，不团结。

荧入太白：须防贼寇。

太白入荧：会有灾殃。

五不遇时：任职后很难调动。

六仪击刑、天网、地网：谨防有伤灾。

凡是入墓（三奇入墓、时干入墓、星门入墓）：任职期内职位不顺，业绩平平。

反吟、伏吟、门迫：官运甚差。若日干遭刑克，无法还乡；反之，若日干旺相有助，会被提升，若遇吉门，福禄深厚。

分项推断

预测是否升官

根据开门所临之宫与日干所临之宫之间的关系推断。若开门所临之宫生助日干所临之宫，再得奇门吉格者，不久就会被提升。若日干所临之宫不得奇门吉格或吉门，升迁会推迟。若日干所临之宫休囚，又无其他宫来生助，则不会被提升。若日干所临之宫受刑、克，主目前的官运不利，很难提升。

预测求人推荐保举能否成功

若直符所临之宫生助甲子戊所居之宫和值符所临之宫，则主推荐人一定会出面举荐；若不是生助关系，则不会出面举荐。

预测提拔自己的贵人

若欲被提拔者是文官，则看开门，是武官则看杜门。若此二门（不是二门同时，而是一门）自乘旺相，再得三奇，或时令生助日干者，一定会被提拔。若是太岁生助日干，必是被中央级官员或上级机关的一把手来提拔。若是值符生助日干，则是上一级官员保举。若月建生助日干和开门（文官）或杜门（武官），则是同级官员保举。若开门（或杜门）旺相，或得到生助，或得奇门，会被迅速提拔，若得奇不得门，则主只加官衔而级别不升。

预测提升的时间

根据开门的状态来推断（因为开门是官印），凡是在位日久，尚未提升，预测何时会被提升者，若开门临旺相之宫，并三奇合吉格以及月建来生助，则最近定会提升。若虽有吉格，但不旺相，或者虽旺相，却不成吉格，且月建不生助者，不会被提升。若是武官，则以杜门论之。

预测谒贵、拜访上级首长

以日干所临之宫为前往拜谒之人，根据天盘甲子戊好开门所临之宫推断（若被拜访之人尚未到任或已退位，则不必看开门所临之宫）。若甲子戊所临之宫、开门所临之宫旺相，再有奇门吉格生助生助日干之宫者，去了必能相见，且会得益，所求之事会称心遂意。若开门所临之宫、甲子戊所临之宫与日干之宫比和，去了能相见，但要久等。若开门与甲子戊临同一宫，前往拜谒之人正在会客，要稍等。若开门所临之宫、甲子戊所临之宫入墓，去了见不到。若开门所临之宫、甲子戊所临之宫受克制，被拜谒之人正有忧愁烦恼之事，不予接见，见了也没有好处。若开门所临之宫、甲子戊所临之宫克日干之宫，被拜谒之人心情不佳，去见了会碰一鼻子灰，不如不去。

若去拜谒的是武官，则把上述的开门换成杜门，余同。

预测被贬职的原因和情况

也是根据开门（文官）杜门（午官）的状态推断。若此门受克，则必被贬。若是反吟格，则是调任。若此门落空亡，则是撤职。若此门入墓，则不但被降职，还会受惩罚。若太岁克制此门，则是中央一级官员或顶头上司来处理。若月干克此门，则是同僚或部下弹劾、举报所致。若直符来克此门，则是上级领导来处罚。若是螣蛇来克此门，则是被别人牵连而受害。若太阴来克此门，会被罢官。若六合、白虎（勾陈）来克此门，则是因为贪污腐化等问题而被贬谪。若玄武（朱雀）来克此门，是因失密、偷盗或盗贼牵连等事而被处分。若九地来克此门，会因地产等事而被处分。若九天来克此门，是因为外贸、出差等事而被处分，而且可能被调离。

若开门、杜门乘旺相，又得生助或三奇吉格，则可任凭风浪起，稳坐钓鱼船，上述种种弹劾、举报对你无妨。

预测新任官员的品性

以开门为官员，开门所乘之星为官员的品性。若开门乘吉星，则是好人；若乘凶星，则是恶人。

若乘天蓬星，此人好淫好盗。

若乘天芮星，此人贪婪心毒。

若乘天冲星，此人性急，办事雷厉风行。

若乘天辅星，此人文明有教养，知书达理，计谋深远。

若乘天禽星，此人忠厚老实，待人亲切。

若乘天心星，此人正直善良，处事果断，有大将风度。

若乘天柱星，此人奸诈狡猾，欺上瞒下，为官不正。

若乘天任星，此人仁慈善良，体恤民情。

若乘天英星，此人热心肠。

此外，根据开门落在内四宫或外四宫，以及十天干表征的方向分野，推断此官员的籍贯。详见本节前面关于八门、十天干的论述。

三、个人命运、六亲

用神

凡是预测人生命运及性格，根据求测者落座之宫及日干推断。凡预测六亲以及与本人有关系者，以地盘年干为父母，以地盘月干为兄弟姐妹，以地盘日干为求测者本人，以地盘时干为子女。若求测者是男性，以乙奇、丁奇所临之宫为妻、妾；若求测者是女性，以天盘六庚所临之宫为丈夫。

八神的作用

八神用于推断人生命运和性格，根据求测者落座之宫和日干所临之宫的状态推断。

若上乘直符，主命运强盛，气势轩昂，靠山稳固，后盾坚强。

若上乘腾蛇，主此人语言圆滑，口是心非，奸诈狡猾，欺上瞒下，或者常有惊恐之事。

若上乘太阴，会遇小人暗算，办事迟缓，或深谋远虑，有成大业之才。

若上乘六合，一生有亲朋照顾，遇事会得到帮助，性格平和，慈祥温柔，易动感情。

若上乘白虎（亦指勾陈），一生多事，多波折起伏，性格果断大胆，不畏强暴，多以武事为职，若为官，职权易得亦易失。

若上乘玄武（亦指朱雀），一生多词讼、是非，巧辩能文，但要谨防上当被骗。

若上乘九地，一生多险阻，办事易中途失败，性格大度，多计谋，但易流于阴险叵测。

若上乘九天，一生奔波流徙、辗转四方，性格轩昂大方，但爱虚张声势。

八门的作用

八门是预测人生作为的，根据日干所临之宫居何门而断。若日干之宫得生助，又乘旺相，则谋为遂意。若逢刑、克、入墓，则一生不如意。

若居休门，宜从事接待工作，操办丧葬等的规格、礼节等刻板少变的事务。

若居生门，宜经商谋利，教育子女。不鸣则已，一鸣惊人。

若居伤门，宜捕猎狩山，或处理不公之事。

若居杜门，宜供职于工商、检察、海关、税务等部门，或安分守己，从事秘密工作。

若居景门，宜从事文秘，写作，伺候长官，或收集消息。

若居死门，宜从事公安刑侦，收积财货。但要谨防发生缢死之事。

若居惊门，宜从事司法工作。若练武，会声名大振。

若居开门，宜驾驶，远行。图谋大业经商谋利。

十天干的作用

十天干是预测六亲的身世、谋为的。若年干、月干、日干、时干皆旺，又乘值符、值使者，主人财两旺、吉利永昌。十干的表征如下：

甲：父辈、师辈是名人君子。

乙：兄弟姐妹从事艺术工作会扬名。

丙：儿侄辈是诗人墨客。

丁：女儿、孙女从事外交、公关或媒妁、中介人等职业。

戊：妻妾身体强壮。

己：妻、奴婢务农或做工。

庚：祖父辈是将帅或武官。

辛：祖母辈是陶冶行业的工匠或手艺人。

壬：母辈从事车船、旅店业或是产婆。

癸：姨辈多学多才，可能是学者或参谋。

九星的作用

九星用于预测人物面貌及性格，根据日干所临之宫的旺相休囚状态，以及上乘什么星来推断。

若上乘天蓬星，此人粗眉大眼，勇敢果断，处事冷静。

若上乘天任星，此人身材矮小，背驼或微有跛足。

若上乘天冲星，此人五官清秀，能言善辩，身材高大，道貌岸然。

若上乘天辅星，此人清秀漂亮，文雅大方，能说爱唱，谦虚和顺。

若上乘天英星，此人眉清目秀，鬓发脱落，性格暴躁。

若上乘天芮星，此人黑矮肥胖，有忍耐性，办事固执。

若上乘天禽星，此人端庄稳重，正直忠良，处事谨慎细心。

若上乘天柱星，此人面方色暗，心胸狭窄，阴险狡诈。

若上乘天心星，此人面方色白，潇洒大方，性格果断，能言善辩，深谋远虑。

九宫的作用

九宫用于预测此人的事业成败，根据日干所临之宫，或者求测者所居的方位所临之宫的旺相休囚状态来推断，往往用后者的居多。凡该宫得令旺相者吉，失令休囚者凶。

临坎宫，若得令旺相，主财名双收；若失令休囚，主此人是风流荡子。

临坤宫，若得令旺相，主富厚发家；若失令休囚，主奔波流离，居无定所。

临震宫，若得令旺相，主此人聪明，但为人虚诈；若失令休囚，主此人做事有始无终，半途而废。

临巽宫、中宫、乾宫，凡逢得令之节气者旺相，主事业有成，反之则凶。

临兑宫，若得令旺相，此人威名服众；若失令休囚，则刑克险恶。

临艮宫，若得令旺相，主做事不顺，会有阻隔；若失令休囚，此人为人固执，行事迟滞。

临离宫，若得令旺相，此人眉清目秀，文墨俱佳；若失令休囚，此人诡计多端。

吉凶格的作用

吉凶格用来预测此人的祸福和寿元。

若螣蛇下临开门，主有口舌之福；若下临休门，须防灾难降临。

若白虎、天柱星、惊门三者相遇，会有凶械格斗之祸。

若玄武与杜门或景门相遇，主周围环境喧闹嘈杂。

若太阴临乾、兑二宫，有裸体之忧，须防灾祸。

若白虎临震宫，公事有忧；若临艮宫再加六庚，门户有被毁之虞。

若九天遇开门，主早年行运得势。

若九地临杜门或死门，主乐不长久，终会生哀。

凡十天干得时令者，主兴旺发达，超群统众。

甲遇乙，一帆风顺；乙遇庚，相得益彰；丙遇辛，宜于施威；丁遇壬，为人谄媚卑下；戊遇癸，争斗不止，言语须谨慎。

青龙返首：主事业美顺。

飞鸟跌穴：主声名显扬。

凡遇天遁、地遁、人遁、风遁、云遁、龙遁、虎遁、神遁、鬼遁：主此人有权变之才。

三诈五假：主有周旋之才。

三奇得使：主内外有助。

玉女守门：主出入亨通。

螣蛇夭矫：主做事不稳，易有虚惊。

朱雀投江：主音信遗失。

伏干格：主出门会遗失财物。

飞干格：此人的为人特要强，易自伤。

伏宫格：须防盗贼。

飞宫格：主事业消亡。

大格、小格：主谋为不利。

刑格、悖格：主祸自内生。

太白入荧：须防外敌。

荧入太白：主盗贼自亡。

青龙逃走：主自身有灾。

白虎猖狂：主财物有殃。

五不遇时：凡举事，易受克制。

天网、地网：出入须谨慎，凡事要有提防之心。

六仪击刑：定有灾难降临。

三奇入墓：图谋之事不会成功。

反吟、伏吟：谋为多不利。

门迫：不祥之兆。

分项推断

预测人的临时行运，根据来人落座之宫和日干所临之宫的状态推断。若落座之宫得奇门吉格者吉，日干之宫得奇门吉格者亦吉。若二宫都合奇门吉格，且旺相，必有奇遇横发。若二宫入地盘的库、墓，主百事不利，且有难忍之气。若落空亡，主百事不成。若乘死门，主死。若乘伤门，主病。若乘惊门，主口舌词讼。若乘景门，主血光、火灾。若乘杜门，主做事忧疑受阻。若乘开门，主见贵或晋升。若乘休门，主进谒。若乘生门，主发财得喜。

人生的贵贱贫富，根据一个人出生的四柱之格局推断，以年干为父母，月干为兄弟姐妹，日干为自己，时干为子女。男占，以乙、丁所临之宫为妻妾；女占，以六庚所临之宫为丈夫。

四干之中，凡某干旺相得奇，则此干表征之人富贵荣华；若休囚墓绝，主贫贱苦寒。

若天盘六庚临乾宫，主父早亡；临坤宫，主母早亡。若天盘六庚临官鬼宫、兄弟宫，主与兄弟姐妹关系不好。（日干为自己，再按照"克我者官鬼，比和者兄弟"的规则，由地盘中的天干与日干之间的关系确定官鬼宫和兄弟宫。）若天盘六庚临时干，主儿女少，且难养。

生门为家财。若生门得奇，主产业丰足。若生门与天盘六庚相遇，主背井离乡。若生门临外四宫，而日干临内四宫，则必须迁居他处才能富起来，否则，即使祖业丰厚，自己也用不上。若生门和日干都临内四宫，主一生安享富贵。若生门和日干都临外四宫，需出外才得发展，若生门临内四宫，日干临外四宫，祖业难容。

若日辰落空亡，而时辰落空亡对冲之宫（即"日逢孤独，时逢虚"），主少年时无依无靠。若时辰落空亡，而日辰落空亡对冲之宫（即"时逢孤独，日逢虚"），主老来孤单。

若日干临墓绝之宫，主一生愁眉不展。若日干被冲克，会是乞食之命。若日干所临之宫得飞鸟跌穴或青龙返首之格，主此人必能出人头地。

若天辅星旺相又得奇门。主此人乃辅国贤臣。若天冲星旺相，且所居之门生助所临之宫，此人为武将，威震边关。若天禽星居中宫，且旺相得奇，此人乃一方父母官。若天英星居右弼正位，且得奇门者，此人乃国家元勋。若天柱星得奇门，此人乃高级幕僚、廉政官员。若天心星居中宫，此人乃医药卫生官员。若天任星旺相得地，此人乃农林部门的长官。若天芮星失令不得地，又逢奇门，此人乃乱世奸雄。若天蓬星居中宫又得奇门，此人乃叛君之贼。

若开门得奇，乃文职人员。若伤门得令旺相，乃武将。若生门得奇，乃百万富翁。若景门得奇，乃此人温文尔雅。若惊门得奇，乃好辩之人。若死门得奇，乃司法人员。若休门得奇，乃军队的长官。若杜门旺相得地，乃巡警之类。

若星门相合，主富贵，若不相合，乃平民百姓；具体而论：若开门和天心星旺相，乃文职高管；休囚，乃普通手艺人。若休门和天蓬星旺相，乃军人；休囚，乃贼人。若生门和天任星旺相，主田地富足；休囚，为替人耕种的雇工。若伤门和天冲星旺相，乃将官；休囚，乃马弁之流。若杜门和天辅星旺相，乃一介寒儒；值墓绝，乃僧道。若景门和天英星旺相，主地位贵显，有威烈之表；休囚，仅为劳碌之人。若死门和天芮星旺相，可能是县令、乡长；值墓，为孤穷之人。若惊门和天柱星旺相，乃高参一类的文官；休囚，仅是耍嘴的市侩之流。

凡预测人的年命吉凶，以求测者的时辰和求测者所居之方或落座之宫合而推之，若得奇门吉格，则吉，反之则凶。

预测人的寿元

用人的四柱排局，以九十为一轮，每一宫为十年，看天冲星所临之宫与死门所临之宫的远近宫数来定寿元。

若一生平常，无旺无吉，则根据休囚之气推断。

又法：仍用人的四柱排局。男从天冲星开始顺排，女从天柱星开始逆排，看至死门相隔几个宫，第一个宫十年，其余的每一宫一年，以四维之宫为两年，直至生日干所落之宫为全部寿数。若年命日干旺相，又逢奇，可再推第二轮。

第十一章　企业和个人财运

每个企业都有企业的财运，每个人也有自身的财运。而企业是由人来经营管理的，因此，一个企业的财运与个人的财运有很大的关系。一方面，如果一个企业的董事长、总经理、老板、业务负责人的财运好，他所经营的企业和具体业务的收益就会高，公司的财运就佳；另一方面，企业的财运好，企业的每个员工的收入也就相应提高，个人的财运也随之而好。这或许就是企业和个人的财运之间的辩证法。根据笔者多年从事传统文化预测的经验，企业的财运是离不开每个具体人的财运的。这是笔者把二者放在一起讨论的原因。

一、财运

用神

凡商店预测生意如何，以生门为用神，以日干所临之宫为求测者，时干为商店内的职工，以值符为上级领导或投资方。

凡工厂、矿山、大公司预测前景如何，以生门所临之宫为盈利，生门所乘之星为用神，时干为工人或职员，年干为上级部门或董事会，月干为同行业竞争者。

凡普通贸易公司预测前景，以甲子戊为资本，生门为利润。

凡合伙经营，宜日干所临之宫为我方，时干所临之宫为合伙方，甲子戊为资金，生门为利润，六合为中介方。

凡采购人员预测，以天盘日干为采购人，地盘日干为供货方，时干所临之宫为货物，甲子戊为资本，生门为利润。

凡推销人员预测，以甲子戊为用神，生门为前往推销之方，值符为销售员，六合为中介方。

凡私营小企业预测，以日干为老板，甲子戊为资本，生门为利润。

凡房地产业经营预测，以日干为经营者，值符为买方，生门为供出售的商品房，死门为土地，死门所乘之星为土地的买主。

八神的作用：

八神是论述经营的成败状况的。若求测者落座之宫逢旺相、长生之地，经营者会成功；若休囚，则会失败。还要看八神在其中的作用。

若值神（即当值的八神，下同）是直符，宜做老板，指使别人。

若值神是螣蛇，经营时要小心，中途会出差错或生意有变，导致口舌、官司。

若值神是太阴，宜出谋划策，暗中行事，会有地下走私之事。

若值神是六合，只宜做中介人，买空卖空，若六合休囚，行事迟缓，难成。

若值神是白虎（含勾陈），宜贩卖活口之物，或从事屠宰，或经营医疗药品、枪支弹药。

若值神是玄武（含朱雀），宜贩卖酒、油、酱醋之类或鱼类水产品，但要防止丢失、腐烂变质、假货等事。

若值神是九地，宜从事收购或仓储业。

若值神是九天，宜长途贩运，或贩卖金属、车辆之类的货物。若逢生合，生意遂心；若逢刑克，则生意难成功。

八门的作用：

八门是论述求财的方向的。而且，所临的若是吉门，又无克制，则生意可成；若吉门旺相，又得地盘之宫相生，则主利润丰厚；若虽是吉门，但受刑克，则主无利可图。

若临休门，求财之方是北方，近水，或地名中有带水偏旁的字。

若临生门，求财之方是东北方，或地名中有带土、门、山、石、岗偏旁的字。

若临伤门，求财之方是东方，或地名中有带木偏旁的字。

若临杜门，求财之方是东南方，或地名中有带禾偏旁、草头的字。

若临景门，求财之方是南方，或地名中有带火偏旁或下面带火的字。

若临死门，求财之方是西南方，或地名中有带土偏旁的字。

若临惊门，求财之方是西方，或地名中有带金、玉、缶、皿偏旁的字。

若临开门，求财之方是西北方，或地名中有带金、玉偏旁的字。

九星的作用：

九星之中，天冲星是禄存星，即财星，所以凡是求财，主要看天冲星的状态。

若天冲星落空亡，即使劳心费力，也难以达到目的。若天冲星落入受克制之宫（乾六宫、兑七宫），又有景门相助（景门属火，火克金、乃门迫），亦难得财。若天冲星落入兄弟宫（巽四宫），能得财。但会因为财而发生争执或诉讼。若天冲星落入长生之宫，前去求财必然可得。

吉凶格的作用：

若逢青龙返首、飞鸟跌穴，主财富唾手可得。

若逢白虎猖狂、青龙逃走，难得财。

若逢九遁（天遁、地遁、人遁、风遁、云遁、龙遁、虎遁、神遁、鬼遁），需有计谋和应变之能，则可得财。

若逢三诈五假，经设计后可得财。

若逢三奇得使，会有中介人效力而获利。

若逢腾蛇夭矫，人情关系会出现反复。

若逢朱雀投江，主销售无利可获。

若逢天乙飞宫、天乙伏宫，需易地经营。

若逢大格、小格，难以获利。

若逢刑格、悖格，正在经营的生意不要再进行下去，应尽快抽身退出。

若逢荧入太白，宜购进货物。

若逢太白入荧，宜把货物售出。

若逢五不遇时，再努力下去也白费心机。

若逢六仪击刑，此处的生意难以成功。

若逢入墓、天网、地网，主得不到利润。

若逢反吟、门迫，钱财留不住，不免耗散破财。

若直符与三才相合，宜做老板，可获利。

若不遇鬼劫，终可发财。

分项推断

预测商店进货或厂矿采购原料：

以日干所临之宫为买货单位，时干所临之宫为欲购进的货物或原料。

若时干之宫旺相，再得奇门吉格，主所购之物优质上乘。

若时干之宫生助日干之宫，凡进货，不论货好货坏，均有利可图。

若时干之宫克日干之宫，或值墓绝、落空亡，则不论货好货坏，均无利可图。

预测企业的购销业务：

以日干之宫为货主，时干之宫为货物，甲子戊之宫为资本，生门之宫为利润。

若日干之宫生助时干之宫，乃人恋货，卖方不愿意出售。

若时干之宫生助日干之宫，乃货恋人，不能出售。

若时干之宫生助甲子戊之宫及生门之宫，会有利润。

若时干之宫克甲子戊之宫及生门之宫，则无利可图。

若时干之宫乘凶神、合凶格来冲克日干之宫，主破耗损失，会亏本。

若日干之宫克时干之宫，则虽然买主急用，但货物的成交甚迟。

若时干之宫克日干之宫，且时干之宫得奇门吉格，则成交迅速，有利润；若时干之宫乘凶神、合凶格，则虽能成交，却无利润。

预测合伙生意、股份企业的前景：

以日干之宫为我，时干之宫为合伙人。

若时干之宫得奇门吉格来生助日干之宫，主合伙对我有利。

若日干之宫得奇门吉格去生助时干之宫，则对合伙人有利，对我无利。

若日干之宫与时干之宫比和，则合伙公平合理，双方无猜忌之事。

若时干之宫乘凶格克日干之宫，则对我有害无利，要谨防上当，切不可为。

预测中介人买空卖空：

以六合为中介人，日干之宫为买主，时干之宫为卖主。

若日干之宫生助时干之宫，是买主愿意成交。

若时干之宫生助日干之宫，是卖主愿意成交。

若日干之宫克时干之宫，是买主不要货。

若时干之宫克日干之宫，是卖主不卖货。

若时干之宫与日干之宫比和，则两家公平交易，能成功。

若日干或时干中有一干落空亡，则交易不成。

若日干生六合，是买主对中介人有利；克六合，对中介人无利。

若时干生六合，是卖主对中介人有利；克六合，对中介人无利。

若二干皆克中介人（六合），此时肯定二干比和，则买卖能成交，成交后双方将中介人甩掉，使之得不着中介费。

预测开办工厂或加工产品：

以甲子戊之宫为资本，生门为利润。

若生门之宫得吉格，且生助甲子戊之宫，则一定会获倍利。

若甲子戊之宫与生门之宫比和，则利润中等。

若生门之宫乘凶神凶格，且克甲子戊之宫，则必然蚀本。

若甲子戊之宫生助生门之宫，需要增加资本，但可得利润。

若生门值墓绝，又得凶格，必会耗尽资本，仍难获利。

预测商店、旅店、餐厅等坐地经营前景：

以日干所临之宫为经营者，然后根据开门的状态推断。

若开门旺相，又得奇门吉格来生助日干之宫，可获大利。

若开门之宫与日干之宫比和，不受克制，为次吉。

若开门入墓、反吟、落空亡，则经营不利。

若开门之宫乘凶神凶格来冲克日干之宫，破耗蚀本，无利可图。

预测工商企业的生意利润和前景：

以甲子戊所临之宫为资本，生门所临之宫为利润。

若甲子戊与生门落于内四宫（阳遁一、八、三、四，阴遁九、二、七、六），则得财之地较近，且来财迅速。若再得奇门吉格，获利甚厚。

若得门不得奇，或得奇不得门，则获利甚薄。

若不得门又不得奇，有财亦难求。

若生门落空亡、值墓绝，但不受地盘之宫克制，虽可获利，甚少。

若甲子戊与生门所临之宫一内一外，则获利迟缓。

若二宫均落于外四宫（阳遁九、二、七、六，阴遁一、八、三、四），必是千里外求财。

若二宫都落空亡，值墓绝或反吟，再有凶神凶格者，必定破产或招是非，有灾殃。

二、借贷、求财

　　凡预测借贷：以前往借贷之方的天盘之星为求借之人，以天盘之星所临地盘之宫为放债之人。若地盘宫生助天盘星，必能借到。若二者比和，也能借到，但出借之人迟疑不决。若地盘宫克天盘星，不仅借不到，反受羞辱。若天盘星克地盘宫，虽能借到，但出借之人不甚情愿，有迫不得已之嫌。若天盘奇仪入地盘的墓库，出借之人吝啬，不肯借予。若天盘奇仪落空亡，乃出借之人确实没有，不必去借，去了也是白跑一趟。

　　凡预测讨债：以值使所临之宫为欠债人，白虎（含勾陈）所临之宫为讨债人或被委托讨债人。

　　若白虎（含勾陈）所临之宫克值使所临之宫，则讨债人或被委托讨债人是真心实意地去讨。

　　若值使所临之宫克白虎（含勾陈）所临之宫，是讨债人或被委托讨债人惧怕负债人而不敢去讨。

　　若值使所临之宫生助白虎（含勾陈）所临之宫，是被委托讨债人收受了负债人的贿赂而不肯去讨债，即使去了也不真心讨。

　　若值使所临之宫旺相，且生助值符所临之宫，则一去讨债，立即归还。

　　若值使所临之宫落空亡，且生助值符所临之宫，则负债人只是口头认账，但无力偿还。

　　又法：以伤门为讨债之人，天乙为欠债之人，然后根据二者的生克关系推断。

　　又法：以天乙所临之宫为讨债之人，以白虎（含勾陈）所临之宫为欠债之人，然后根据二者的生克关系推断。

　　注：天乙者，乃值符所临地盘宫中的星。

　　凡预测放债：以值符为放债人，以天乙为借债人。若天乙旺相，且生助值符，乃有借有还。若天乙乘凶格，乃借后不还。

　　凡预测个人求财：以时干为用神，若克值符，且值符所临之宫有三奇，乃有财星之兆，若又得令旺相，主得财；若休囚，则不得财。以天蓬星为例，若天蓬星当值，又符合上述得财的条件，宜往北方求财，若是在冬天，则有十分财；在春天，有五分财；在夏天，有三分财；在秋天，仅一分财。其余诸星以此类推。

　　若时干克值使，且值使所临之宫旺相得奇，亦主得财。若值使是开门，宜往西北方得贵人之财；若是休门，宜往北方得富家之财；若是生门，宜往东北方得田土之财；若是伤门，宜往东方得林木、庄稼之财；若是杜门，宜往东南方得器皿之财；若是景门，宜往南方得酒食之财；若是死门，宜往西南方得丧亡之财；若是惊门，宜往西方，虽有惊恐之事，但仍可得财。

第十二章　婚姻、产育

一、婚姻

用神

凡预测婚姻，以六庚为男方，以乙奇为女方，六合为媒妁，丁奇为插足男方的第三者女性，以丙奇为插足女方的第三者男性。

八神的作用：

直符是婚主；腾蛇是有人唆使；太阴是男女情深；六合是婚媒礼物；白虎（含勾陈）是中间有阻，又有刑克；玄武（含朱雀）是有人说合，但有奸诈欺瞒；九地是婚事阻滞，男家和女家距离较远；九天是男方欢悦，气宇轩昂。

若上乘太阴、六合，则婚姻美满。若二者又得旺相，或得生助，则婚后和合美满，幸福康乐。

若上乘腾蛇、朱雀，此桩婚事乃媒妁从中作祟，欺男瞒女，两相哄骗。

若上乘白虎（含勾陈），婚事肯定难成，即使成，男女中会有人早亡，中途丧偶。

若上乘九地，婚事能成，但迟缓。

若上乘九天，婚事很快会成，还可能外出旅行结婚。

若上乘玄武，要谨慎小心，内中有诈，或者一方会在婚后拐子掠财私奔而去。

若上乘直符，最为吉利，美满称心。

八门的作用：

八门论述婚姻的方向、成败，以及对方的年龄。若二者相合不克，定成好事。若休囚空亡，则是枉费心机。

若居休门，男方是中男，性格迟钝呆滞。

若居生门，男方是少男，与女方的年龄不等往往会是男小于女。

若居伤门，男方是长男，男家容易变更。

若居杜门，女方是长女，女方头发稀少、色浅，往往会背信于男家。

若居景门，女方是中女，聪明伶俐，虚诈奸猾，能说会道，但不太守信。

若居死门，往往是母亲辈的女性蛮横无理，多方刁难。

若居惊门，女方是少女，年龄小于男方，但患有疾病。

若居开门，主事的是父辈，并看重女方的嫁妆。

十天干的作用：

十天干是论述男女相貌和婚姻琐事的。若十个天干之中，三奇入墓或六仪击刑，则主婚事不吉。若男女正合，则主婚姻美满；若男女偏合，也能顺遂（注：所谓"正合""偏合"是看十干的阴阳和合）。

甲：男方家长清正敦厚。

乙：媒妁或对方母辈清秀漂亮。

丙：对方性格急躁。

丁：媒人端正柔顺。

戊：对方知书达理。

己：女方敦厚温柔。

庚：对方祖上不正，奸诈狠毒。

辛：女方善于言谈，可能是二婚。

壬：对方的母辈乖刁难处。

癸：宜用于定婚姻，又表征婆母。

九星的作用：

九星是论述男女双方的长相性格的，也论及富贵贫贱。需按时令、旺、刑克等状态综合论之。

天蓬星：脸黑个矮，阴部、肾、膀胱、妇科等部位有病。

天任星：性格怪僻，相貌丑陋，面色较黄。

天冲星：个子瘦高，声音洪亮。

天辅星：富厚端庄，才貌兼备。

天英星：声音洪亮，面色微红，面部有雀斑或小斑点、小麻点。

天芮星：面部有黄黑斑，腰粗背厚，稍驼。

天禽星：端庄稳重，面目秀丽，体态微胖。

天柱星：清瘦俊丽，面白声突。

天心星：男性气宇轩昂，女性漂亮秀丽，多才多艺。

九宫的作用：

九宫按五行的三合局论婚姻的成败，兼论对方的面貌、形态、状况。

若当时的年、月、日、时合得申子辰水局，或临坎宫，对方往往淫荡风流。若得令旺相，或得吉门生合，对方漂亮貌美、贞静贤淑、婚姻和合；若失令休囚或遭刑克，或反吟，则主勉强成婚，婚后坎坷不平。

若当时的年、月、日、时合得寅午戌火局，或临离宫，再若得令旺相，则主男才女貌，聪慧漂亮；若失令休囚或受刑克、入墓，则主婚后分道，或一方夭折，或一方有残疾。

若当时的年、月、日、时合得亥卯未木局，或临震宫、巽宫，再若得令旺相，则主女方清秀贤淑，仪表风采，男方聪明大方，体态丰满；若失令休囚，或受刑克，则主婚后淫荡不羁，或得暗疾伤残，行动不便。

若当时的年、月、日、时合得巳酉丑金局，或临乾宫、兑宫，若得令旺相，对方家庭富有，出身名门望族，且此人聪慧俊秀，婚后夫妇和谐，鸾凤和鸣；若失令休囚，或受刑克、落空亡、入墓，则主对方面目丑陋，或者婚后因有一方早夭而孤寡。

吉凶格的作用：

吉凶格是用求测者落座之宫的格局为依据，论述婚姻吉凶。

逢龙返首，男方会是乘龙快婿。

逢飞鸟跌穴，女方是富贵人家千金。

逢天遁、人遁，主夫妻齐眉，相敬相爱。

逢白虎猖狂、青龙逃走，主夫妻两相伤。

逢三诈五假，会续弦、填房。

逢三奇得使、玉女守门，女方英强。

逢螣蛇夭矫，女方非良善之辈。

逢朱雀投江，媒妁为不良之辈。

逢伏干格、飞干格，两人性格强悍。

逢伏宫格、飞宫格，两人会锒铛入狱。

逢大格、小格，主鳏寡孤独。

逢刑格、悖格，男女为暴强之人。

逢岁格、月格，婚事不利于公婆。

逢日格、时格，夫妻不长久。

逢荧入太白、太白入荧，夫妻各怀私意。

逢五不遇时，婚姻会有变。

逢六仪击刑，夫妻中有人会发狂。

逢入墓、天网、地网，会遭冤屈之事。

逢伏吟、反吟、门迫，会遭灾祸。

若男女年命生合，可白发到老，儿孙满堂。

分项推断

在具体推断时，甲以乙为妹，庚以甲为敌，甲欲缓和与庚的矛盾，容许乙为庚之妻。

若乙奇所临之宫与六庚所临之宫之间互相生合，则婚事能成；若二宫相刑克，则婚事不成。

若六庚所临之宫生助乙奇所临之宫，乃男方喜爱女方；若乙奇所临之宫生助六庚所临之宫，乃女方喜爱男方。

若乙奇所临之宫克六庚所临之宫，乃女畏男而不愿嫁；若六庚所临之宫克乙奇所临之宫，乃男嫌女而不愿娶。强行成婚者，定遭刑克，或夫妻不睦，或一方早夭。

若乙奇所临之宫得奇门吉格，或得生合，主女方漂亮风采，知书达理；若得奇门凶格，主女人身患疾病，丑陋凶恶，或心地不善；若再遇天蓬星，则风流淫荡；若遇刑克，主婚后早丧。

若六庚所临之宫得奇门吉格，主男方仪表堂堂，知书达理；若六庚所临之宫得奇门凶格，主男方有疾，且丑陋凶恶；若再遇天蓬星，则主淫荡；若遇刑克，主有伤。

若乙奇所临之宫、六庚所临之宫构成吉格，则婚事必成。

若乙奇所临之宫入墓，女方会早夭。若六庚所临之宫火旺，火克金，故男方会早亡。

凡纳妾，仍以庚为男为夫，乙为妻，丁为欲纳之妾。若丁奇所临之宫生助六庚所临之宫，则此女一定肯嫁；若丁奇所临之宫克六庚所临之宫，则此女必不肯嫁。若乙奇所临之宫与丁奇所临之宫比和，主妻妾和谐；若丁奇所临之宫克乙奇所临之宫，主妻不容妾；若乙奇所临之宫克丁奇所临之宫，主妾欲欺妻。若丁奇逢墓绝，事必不成，成亦无利。若六庚所临之宫生助丁奇所临之宫，乃男方追求女方，但徒劳无成。

二、产育

凡预测胎儿的男女性别，以坤宫天芮星为母，以乾宫天心星为父。坤宫上乘的天盘之星为胎儿，若是阳星（天蓬、天任、天冲、天辅），则产男孩；若是阴星（天英、天芮、天柱、天心），则产女孩；若是天禽星，则是双胞。

凡预测产期，以坤宫上乘之星为胎神，以坤宫所得之干为坐胎之日，对冲胎神所得之干为产期。

凡预测产妇和胎儿的吉凶，以地盘天芮星为产妇，上乘的天盘之星为婴儿。若地盘天芮星生助天盘之星，则生产顺利。若天盘之星生助地盘天芮星，寒气较晚，而且生产较困难。若天盘之星克地盘天芮星，则产妇有灾厄。若地盘天芮星克天盘之星，则产儿有凶。若二者均得奇门吉格，则生产顺利。若二者均乘奇门凶格，则母子皆凶。若天盘之星落入地盘之中的是墓库，则可能是死胎。

第十三章　疾　病

凡预测疾病，根据求测者的所居方位之宫或落座之宫推断。

八神的作用

八神是论述疾病的起因和状况的。

若上乘直符，乃阳症，以体表之病居多。

若上乘腾蛇，是惊恐或夜梦、遗精。

若上乘太阴，是肺痨骨虚或情欲过度。

若上乘六合，是风麻之症或情欲过度。

若上乘白虎（或勾陈），是反胃呕吐，或在道路上发生伤亡和惊恐之灾。

若上乘玄武（或勾陈），是崩泻难止，或癫狂乱语之症。

若上乘九地，是阴症，以体内之病居多。

若上乘九天，是受惊吓而落魄。

若八神落空亡，乃病情不实。

八门的作用

八门论述疾病类型和吉凶。

若值使休囚，主病情缠绵，一时难愈。

若值使是凶门，又旺相，主疾病难医，若又值年命入墓，或受刑，或化进神者，则性命难保；若化退神，则疾病可愈。

附：进神、退神，以地支及其对应的五行属性论。

进神：丑→辰，寅→卯，辰→未，巳→午，未→戌，申→酉，戌→丑，亥→子。

退神：丑→戌，子→亥，戌→未，酉→申，未→辰，午→巳，辰→丑，卯→寅。

若值使是吉门，又旺相，则有病即愈；若休囚，则疾病缠绵。

八门所主

休门——泻痢、伤寒、感冒。

生门——痈毒、眼疾。

伤门——腰腿风寒、疼痛。

杜门——痈寒喉齿或胃痛。

景门——伤食或疔疮。

死门——肿瘤或包块。

惊门——肺痨或惊吓。

开门——肺疾或口舌生疮。

十天干的作用：

十天干论述疾病部位和治疗情况。须根据五脏六腑和十天干对应的五行属性、六仪击刑等状态来分析。

若是木克土，乃脾胃有病；火克金，乃肺胸部有病；金克木，乃筋脉疾病；土克水，乃胃部、膀胱或生殖系统疾病；水克火，乃心脏、口腔部位疾病。

九宫的作用：

九宫论述疾病部位和中医治疗方法。

若临坎宫，是血液疾病及血管脉络不畅，治疗时宜疏导。

若临坤宫，是脾胃疾病，治疗宜清热、开胃、降火、消炎。

若临震宫，是火热炎症，心胸烦闷，宜消炎、解毒、施凉。

若临巽宫，发病时间在申、子、辰、巳、酉、丑年月日时。

若临中五宫，发病时间在土的年月日时。

若临乾宫，发病时间在寅、午、戌、亥、卯、未年月日时。

若临兑宫，是劳累过度，筋骨酸痛，治疗时宜温补调解。

若临艮宫，所得之病用针灸治疗效果最好。

若临离宫，是受风寒，肌体不便，治疗时宜疏通调解。

吉凶格的作用：

逢青龙返首、飞鸟跌穴：由吉变凶，但若年命无伤，则病可愈。

逢白虎猖狂、青龙逃走：由凶变吉，但若再加刑、迫值符合值使，则凶。

逢地遁：必入黄泉。

逢神假：死期不远。

逢鬼假、人假：是吉兆。

逢鬼遁、人遁：非吉兆。

逢三诈：病情会有反复。

逢三奇得使：是吉利之兆。

逢玉女守门：旧病又会重起，不祥。

逢天三门、地四户之方：忌刑、墓。

逢螣蛇夭矫、朱雀投江：会魂魄飞扬。

逢伏干格、飞干格：会遇庸医，药不对症。

逢伏宫格、飞宫格：主病人不安，家里上下多惊慌。

逢大格、小格：主胸膈不利。

逢荧入太白：疾病加重或转变。

逢太白入荧：病灾自退。

逢悖格：须详细察看新旧疾病。

逢五不遇时：病人将逝。

逢六仪击刑：病人难愈，主亡。

逢入墓、天网、地网：病灾缠绵。

逢伏吟、反吟、门迫：会有灾殃。

若庚、辛来刑甲、乙，并临中宫者，金为尸体，木为棺，金入木，意为尸入棺，死亡。

分项推断

凡预测疾病时，以天芮星所临之宫为用神。

临离宫，是头和眼，在内是心和肾。主病虫，火盛、鼓胀；在外是皮肤肌肉，右肩右耳，还可能是生疮，或妇人经期不正常。

临兑宫，是腿、足、头，在内是大肠、膀胱，主便秘痈结；在外是腿足抽搐，骨节疼痛，有可能是生疮。

临坎宫，在内是小肠、肾气、丹田，主寒疾、遗精、泄泻淋漓，或茶酒久宿腹疼；在外是肾，主阴虚疮痒，疝气常脱。

临艮宫，在内是脾间虚胀；在外是腿足疼痛或脚气，或是全身麻木，风湿疔疮。

临坤宫，在内是胃腹间疼痛淤塞，大便脱肛；在外是全身湿疹疥痒。

临震宫，在内是肝、胆，左肋疼痛，或是血虚痨疾，吐血，鼻屎多，梦寐惊悸，狂言乱语；在外是目盲耳聋，皮肤风湿疮痛，左股筋脊病。

临巽宫，在内是膏肓、胆，症状多为中风不语，肝肺有伤，三焦虚热，感冒伤风，发热气喘；在外是左耳、左肩、左肋，又是筋脉，症状多为手足浮热，四肢无力，或疮痈狂悖，筋酥麻木之症。

临乾宫，在外是头、面部，多为头面之疾，或受外伤；在内是肺、筋骨，多为肺部疾病，筋骨疼痛，上三焦之疾。

除了看上述八宫卦之外，还要看天芮星之宫所带的天干，以它的节气时令旺相休囚，生克制化，判断虚实寒热。

凡预测疾病何时可愈，以天芮星所临之宫为病，克天芮星所临之宫的天干即为愈期。

若是新病，逢冲即愈；若是久病，逢冲即死。

或以病人四柱中的日干推断。日干落生即生，日干落死即死。若日干休囚，又临凶星凶格，必死无疑。

若遇六合，疾病缠绵难愈；遇白虎病情加重，遇玄武，病情会转移，且又添新病。凡天芮星落空亡或值墓之日，为愈期。

若预测儿女之病，逢时干入墓，必死无疑。

凡预测延请何方医生或到何方治病，以天心星为医生，以天芮星为疾病。

若天心星所临之宫得奇门吉格者，为良医。若不得奇门只得吉格，为时医。若休囚，又不得奇门吉格，为庸医。治病不论庸医、良医，只要此宫克天芮星所临之宫，就能治好病。若天芮星所临之宫克天心星，即使神仙也无法医好。

第十四章　词　讼

凡预测词讼，以值符为原告，乙奇为被告，六合为证人，开门为审判官，惊门、景门为起诉书、状纸，丁奇为传票、传讯通知书。

预测双方诉讼状况：

若开门所临之宫生助值符所临之宫，乃审判官偏向原告；若生助乙奇所临之宫，乃审判官偏向被告；若生助六合所临之宫，乃审判官能倾听证人之词。

若开门入墓，则是审判官糊涂，审不明白。

若开门落空亡，则是审判官不予审理。

若开门反吟，则是审判官把案子推掉，由别人重审。

若值符所临之宫克乙奇所临之宫，则原告胜；若乙奇所临之宫克值符所临之宫，则被告胜；若二宫比和，则有和解的可能。

预测会否判刑，以六庚推断：

若六庚所临之宫克值符所临之宫，则原告遭殃。

若六庚所临之宫克乙奇所临之宫，则被告遭殃。

若六庚所临之宫克六合所临之宫，则证人遭殃。

若六庚入墓或落空亡，则双方都不判刑。

预测送礼说情是否成功：

若值符所临之宫生助开门所临之宫，则是原告送礼。

若乙奇所临之宫生助开门所临之宫，则是被告送礼。

若开门所临之宫被值符所临之宫或乙奇所临之宫冲克，纵然送礼，审判官仍然手下不留情。

预测词讼是否牵连他人，以甲辰壬和螣蛇论之：

若值符所临之宫下临甲辰壬，且乘螣蛇，则原告牵连多人。

若乙奇所临之宫下临甲辰壬，且乘螣蛇，则被告牵连多人。

若开门所临之宫下临甲辰壬，且乘螣蛇，则审判官牵连多人。

若见大格，即使牵连到也无妨。

预测法院是否受理此案，根据景门所临之宫推断：

若景门所临之宫不得奇门吉格，再被开门冲克者，乃审判官见怪，不予受理，即使受理了，也会遭罪责。

若景门所临之宫旺相，再有三奇吉格，乃文状情词动人，若再不被开门冲克者，会被受理。

若景门入墓，乃状纸未把事情叙述清楚，故审判官不予受理。

若景门落空亡，乃状纸凭空捏造，栽赃陷害，故审判官不予受理。

若开门入墓或落空亡，乃审判官心情不佳，身体不适，避而不接此案。

预测罪人何时出狱，以甲午辛为罪人，壬为地牢，癸为天网：

若日干所临之宫下临甲午辛，主其人在狱中得病，或有其他难料之事。

若甲午辛临地盘壬、癸，是误入天牢，待冲破之日必得出。

若天盘壬、癸下临地盘甲午辛，是被罗网罩住，难脱囹圄。

预测判刑的轻重，以甲午辛为罪人，开门为审判官：

若开门所临之宫生助甲午辛所临之宫，乃审判官有怜悯之心，不判重罪。

若二宫比和，罪会被减轻。

若二宫冲克，又乘凶格，则量刑必重。

若甲午辛落空亡，或得奇门吉格，则有相救的可能，或不判刑而获释。

预测被诬告，如何躲避，以杜门论之：

先看杜门落于何方，即往该方避难。若杜门上乘三奇，则逃走顺利，有人掩护，来日还可以发迹。若杜门见申、戌，会有贵人帮助潜藏。若见六庚，逃跑时需带木板、木条之类物品，可免去逃跑途中的凶险。这是因为金克木，庚金克木后就不再克人。若见辛（天狱）、壬（地牢），则一定逃不掉。若杜门临地盘六癸，需看具体是哪一宫而论。

若临坤宫、艮宫，可用三四尺长的木棒插在该宫的方位上再逃。

若临乾宫、兑宫，出门时要弯腰，匍匐而逃。虽然可以逃脱，但以后还会被抓获。若有三奇吉格临日干之宫，则有救。

若临坎宫、离宫，须插九尺长的木棒，挺身而走。

若临震宫、巽宫，乃天网盈门，逃不脱。

第十五章　出行、走失

一、出行

预测出行，以日干为出行之人，并以日干所临之宫论之。看此人出行去到哪个方向，若该方向有奇门吉格，且生助日干所临之宫，则此行必然顺利；若出行之方虽无奇门吉格，但该方向的宫中的六仪与日干比和，则此行也顺利；若不是比和，则出行不利；若出行之方的宫为凶门凶格，且冲克日干之宫，乃大凶之兆；若出行之方的宫位落空亡，或入日干方之墓，则出行也不顺利。

凡预测在外久不归来之人的归期，专以庚格推断。若日干所临之宫为内四宫，则归期近；若为外四宫，则归期远。若是阳日，以六庚下临之宫为归期；若是阴日，以六庚上乘之干为归期。

凡未出门先测归期，以出行之日的日干所临之宫中的天干（地盘之干），即是归来之期。

凡出行乘车的预测，以景门所临之宫为道路，伤门所临之宫为车马。若逢太白入荧，则遭盗；逢荧入太白，则有火惊；遇休门，则临沼泽；遇惊门，则途中车会损坏；逢天蓬星、玄武，则遭盗；遇杜门，则途中停滞；遇死门，则见孝服或血光之灾；遇开门，则逢官吏。

凡出行乘船，以休门所临之宫为水路，以伤门为船。若旺相、有奇，则吉利；若逢青龙逃走、白虎猖狂，会遇风暴；若逢螣蛇夭矫，则出行有凶；若逢朱雀投江，则船会沉；若伤门加临休门，则一路顺风；若休门加临伤门，则会船溺水底；若惊门吉利伤门，船会破漏；若生门加临伤门，中途有阻。

凡出行乘坐飞机，以九天所临之宫为航线，以开门为飞机。若旺相，得三奇，则出行有利；若逢青龙逃走、白虎猖狂，主中途被劫持；若逢螣蛇夭矫、朱雀投江，主在空中机械出故障；若遇六庚，主途中有争斗；若遇丙、丁，中途受阻或失联失控；若遇玄武，主破财。

凡行人在外久不归，预测其是否平安，以行人所在之方的宫得三奇吉格者平安，反之不安。

凡行人在外预测家中是否平安，以日干为主，以日干长生之处为家，若无凶神凶格，则家中平安。又法：以出行人本人年命四柱中的年干为用神，看其吉凶状态而断。

二、失物

以日干所临之宫为失主，以时干所临之宫为失物，用预测时的时辰（注意不是丢失的时辰）来推断：

若时干之宫旺相，且生助日干之宫，则失物可以找回，即使反吟亦能找回，但时间较长。

若时干之宫落空亡，且入墓绝，则失物找不回。

以求测者落座之宫为失物来推断：

乾宫——金银宝物、铁器、圆形之物、帽子或头饰、车辆及配件、马、鹅。

坎宫——水晶及制品、珍珠、笔墨、猪、水族、毛发。

艮宫——山石、玉器、鞋靴、瓜果、禾稼、牛、犬、猫。

震宫——车船、木器、碧色衣物、竹木乐器、花草等鲜艳之物、驴、骡。

巽宫——丝绸、布匹、绳索、帆、扇、竹木制品、鸡鸭家禽、其他禽鸟。

离宫——图书、字画、信函、档案、文件、报刊、彩色衣物、火具、炊具、兵器、鸡、龟、蟹、蚌、马。

坤宫——铜鼓、铁磬、中空有声之物、五谷、布匹、陶瓷、象牙制品、方柔之物、化妆品、妇女卫生用品、牛羊、牝马、兽类。

兑宫——金属之物、首饰玉器、电子音响、标牌广告、毁折之物、羊、鸡、飞禽、蛙、蛇、鳝等水族。

凡求测者落座之宫旺相，失物可能是活物或能活动之物。若休囚，是无生命或不能活动之物。

失物的方向，以来预测时的时辰之时干所临之宫推断；找回的时间，以庚格推断，或以时干生助日干的时间推断。

三、人畜走失

以日干为失主，以六合为走失的人或畜。大凡人畜走失，都根据六合所临之宫的状态推断。

六合所临之宫是人畜走失的方向。看日干所临之宫和六合所临之宫居于内四宫还是外四宫，依此推断走失的远近，以及能否找回。

若日干所临之宫和六合所临之宫均居于内四宫，则易找回；若均在外四宫，则难以找回。

若日干所临之宫居于内四宫，六合所临之宫居于外四宫，也难找回。若六合所临之宫旺相，又遇开、休、生、杜四门之一，则无法找回。

若六合所临之宫休囚，又遇伤、死、景、惊四门之一，则能找回。

若六合乘直符，则走失的人畜藏在行政机关或大单位中，有贵人收留。

若六合乘螣蛇，则有人拦截、霸昧。

若六合乘九地、九天，则是人畜潜藏起来了。

若六合乘白虎，则是有人勾引而去。

若六合乘玄武，则是被人盗去，但有音信可获。

凡是庚格表示寻获的时间。若成年格，则年获；成月格，则月获；成日格，则日获；成时格，则时获；若不成格，则不获。

寻找的地点以六合所临之宫推断：

若临天蓬星，可往六合所临之宫所在位置的近水处，或者到地名中带水偏旁的地方寻找。

若临天英星，可往六合所临之宫所在位置的近火处寻找，或者到地名中带火偏旁或下四点的地方寻找。

六畜的走失可以用具体的宫卦推断，看落于地盘的哪一宫，即往该方向寻找。

若是车船、驴、骡，以天冲、伤门的落宫推断。

若是牛羊，以死门的落宫推断。

若是马，以乾宫、兑宫的落宫推断。

若是猪、犬，以休门的落宫推断。

若是鸡鸭家禽，以杜门的落宫推断。

凡是寻找部下和仆从，看天蓬星落于何宫；凡是寻找女婢，看天芮星落于何宫。若逢格，则必能寻获；若无格，则不能寻获。若落宫上乘六合，是被人拐走；若逢天蓬星、天芮星入墓，是被人隐藏，难获；若落空亡，则必不能获。

　　凡寻找小儿，应分阴阳遁，再配合分神预测（分神者：即六合和太阴，下称二神）。

　　凡阳遁局，看天盘六合之宫；凡阴遁局，看地盘六合之宫。

　　寻找奴婢，阳遁局看天盘太阴之宫；阴遁局看地盘太阴之宫。以二神的落宫定方向和远近。

　　若二神落于日干的墓库之宫，则难以寻到；若二神落空亡，则是其人又去他方，可以根据日干和二神相合的落宫方向寻找。

第十六章　刑侦破案

刑事侦破的重点在于分析排出来的局中的各种格。

若遇破格，则案件定能破获；若逢冲，则破案遥遥无期。

若死门加临六壬，则是讼人自讼；若六壬临坤宫，则凶犯会来自首。

若逢星、门伏吟之格，则是内部人员或知情人作的案。

若逢星、门反吟之格，须防案犯逃跑，即使逃跑了也能抓获。但是要防止案犯伤害警官。

若死门上乘玄武，案犯会因偷盗而丧命，或会有玩忽职守的情节。

凡六庚下临的地盘中的天干是失物寻回的日期。若此天干值空亡，则失物难以寻回。

若值符、值使都伏吟，可能物品尚未丢失，应在门盘所示的方位寻找。

逃犯的归期由地盘六庚所乘的空亡之干确定。此时若星、门伏吟，则逃犯暂时难归，须待值空之干出空填实之日即会回归。凡杀人劫物的案件，也以六庚所乘的空亡之干而断。

若年、月、日、时有二处逢格，并遇天网、地网之格，则凶手可以当场抓获。而且，以日干到六庚所临之宫的宫数即是案犯的刑期。

凡凶手、死者的年龄，可以从九宫卦加以判断；其面相从该宫的五行属性推断；若得奇门且旺相，此人可能是党政官员。

若六庚遇乙奇、丁奇，则作案的动机可能是因为女人。若天盘六庚与地盘六庚同宫（乃太白同宫之格），乃是同事或兄弟相残。

若逢太白入荧，且有伏吟，要防止案犯躲藏起来。若逢荧入太白，又临离宫，则案犯必定逃亡。

分项推断：

推断盗贼要把盗和贼区分开来，二者是不同的。杀人劫财者为盗，只劫财而不杀人者为贼。测贼以天蓬星为用神，测盗以玄武为用神。以下按天蓬星作案的情况推断，若是盗案，则以玄武为用神推断。

若天蓬星旺相，且得奇门吉格，此贼乃行政人员。若不乘奇门或不得吉格者，则此案乃无业人员或惯贼所为。

天蓬星所临之宫的配卦用以推断此贼是男女老少的情况：乾卦是老年男子、坎卦是中年男子、艮卦是男性少年、震卦是年长壮男、巽卦是年长妇女、离卦是中年妇女、兑卦是年少女性、坤卦是老年妇人。

若天蓬星落于内四宫，此贼乃本单位、本系统或是本家族之人；若天蓬星落于外四宫，乃外贼。

凡属盗的案件，将玄武替代天蓬星，即可同理推断。

若是侦捕案犯，仍以天蓬星为贼、玄武为盗而断。白虎是侦捕人员，杜门是罪犯逃跑的方向，根据案情的不同，侦捕的是贼则根据天蓬星推断，侦捕的是盗，则根据玄武推断。

若白虎所临之宫克天蓬星所临之宫，则罪犯会被捕获。

若天蓬星所临之宫克白虎所临之宫，则是贼势太旺，侦捕人员惧怕，不敢去捕。

若白虎所临之宫与天蓬星所临之宫比和，则是罪犯与侦捕人员串通作案。

若白虎与天蓬星同宫，乃侦捕人员作的案。

若天蓬星所临之宫生助白虎所临之宫，乃侦捕人员受贿或得了好处，故不去缉捕。

捕获的日期根据天盘六庚与所临地盘中的六仪构成的格确定：构成年格则年获；构成月格则月获；构成日格则日获；构成时格则时获；不成格则不获。

若杜门成格，则必能捕获，否则不获。

凡缉捕逃犯，以六合为逃犯，伤门为侦捕人员。

若六合所临之宫克伤门所临之宫，则不获。

若伤门所临之宫克六合所临之宫，则必能捕获。

若六合所临之宫生助伤门所临之宫，则是侦捕人员受贿或得了好处而不全力侦捕。

若六合与伤门临同一宫，乃二者勾结。

若值年格、月格、日格、时格或天网格的低格（时干格位于外四宫），则皆能捕获。

凡预测杀人抢劫或打人致伤的案犯的去向及归案时间，以天蓬星为案犯，白虎为侦捕人员，六合、杜门为案犯去向。能否抓获需根据天蓬星所临之宫与白虎所临之宫的关系推断，方法同上。捕获的时间也以庚格为归案之时，若不成格，则捕获不到。

凡无名尸体的案件，根据死门的状态推断。而杀人凶手的去向、远近，则根据天蓬星所临之宫推断。主要看死门上临的是八神中的哪一个神。

若死门旺相，或得三奇吉格，死者乃公务人员或官员，可能还有救。

若死门休囚，或不得三奇吉格，死者乃普通百姓，可能已无药可救。

若死门上乘直符或下临甲子戊，凶手乃死者的上司或公务员，或是因钱财而被谋杀。

若死门上乘太阴或六合，或死门所临之宫逢乙、庚，乃奸情所杀。

若死门上乘白虎（或勾陈），凶手是政法人员或医务人员，或死者是久病的病人。

若死门上乘玄武（或朱雀），则死者因偷盗而被杀。

若死门上乘九地，死者是因土地、禾稼、农业机具等争执而被杀。

若死门上乘九天，死者是因车辆事故或是流窜作案而被杀。

凡侦捕人员的选择，以其年命日干所临之宫克制天蓬星所临之宫、或玄武所临之宫、或六合所临之宫中有奇仪者，最为合适。

第十七章　军事、竞赛

一、军事

凡军事预测，最重要的是获取信息，当得到有关的信息情报时，要细心分析其虚实。分析时，以景门为信息，若旺相得奇，则此信息确实可信；若不得奇，则此信息是假信息，有诈；若空亡、休囚，乃是谣传。

凡预测作战计划的布置和吉凶，以值符为上级，开门为官星，六庚为敌方。若开门所临之宫受六庚或值符控制，又休囚或入墓，且无吉星相助，则主计划失败，损失惨重，会被上级追究责任；若值符生助开门之宫，且克六庚，乃计划圆满，旗开得胜，会受上级嘉奖提拔。

凡预测战斗成败，以值符所临之宫为主，六庚所临之宫为客。克人者胜，旺相者胜，休囚者败；主客同宫者不分胜负；主客皆旺，又无惊门、景门刑克，则双方势均力敌，不战而退；若六庚加临日干则客胜，若日干加临六庚则主胜。

凡预测攻城、跋涉、偷袭，以六庚为进攻者，以天禽星为防守方。凡旺相、克人者胜；休囚、被克者败；同宫者不分胜负。

凡预测守城或等待敌方来进攻者，以天禽星为防守方，以天蓬星、六庚为进攻者，推断之法与上一条相同，尤其是天禽星得丙奇者，城池攻不破。

凡接到敌人欲来的信息，若预测其来期，以六庚为敌人，则六庚下临地盘宫中的天干乃敌人来的日期。若该宫为内四宫，则来的日期较近、较快；若该宫为外四宫，则来的日期尚远、较迟。

凡预测应派遣何人，应选其年命中的年干被开门冲克者，则此人会服从命令，听从指挥，故为适合派遣之人。

凡预测参军入伍是否如愿，以天冲星为战士，以值符为部队长官。若值符之星生助天冲星所临之宫，或二者比和，则必能录取；若二者相克，则必不录取。若天冲星即为值符，则必能录取，且入伍后很快会被提拔为军官，且以后还能当大用；若天冲星伏吟，则必不录取；若天冲星反吟，则会反复前去应征，也不被录取。

或以日干为应征青年，以开门为部队长官。若日干得奇门，旺相，或开门旺相且生助日干者，会入伍。到部队后会被重用，以后还会发达，功名俱得。若日干休囚，不得奇门，则虽然开门旺相，即使部队愿意接收，但此人身体不好故而去不成。若日干与开门相冲克，则不会被录取，即使去了，也会死于沙场。

凡预测退伍复员的情况，以日干为退伍之人，以开门为部队长官。若开门生助日干，是官长有挽留之意，不准退伍；若开门克日干，会准予退伍，但会受官长的批评；若二者比和，会准予退伍。凡逢青龙逃走、荧入太白者，一定会让退伍，即使自己不愿意走也不行。凡逢太白入荧者，退伍不会成功；凡逢螣蛇夭矫者，会有惊恐之事发生，且退伍不成；凡逢大格、朱雀投江者，必被退伍或被革职。

二、体育竞赛

凡预测体育竞赛（也含军事比赛），以值符为裁判，日干为参赛者，甲申庚为比赛用器械，六辛为奖牌和奖品、奖金，景门为比赛时运用的战略、战术。

若六庚落于地盘六辛之宫，会得到奖牌、奖品等。

若六庚临艮宫、乾宫，乃入墓之兆，会输。

若六庚临震宫、巽宫、坤宫、兑宫，也可能会输，除非有六辛同宫。

若六庚落空亡，没有名次。

若六庚临日干之宫，又有天冲星来生助，更加会景门、三奇、吉格者，必得冠军。反之，没有名次。

第十八章 杂 事

　　凡占终身之运，以其人的四柱排局，再以天盘之星、中盘之门、地盘之宫推断吉凶。星管少年时期的运气，门管中年时期的运气，宫管晚年时期的运气。其中以星为主要因素。

　　凡占搬迁，以欲迁之方断之。若其方有三奇吉门，则吉。次以其方所乘九星之吉凶断之。

　　凡占雀鸟喧噪主吉凶。以当时的时辰排局，根据朱雀之神下临奇仪、门的状态而断。若下临景门，则有吉讯。

　　凡占梦，看得梦之时的时干上乘的星门而断，得奇门吉格者吉，即使是凶梦亦吉；若不得奇门吉格者，则凶梦更凶。若此宫落空亡，则此梦仅幻境而已。或以螣蛇所临之宫的状态断之。

　　凡占家宅吉凶，以日干为住宅之人，以时干为家宅，以二者之间的生克比和状态而断。

　　凡占建房吉凶和落成时间，以生门为房，死门为宅基地皮，然后根据二者状态断新宅方向，并以生门所乘之干为竣工日期。

　　凡占祖上坟墓吉凶，以死门所临地盘之宫为死者，该宫上乘的天盘为生者。若吉门、吉星、得三奇，且上下盘相生，则吉；若凶门、凶星、不得奇，且上下盘相克，则凶；若死门落空亡，则主家破人亡。

　　凡占访友，以所往之方的天盘之星为我，地盘之宫为彼。若天地比和，则必能见，再得奇门吉格及天地二盘中同宫相合者，去了还会有酒食；若上下盘相克，则彼有猜忌，故避而不见；若天盘之星所临之干入墓，则彼在家，但不肯见；若地盘之星落空亡之宫，则是彼确实不在家。

　　凡占来访，以来人之方的天盘之星为客，以地盘之星为我。若天盘之星得奇门，且生助地盘之星者，来人是贵客，有益于我，应立即见；若天盘之星克地盘之星，在乘凶门凶格者，来人有损于我，不可见。

　　凡占请客，以值符为客，值使为主。若值使之宫生助值符之宫，则一请就来；若时干生助日干，客人亦会请来；若前往邀请之方的天盘之星生助地盘之星，客人也能请来；除此之外，都主客人请不来。

　　凡占博弈，以值符所在之方的状态断之，得奇门吉格者吉，至少不会输；若值符加临伤门，则必胜。

或以值符为我，值使为对方。若值符所临地盘之宫中的星生助值符，则我胜；若值使所临地盘之宫中的星克值符，则对方胜；或该星遇三奇三吉门者，则对方胜。

第十九章　奇门遁甲之疑

　　笔者在多年学习研究奇门遁甲的过程中发现，奇门遁甲中有多个令人困惑的疑点，这个现象与命理学领域中"铁板神数"的"内算法"类似，由于"内算法"不公开，导致铁板神数得不到广泛传承。奇门遁甲的疑点主要有：局数之疑和起局的方法。三十年前笔者撰写本书时的书名是《奇门遁甲预测术》，这次重新整理书稿时改名为《奇门遁甲探疑》。就是想提出和探讨这些疑点，希望能引起研究奇门遁甲的学者专家们的重视。这或许对奇门遁甲这门学问的传承有所裨益。

一、疑点之一：局数之疑

　　本书的绪论中引用了《烟波钓叟赋》中的一段话："轩辕黄帝战蚩尤，涿鹿经年苦未休。偶梦天神授符诀，登坛致祭谨虔修。神龙负图出洛水，彩凤衔书碧云里。因命风后演成文，遁甲奇门从此始。一千八十当时制，太公删定七十二。逮于汉代张子房，一十八局为精艺。"说的是当年轩辕黄帝大战蚩尤，由于九天玄女授予黄帝一本"龙甲神章"，帮助黄帝打败了蚩尤。当时的奇门遁甲有1080局（阳遁局540局和阴遁局540局）。到了周朝，姜太公将1080局简化删定为72局。再到了汉朝，张良又进一步将72局简化为18局，也就是后世直至现在成为主流的阴阳遁18局，即阴遁9局、阳遁9局。

　　于是令人产生疑问：姜太公和张良仅仅是为了方便运用奇门遁甲而将奇门遁甲的局数简化的吗？二位先贤简化局数的依据都是中国传统的阴阳历和二十四节气，这可以理解。问题在于，最初的1080局依然有用吗？如果有用，为什么后世无人再涉猎？

二、疑点之二：起局法之疑

　　地球绕太阳一周需要365天5小时48分46秒。古今中外的历法都是古人根据太阳和地球的黄道的角度来推断出来的，由于地球公转绕太阳并不是一个正圆，而是一个椭圆。西方的历法（即公历）为了解决每年多出来的偏差——5小时48分46秒，每隔4年给公历2月加一天。现在人们习惯将凡是公历2月是29天的年份称为"闰年"。它与中国历法中的"闰"的概念不同。

我国古代长期采用阴阳合历（亦称甲子历），它根据月亮的盈亏变化确定月份，每年12个月，6个大月30天，叫"大尽"；6个小月各29天，叫"小尽"；全年354天。比太阳年（365.2422天）大约少了10天21小时。为此古人采取置闰的办法加以调整，开始时每三年闰一个月，五年闰两个月，春秋中叶后规定十九年闰七个月。每逢闰年加的一个月叫"闰月"，闰月加于某月之后叫"闰某月"。通过置闰可使每年的平均长度与一个太阳年的长度接近，并和自然季节大致吻合。

节气的来源是根据太阳在黄道上移动一周对地球的影响加以划分，太阳黄道每增加15度，便完成一个节气，移动360度便完成二十四节气。但是，地球绕太阳的公转并不是一个正圆，而是一个椭圆。这就导致一年内的每个节气并都是精准的十五天，有时会出现多一天或少一天的偏差。实际上平均一个节气是十五日零二时五刻一十七秒。

中国的古人进一步将一个节气分为三候（亦称为一气三元），每候是六十时（五日）又七刻二十八秒，即平均每候多了七刻二十八秒。而每格节气有一百八十二时零五刻，那么每十二个节气（半年）即多出来二日一时，一年约多出来五日。上述的偏差导致奇门遁甲中在起局时确定一气三元时甲子符头与节气的第一天出现偏差。又由于太阳运行在冬至和夏至时期运行速度不一，因此就会呈现"气有盈缩、时有长短"，这样甲子符头自然与节气就难以统一。古人将这种现象称为正授、超神、接气、置闰现象。

奇门遁甲中有很多困惑是与起局方法有关的。目前存世的奇门遁甲起局法有多种，导致研究奇门的学者和爱好者莫衷一是。排局的方法主要有：拆补法、置闰法，以及茅山派奇门使用的道家陶真人无闰法。最近笔者还发现了什么神数奇门，令人匪夷所思！笔者个人认为，由于奇门遁甲领域没有统一的标准，所以无法认定哪一种起局方法是科学的、正确的。那些所谓的奇门大师不通易理、不晓奇门，最擅长的就是胡编乱造。还有一些人编造出分家奇门起局法，几分钟一柱（2分、10分、15分等），纯粹属于无稽之谈。如果细分到分钟，且不说分钟是现代计时单位，一个人的四柱也会变成"五柱"了。

在笔者三十年前的原稿中附了一个笔者采用置闰法排出的1995—2000年的奇门历。本次重新整理书稿却越发觉得起局之法有疑义，所以本次的书稿中只列出了2025年乙巳年的奇门历供读者参考。读者在阅读本书后，可以依据自己认可的方法自行排出奇门历。

虽然奇门遁甲存在诸多疑点，但它作为中国传统文化的一个重要分支的地位是无法抹杀的。产生这些疑点的主要原因之一是，因为年代久远，许多有价值的资料缺失，而且由于没有统一的标准和规范，无法核实和校准；之二是一些所谓的奇门大师，实际上只是一知半解就行走江湖吃开口饭，误导了大众；之三是有一句老话"教会徒弟，饿死师傅"的负面影响，有些当师傅的在教徒弟时留一手，徒弟教徒孙再留一手，导致奇门遁甲的有用的核心内容不断萎缩。这个问题在传统文化的许多领域或多或少都有（例如中国传统医学）。

原稿后记

作为中国传统文化的爱好者，我对于神秘文化情有独钟。古人云：二十年读出一个状元，二十年读不懂《易经》。这些年来的感受也的确如此。不要说二十年，恐怕穷毕生之精力，也未必能读懂它。

作为一个自然科学工作者，出于长期从事应用科学的习惯，自然想到把所学的神秘文化应用于实际，而不是让它束之高阁。在涉猎了易占、紫微斗数、铁板神数、四柱推命术、相学等诸种术数后，进而研究奇门遁甲，是顺理成章的。因为，奇门遁甲的实用性十分鲜明。

多位友人建议我把几年来的心得整理出版。对于出书，心里颇为忐忑，惟恐这些略知皮毛之管见，印出来会贻笑大方。几经犹豫，尤其是意识到不能让神秘文化再神秘下去，终于还是把稿子整理出来。在付印之际，诚望此书能对弘扬中华传统文化尽点绵力，把自己肤浅的领悟公诸于行家和同好，为有志于奇门遁甲的同道提供一块入门的敲门砖，则吾愿足矣。

最后要感谢为此书能付印而功不可没的友人，如果没有他们的支持，此书无法付印。

丙子年仲春于南海之滨

本稿后记

重新审阅三十年前的原稿过程中发现，本人三十年前对奇门遁甲的理解不够深刻，对有些疑问没有深究。这一次必须提出来，因此本书的副书名已经改为《奇门遁甲探疑》。否则是不尊重敬畏传统文化，是对读者不负责，也是对笔者自己不负责。笔者的基本原则是治学必须严谨。虽然研究的最终结果是由于奇门遁甲与其他一些传统文化领域都没有统一的标准，无法得到明确的结论，所以只能对有些疑问采取"不究竟"的态度，留待今后各种文献资料和证据丰富齐备后再来消除这些疑问。

奇门遁甲虽然存在疑问，但数千年的历史实践证明，这门学问是中国传统文化的瑰宝之一，很有价值，所以依然值得我们去学习、研究和传承它。

特别要感谢团结出版社一如既往地支持我，给了我很大的帮助，让我有勇气重新整理和编写三十年前的原稿。

甲辰年（2024年）仲春于南海之滨

附录一　烟波钓叟赋

轩辕黄帝战蚩尤，涿鹿经年苦未休。
偶梦天神授符诀，登坛致祭谨虔修。
神龙负图出洛水，彩凤衔书碧云里。
因命风后演成文，遁甲奇门从此始。
一千八十当时制，太公删定七十二。
逮于汉代张子房，一十八局为精艺。
先须掌上排九宫，纵横十五在其中。
次将八卦论八节，一气统三为正宗。
阴阳二遁分顺逆，一气三元人莫测。
五日都来换一元，接气超神为准则。
认取九宫分九星，八门又逐九宫行。
九宫逢甲为值符，八门值使自分明。
符上之门为值使，十时一位堪凭据。
值符常遣加时干，值使逆顺遁宫去。
六甲元号六仪名，三奇即是乙丙丁。
阳遁顺仪奇逆布，阴遁逆仪奇顺行。
吉门偶而合三奇，直此须云百事宜。
更合从傍加检点，余宫不可有微疵。
三奇得使诚堪使，六甲遇之非小补。
乙逢犬马丙鼠猴，六丁玉女骑龙虎。
又有三奇游六仪，号为玉女守门扉。
若作阴私和合事，请君但向此中推。
天三门兮地四户，问君此法如何处。
太冲小吉与从魁，此是天门私出路。
地户除危定与开，举事皆从此中去。
六合太阴太常君，三辰元是地私门。
更得奇门相照耀，出行百事总欢欣。
太冲天马最为贵，猝然有难宜逃避。
但当乘取天马行，剑戟如山不足畏。
就中伏吟最为凶，天蓬加着地天蓬。

天蓬若到天英上，须知即是反吟宫。

八门反复皆如此，生在生门死在死。

纵有即宿得奇门，万事皆凶不堪使。

六仪击刑何太凶，甲子直符愁向东。

戊刑在未申刑虎，寅巳辰辰午刑午。

三奇入墓好思推，甲日那堪相见未。

丙奇属火火墓戌，此时诸事不须为。

更兼六乙来临二，月奇临六亦同论。

又有时干入墓宫，课中时下忌相逢。

戊戌壬辰兼丙戌，癸未丁丑亦同凶。

五不遇时龙不精，号为日月损光明。

时干来克日干上，甲子须知时忌庚。

奇与门分共太阴，一般难得总加临。

若还得二以为吉，举措行藏必遂心。

更得值符直使利，兵家用事最为贵。

常从此地击其冲，百战百胜君须记。

天乙之神所在宫，大将宜居击对冲。

假令直符居离九，天英坐取击天蓬。

甲乙丙丁戊阳时，神居天上要君知。

坐击须遇天上奇，除时地下亦如之。

若见三奇在五阳，偏宜为客自高强。

忽然方着五阴位，又宜为主好裁祥。

直符前三六合位，太阴之神在前二。

后一宫中为九天，后二之神为九地。

九天之上好扬兵，九地潜藏好立营。

伏兵但向太阴位，若逢六合利逃刑。

天地人分三遁名，天遁日精华盖临。

地遁月精紫云祥，人遁当知是太阴。

生门六丙合六丁，此为天遁自分明。

开门六乙合六己，地遁如斯而已矣。

休门六丁共太阴，欲求人遁无过此。
要知三遁何所宫，藏形遁迹斯为美。
庚为太白丙荧惑，庚丙相加谁会得。
六庚加丙白入荧，六丙加庚荧入白。
白入荧兮贼即来，荧入白兮贼须灭。
丙为悖兮庚为格，格则不通悖乱逆。
天丙加地庚为悖，天庚加地癸为格。
丙加天乙为悖符，天乙加丙为飞悖。
庚加日干为伏干，日干加庚飞干格。
加一宫兮战在野，同一宫兮战于国。
庚加值符天乙伏，值符加庚天乙飞。
庚加癸兮为大格，加己为刑最不宜。
加壬之时为上格，又兼岁月日时移。
更有一般奇格者，六庚谨勿加三奇。
此时若也行兵去，匹马只输无返期。
六癸加丁蛇夭矫，六丁加癸雀入江。
六乙加辛龙逃走，六辛加乙虎猖狂。
请观四者是凶神，百事逢之莫措手。
丙加甲兮鸟跌穴，甲加丙兮龙回首。
只此二者是吉神，为事如意十八九。
八门若遇开休生，诸事逢之总称情。
伤宜捕猎终须获，杜好邀遮及隐形。
景上投书并破阵，惊能擒讼有声名。
若问死门何所主，只宜吊死与行刑。
蓬任冲辅禽阳星，英芮柱心阴宿名。
辅禽心星为上吉，冲任小吉未全亨。
大凶逢芮不堪遇，小凶英柱不精明。
大凶无气变为吉，小凶无气一同之。
吉宿更能逢旺相，万举万全必成功。
若遇休囚并非没，劝君不必进前程。

要识九星配五行，各随八卦考义经。
坎蓬星水离英火，中宫坤艮土为营。
乾兑为金震巽木，旺相休囚看重轻。
与我同行即为相，我生之月诚为旺。
废于父母休于财，囚于鬼分真不妄。
假令水宿号天蓬，相在初冬与仲冬。
旺于正二休四五，其余仿此自研穷。
急则从神缓从门，三五反复天道亨。
十干加伏若加错，入库休囚吉事危。
十精为使用为贵，起宫天乙用无遗。
天目为客地为主，六甲推分无差理。
劝君莫失此玄机，洞彻九宫辅明主。
宫制其门不为迫，门制其宫是迫雄。
天网四张无路走，一二网低有路宗。
三至四宫行入墓，八九高强任西东。
节气推移时候定，阴阳顺逆要精通。
三元积数成六纪，天地未成有一理。
请观歌里精妙诀，非是紧人莫传予。

附录二　黄帝阴符经

阴阳逆顺妙无穷，二至还归一九宫。

若能了达阴阳理，天地都来一掌中。

三才变化作三元，八卦分为八遁门。

星符每逐时干转，值使常随天乙奔。

六仪六甲本同名，三奇即是乙丙丁。

三奇倘合开休生，便是吉门利出行。

万事从之无不利，能知玄妙得其灵。

值符前三六合位，前二太阴君须记。

值符后一名九天，后二宫神名九地。

地为伏匿天扬兵，六合太阴可藏避。

急从神兮缓从门，三五反复天道利。

已上若得三奇妙，不如更得三奇使。

得使犹来未为精，五不遇时损其明。

损明须知时克日，吟格相加尤不吉。

掩捕逃亡须格时，占稽行人信宜央。

斗中三奇游六仪，天乙汇合主阴私。

讨捕须历时下刣，行人信息遇三奇。

三奇上见游六仪，六仪更见五阳时。

兼向八门寻吉位，万事开三万事务。

五阳在前五阴后，主客须知有盛衰。

阴后五干君须记，六仪加着更无利。

六仪忽然加三宫，便为击刑先须记。

六仪击刑三奇墓，此时举动可惮惧。

太白入荧贼即来，荧入太白贼即去。

丙为悖兮庚为格，格则不通悖乱逆。

庚加日干为伏干，日干加庚飞干格。

庚加值符天乙伏，值符加庚天乙飞。

加己为刑遁上格，加癸路中大格宜。

加壬之时为小格，更兼年月日时移。

当此之时最不吉，遣将行师皆不宜。

丙为甲兮鸟跌穴，甲加丙兮龙返首。

辛加乙兮虎猖狂，乙加辛兮龙逃走。

丁加癸兮鸟投江，癸加丁兮蛇天矫。

符加丙兮为相佐，时加六丁为守星。

丙合戊开为天遁，地遁乙合入开宫。

休承丁乙太阴人，天网四张时加癸。

蓬加英上为返吟，伏吟之时蓬加蓬。

吉宿逢之事不吉，凶宿逢之事愈凶。

天辅冲任禽心吉，天蓬天芮英柱凶。

阴宿天心英柱芮，阳星冲辅禽任蓬。

天网四张无走路，阴阳顺逆妙无穷。

节气推移时候定，二至还归一九宫。

三元超接游六仪，八卦周流遍九宫。

若能了达阴阳理，天地消详一掌中。

附录三　时家阳遁五百四十局

　　阳遁局从阳一局到阳九局，共有九局，每局管五日。每日十二个时辰。故每局辖六十个时辰。在时家奇门中，每个时辰排出一个子局，故每个阳遁局有六十个子局。于是阳遁九个局共有五百四十个子局。如下所列，左边一列是时辰的干支。

阳遁一局

甲、己日

时干支

甲子：休一，蓬一。符使伏吟。伤、震，庚加庚，战格。

乙丑：休二，蓬九。己日为五不遇时。己日，悖格。丙奇入墓生兑和，奇格。

丙寅：休三，蓬八。休震和，荧入白，杜坤迫，乙奇入墓，乙奇得使。开艮义，龙返首。伤离和，虎猖狂。

丁卯：休四，蓬七。景乾迫，丙奇入墓。甲日为伏干格，又为天乙伏宫格。

戊辰：休五，蓬一。九星皆伏吟。死震制，战格。

己巳：休六，蓬二。伤艮迫。生坎迫。天辅之时。

庚午：休七，蓬三。甲日为五不遇。休兑义，玉女守门。景震义，天乙飞宫格，又甲子戊临震，击刑。

辛未：休八，蓬四。景坤和，刑格。己日为伏干格。

壬申：休九，蓬五。休离迫，使反吟。惊震迫。己日为飞干格。杜乾制，大格。

癸酉：休一，蓬六。休坎，使伏吟，又为乌跌穴，丙奇得使，甲日为悖格。生艮，白入荧。杜巽，乙奇得使，又为龙逃走。惊兑，蛇天矫。

甲戌：死二，芮二。符使伏吟。伤震，战格。

乙亥：死三，芮九。生兑和，蛇天矫。开离制，地网之格。景艮和，荧入白。杜坎义，乌跌穴，又为丙奇得使，甲日为日悖。惊巽迫，龙逃走，又为乙奇得使。

乙、庚日

时干支

丙子：死四，芮八。开坤义，丙奇入墓。杜艮迫，地网之格。庚日为五不遇。

丁丑：死五，芮七。生艮，龙返首。伤震，荧入白，又为丙奇得使。开乾，丁奇得使，又为雀投江。景离，虎猖狂。惊兑，地网之格。死坤，乙奇入墓，又为乙奇得使。

戊寅：死六，芮一。开艮义，丁奇入墓。死乾和，天英入墓。杜坤迫，天乙伏宫格。惊坎和，地网之格。伤离和，乙日为日悖。

己卯：死七，芮一。九星皆伏吟。生震制，战格，庚日为伏干格。死兑和，玉女守门。景坤和，地网之格。又甲戌己临坤宫，击刑。

庚辰：死八，芮三。死艮，使反吟。杜乾制，大格。惊震迫，地网之格，又为天乙飞宫格。

辛巳：死九，芮四。乙日为五不遇。休乾义，丙奇入墓。景巽义，地网之格。杜震，乙日为飞干格。

壬午：死一，芮五。九星皆伏吟。开震，战格，庚日为日格。伤坤迫，甲戌己临坤宫，击刑，又为地网之格。

癸未：死二，芮六。死坤，使伏吟。开乾，地网之格。景离，乙日为伏干格。

甲申：伤三，冲三，符使伏吟。伤震，战格，庚日为日格，又为天乙伏宫格。生艮，上丙中生乘九天，为神遁。

乙酉：伤四，冲九。杜离和，乙日为伏干格。

丙戌：伤五，冲八。休巽和，天乙中休地巽为风遁，又为乙奇得使，龙逃走。惊艮义，白入荧，又甲申庚临艮，击刑。死坎迫，鸟跌穴，丙奇得使。

丁亥：伤六，冲七。生兑和，时格。

丙、辛日

时干支

戊子：伤七，冲一。伤兑制，使反吟。杜乾制，丙奇入墓。景坎，时格。

己丑：伤八，冲二。休乾义，上乙中休地癸为龙遁。惊坤义，刑格，又为时格。

庚寅：伤九，冲三，九星皆伏吟。休震和，战格，又为时格、天乙伏宫格。开艮义，丙日为日悖。

辛卯：伤一，冲四。生乾和，丁奇得使，又为雀投江。开坤义，乙奇入墓，天乙中开己为地遁。死巽制，辛日为日格，又为时格。惊离制，虎猖狂。杜艮迫，龙返首。景震义，荧入白。

壬辰：伤二，冲五。丙日为五不遇。伤坤迫，刑格，时格。生离义，上丙中生乘九天，为神遁。

癸巳：伤三，冲六。伤震，使伏吟。开乾，时格。

甲午：杜四，辅四。符使伏吟。伤震战格。

乙未：杜五，辅九。休震和，丙奇得使，荧入白。生巽制，辛日为日格，又为天乙伏宫格。开艮义，龙返首。伤离和，虎猖狂，甲午辛临离，击刑。杜坤迫，乙奇入墓，乙奇得使。死乾和，丁奇得使。

丙申：杜六，辅八。杜乾制，使反吟。丙奇入墓。

丁酉：杜七，辅七。辛日五不遇。伤坤迫，刑格。

戊戌：杜八，辅一。生乾和，大格。

己亥：杜九，辅二。伤巽，辛日为日悖。

丁、壬日

时干支

庚子：杜一，辅三。休坤制。丁奇得使。生兑和，蛇天矫。杜坎义，鸟跌穴，丙奇得使。景艮和，白入荧，惊巽迫，乙奇得使，龙逃走。死震制，天乙飞宫格。

辛丑：杜二，辅四。九星伏吟。休震和，战格。

壬寅：杜三，辅五。景巽义，丙奇得禄。

癸卯：杜四，辅六。杜巽，使伏吟。惊兑，丁日为日格，丁日为五不遇。

甲辰：死五，禽五。符使伏吟。伤震，战格。死坤，甲戌己入坤，击刑。

乙巳：死六，禽九。生巽制，风遁，乙奇得使。开艮义，白入荧。惊坎和，丙奇得使。伤离和，地网之格。景兑迫，蛇天矫。杜坤迫，丁奇得使。

丙午：死七，禽八。休艮制，地网之格。开坎和，龙遁。死兑和，丁日为伏干格。生震制。

丁未：死八，禽七。死艮，使反吟。休离迫，虎猖狂。生坤，乙奇得使，乙奇入墓。惊震迫，荧入白，丙奇得使。死艮，龙返首。杜乾制，丁奇得使。伤兑制，地网之格。

戊申：死九，禽一。休乾义，龙遁。生坎迫，地网之格。惊坤义，刑格，天乙伏宫格。壬日为日格，壬日为五不遇。

己酉：死一，禽二。九星皆伏吟。开震迫，战格。伤坤迫，甲戌己临坤，击刑，地网之格。

庚戌：死二，禽三。死坤，使伏吟。开乾，大格。伤震地网之格，天乙飞宫格。惊兑，丁日为日悖。

辛亥：死三，禽四。伤乾制，丙奇入墓。惊巽迫，地网之格。

戊、癸日
时干支

壬子：死四，禽五。九星皆伏吟。景震义，战格。开坤义，地网之格。休兑义，丁奇贵人升殿。

癸丑：死五，禽六。死坤，使伏吟。开乾，地网之格。

甲寅：开六，心六。符使伏吟。戊日为五不遇。伤震，战格。

乙卯：开七，心九。休乾义，大格。癸日为日格，又为天乙伏宫格。死离义，天网之格。

丙辰：开八，心八。开艮义，天网之格。伤离和，奇格。

丁巳：开九，心七。休坤制，丁奇得使。生兑和，天网之格。惊巽迫，龙逃走，乙奇得使。景艮和，白入荧。杜坎义，鸟跌穴，丙奇得使，戊日为日悖。

戊午：开一，心一。开坎和，天网之格。休艮制，龙返首。生震制，

237

丙奇得使，荧入白。惊乾，丁奇得使，雀投江。景坤和，乙奇得使，乙奇入墓。杜离和，虎猖狂。

己未：开二，心二。生乾和，丙奇入墓，癸日为日悖。开坤义，天网之格。伤坎义，戊日为伏干格。癸日为五不遇。

庚申：开三，心三。开震迫，天网之格。又为天乙飞宫格。惊艮义，丁奇入墓。

辛酉：开四，心四。开巽迫，天网之格，甲寅癸入巽，击刑，使反吟。

壬戌：开五，心五。生乾和，丙奇入墓。开坤义，天网之格。伤坎义，戊日伏干格。

癸亥：开六，心六。符使伏吟。开乾，天网之格。伤震，战格。

阳遁二局
甲、己日
时干支

甲子：死二，芮二。符使伏吟。杜巽，战格。休坎，龙遁。

乙丑：死三，芮一。己日为五不遇。生兑和，大格。景艮和，蛇天矫。

丙寅：死四，芮九。景震义，刑格，己日为伏干格。死巽制，荧入白，丙奇得使。惊离制，龙返首。

丁卯：死五，芮八。开乾，小格。

戊辰：死六，芮二。九星皆伏吟。生巽制，战格。开艮义，丁奇入墓。

己巳：死七，芮三。生震制，甲子戊临震，击刑。开坎和，奇格。死兑和，丁奇得使，雀投江。

庚午：死八，芮四。死艮，使反吟。甲日为五不遇。开巽迫，天乙飞宫格，甲日为飞干格。杜乾制，丁奇得使。惊震迫，己日为日悖。

辛未：死九，芮五。九星皆伏吟。景巽义，战格。伤艮迫，丁奇入墓。

壬申：死一，芮六。开震迫，地遁，又为乙奇得使。伤坤迫，天乙伏宫格，甲日为伏干格。

癸酉：死二，芮七。死坤，使伏吟，又为鸟跌穴，又有丙奇得使，甲日为日悖，景离，白入荧。杜巽，己日为飞干格。

甲戌：伤三，冲三。符使伏吟。杜巽，战格。休坎，龙遁。生艮，丁奇入墓。

乙亥：伤四，冲一。生震制，己日为日悖。惊乾，丁奇得使。伤巽，甲日为飞干格。

乙、庚日
时干支

丙子：伤五，冲九。开震迫，地遁，乙奇得使。庚日为五不遇。

丁丑：伤六，冲八。开离制，龙返首。惊巽迫，荧入白，丙奇得使，庚日为日悖。死震制，刑格，又为天乙伏宫格。

戊寅：伤七，冲二。伤兑制，使反吟。杜乾制，丙奇入墓。生艮，甲戊己临坤，击刑。开巽迫，乙日为飞干格。

己卯：伤八，冲三。九星皆伏吟。景巽义，战格，庚日为伏干格。伤艮迫，丁奇入墓。

庚辰：伤九，冲四。杜坤迫，鸟跌穴，丙奇得使。伤离和，白入荧。

辛巳：伤一，冲五。休兑义，大格。生乾和，丙奇入墓。开坤义，甲戊己临坤，击刑。伤坎，虎猖狂。杜艮迫，蛇天矫。死巽制，乙日为飞干格。乙日为五不遇。伤二，冲六。杜兑制，丁奇得使，又为雀投江。伤坤迫，龙逃走。死坎迫，乙日为伏干格。

壬午：伤二，冲六。杜兑制，丁奇得使，又为雀投江。伤坤迫，龙逃走。死坎迫，乙日为伏干格。

癸未：伤三，冲七。休坎，乙日为日悖。伤震，使伏吟。惊兑，符反吟。开乾，小格。

甲申：杜四，辅四。符使伏吟。杜巽，战格，庚日为伏干格。休坎，龙遁。生艮，丁奇入墓。

乙酉：杜五，辅一。杜坤迫，龙逃走，乙奇得使。惊坎义，时格，乙日为伏干格。景兑迫，丁奇得使，雀投江。

丙戌：杜六，辅九。杜乾制，使反吟。休离迫，白入荧。生坤，丙奇得使，鸟跌穴。

丁亥：杜七，辅八。景乾迫，丁奇得使。惊艮义，甲申庚临艮，击刑。

丙、辛日

时干支

戊子：杜八，辅二。开坤义，辛日为伏干格。景震义，乙奇得使。

己丑：杜九，辅三。生震制，刑格。伤巽，荧入白，丙奇得使，又丙日为飞干格。杜离和，龙返首。

庚寅：杜一，辅四。九星皆伏吟。惊巽迫，战格，又为天乙伏宫格。景艮和，丁奇入墓。

辛卯：杜二，辅五。休震和，乙奇得使。杜坤迫，时格，辛日为伏干格。

壬辰：杜三，辅六。休乾义，小格。丙日为五不遇。

癸巳：杜四，辅七。杜巽，使伏吟。生艮，蛇天矫。休坎，虎猖狂。惊兑，大格，又为时格。

甲午：死五，禽五。符使伏吟。休坎，龙遁。杜巽战格。

乙未：死六，禽一。生巽制，风遁。开艮义，蛇天矫。景兑迫，大格。死乾和，丙奇入墓。

丙申：死七，禽九。生震制，刑格。伤巽，荧入白，丙日为飞干格。杜离和，龙返首。

丁酉：死八，禽八。死艮，使反吟。杜乾制，小格。辛日为五不遇。

戊戌：死九，禽二。九星皆伏吟。景巽义，战格。伤艮迫，丁奇入墓。

己亥：死一，禽三。开震迫，甲子戊临震宫，击刑。杜兑制，丁奇得使。

丁、壬日

时干支

庚子：死二，禽四。死坤，使伏吟。开乾，丁奇得使。生艮，丁日为伏干格。杜巽，天乙飞宫格。

辛丑：死三，禽五。九星皆伏吟。景艮和，丁奇入墓。惊巽，战格。

壬寅：死四，禽六。开坤义，天乙伏宫格。景震义，乙奇得使。死巽，丁日为飞干格。

癸卯：死五，禽七。死坤，使伏吟，又为丙奇得使，鸟跌穴。景离，白入荧。丁日为五不遇。

甲辰：开六，心六。符使伏吟，休坎，龙遁。杜巽，战格。

乙巳：开七，心一。生坎迫，地网之格。死离义，白入荧。惊坤义，鸟跌穴，又为丙奇得使。

丙午：开八，心九。开艮义，丁日为日悖。景兑迫，丁奇得使，又为鸟投江。伤离和，地网之格。

丁未：开九，心八。惊巽迫，丁日为飞干格。死震制，乙奇得使。

戊申：开一，心二。休艮制，丁日为伏干格。壬日为五不遇。惊乾，丁奇得使。景坤和，地网之格。

己酉：开二，心三。休兑义，大格。生乾和，丙奇入墓，壬日为日悖。景震义，地网之格。杜艮迫，蛇天矫。

庚戌：开三，心四。休巽和，地网之格，壬日为飞干格。景乾迫，天乙伏宫格，又为小格，壬日为伏干格。

辛亥：开四，心五。开巽迫，使反吟。生坤，地网之格。杜乾制，丁奇得使。死艮，丁日为伏干格。

戊、癸日
时干支

壬子：开五，心六。九星皆伏吟。死巽制，战格。生乾和，地网之格。

癸丑：开六，心七。开乾，使伏吟。休坎，人遁。伤震，刑格。杜巽，荧入白。景离，龙返首。惊兑，地网之格。

甲寅：惊七，柱七。符使伏吟，休坎，龙遁。杜巽，战格。戊日为五不遇。

乙卯：惊八，柱一。惊艮义，玉女守门。开震迫，乙奇得使。杜兑制，癸日为日悖。

丙辰：惊九，柱九。生乾和，丁奇得使。死巽制，戊日为飞干格。

丁巳：惊一，柱八。开艮义，蛇天矫。生巽制，风遁。景兑迫，大格，又癸日为伏干格，又为天乙伏宫格。死乾和，丙奇入墓。惊坎和，虎猖狂。

戊午：惊二，柱二。杜震，刑格。景巽义，荧入白。死离义，龙返首。

惊坤义，天网之格。

己未：惊三，柱三。惊震迫，符使反吟，又为天网之格。杜乾制，小格。癸日为五不遇。

庚申：惊四，柱四。休坤制，乙奇入墓，又为龙逃走。生兑和，丁奇得使，又为雀投江。惊巽迫，甲寅癸临巽，击刑，又为天网之格，又癸日为飞干格，又为天乙飞宫格。

辛酉：惊五，柱五。杜震，刑格。景巽义，荧入白。惊坤义，天网之格。死离义，龙返首。

壬戌：惊六，柱六。景坤和，鸟跌穴，丙奇得使，又戊日为日悖。杜离和，白入荧。

癸亥：惊七，柱七。惊兑，符使伏吟，又为天网之格。休坎，龙遁。杜巽，战格。

阳遁三局
甲、己日
时干支

甲子：伤三，冲三。符使伏吟。死坤，乙奇入墓，又为战格。伤震，甲子戊临震，击刑。

乙丑：伤四，冲二。开坎和，白入荧。杜离和，蛇天矫。伤巽，己日为日悖。景坤和，天乙飞宫格，甲日为飞干格，己日为五不遇。

丙寅：伤五，冲一。休巽和，乙奇得使，又为风遁，又有刑格，己日为伏干格。死坎迫，龙返首。伤坤迫，虎猖狂。

丁卯：伤六，冲九。休坤制，己日为飞干格。生兑和，丁奇得使。死震制，鸟跌穴，丙奇得使。伤乾制，乙奇得使，又为龙逃走。

戊辰：伤七，冲三。伤兑制，使反吟。惊震迫，符反吟。甲子戊临震，击刑。生坤，乙奇入墓，又有战格。休离迫，人遁。

己巳：伤八，冲四。开兑，小格。

庚午：伤九，冲五。生巽制，己日为日悖。惊坎和，白入荧。伤离和，蛇天矫。杜坤迫，甲日为飞干格。甲日为五不遇。

辛未：伤一，冲六。杜艮迫，丁奇得使，又为雀投江。景震义，天乙伏宫格。

　　壬申：伤二，冲七。生离义，天遁。惊艮义，大格。

　　癸酉：伤三，冲八。伤震，使伏吟。开乾，丙奇入墓。

　　甲戌：杜四，辅四。符使伏吟。死坤，乙奇入墓，又有战格。

　　乙亥：杜五，辅二。休震和，鸟跌穴，丙奇得使。景兑迫，丁奇得使。死乾和，乙奇得使，又为龙逃走。杜坤迫，甲戌己临坤，击刑，又为天乙飞宫格，己日为飞干格。

乙、庚日
时干支

　　丙子：杜六，辅一。杜乾制，使反吟。庚日为五不遇。生坤，荧入白，又为丙奇得使，且乙日、庚日皆为日悖。死艮，丁奇得使，又为雀投江。

　　丁丑：杜七，辅九。杜兑制，小格。

　　戊寅：杜八，辅三。生乾和，丙奇入墓。

　　己卯：杜九，辅四。九星皆伏吟。景坤和，乙奇入墓，又有战格，且乙日、庚日皆为飞干格。

　　庚辰：杜一，辅五。休坤制，天乙飞宫格。生兑和，丁奇得使。伤乾制，乙奇得使，又为龙逃走。死震制，丙奇得使，又为鸟跌穴。

　　辛巳：杜二，辅六。死乾和，符反吟。开艮义，大格。乙日为五不遇。

　　壬午：杜三，辅七。生坎迫，白入荧。死离义，蛇夭娇。

　　癸未：杜四，辅八。杜巽，使伏吟，又有乙奇得使，又有刑格，又有天乙伏宫格。休坎，龙返首。死坤，虎猖狂。

　　甲申：死五，禽五。符使伏吟。死坤，乙奇入墓，又有战格。且乙日、庚日皆为伏干格，又有天乙飞宫格。

　　乙酉：死六，禽二。九星皆伏吟。杜坤迫，乙奇入墓，又有天乙伏宫格，又有战格。且乙日、庚日皆为伏干格，又有天乙飞宫格。

　　丙戌：死七，禽一。开坎和，白入荧。杜离和，蛇夭娇。

　　丁亥：死八，禽九。死艮，使反吟。杜乾制，丙奇入墓。

丙、辛日

时干支

戊子：死九，禽三。惊坤义，丙奇得使，丙日为飞干格。伤艮迫，丁奇得使，又为雀投江。

己丑：死一，禽四。休巽和，风遁，又有乙奇得使，又有刑格。死坎迫，龙返首。伤坤迫，虎猖狂，又辛日为飞干格。

庚寅：死二，禽五。符使伏吟。死坤，乙奇入墓，且乙日、庚日皆为飞干格。休坎，丙日为日悖。

辛卯：死三，禽六。生兑和，丁奇得使。死震制，鸟跌穴，又为丙奇得使。伤乾制，乙奇得使，又为龙逃走，又辛日为伏干格。

壬辰：死四，禽七。休兑义，小格。丙日为五不遇。

癸巳：死五，禽八。死坤，使伏吟。生艮，符反吟，又甲申庚临庚，击刑。

甲午：开六，心六。符使伏吟。死坤，乙奇入墓，又有战格。休坎，丙日为日悖。

乙未：开七，心二。生坎迫，龙返首。景巽义，刑格。景坤义，虎猖狂，又有天乙飞宫格，辛日为飞干格。

丙申：开八，心一。景兑迫，小格。

丁酉：开九，心九。辛日为五不遇。休坤制，丙日为飞干格。开离制，甲午辛临离，击刑。

戊戌：开一，心三。开坎和，白入荧，又丙日为伏干格。杜离和，蛇天矫。

己亥：开二，心四。杜艮迫，大格。

丁、壬日

时干支

庚子：开三，心五。休巽和，风遁，又有乙奇得使，又有刑格。死坎迫，龙返首。杜兑制，壬日为日悖。伤坤迫，天乙飞宫格，又有虎猖狂。

辛丑：开四，心六。九星皆伏吟。开巽迫，使反吟。生坤，乙奇入墓，又有战格。

壬寅：开五，心七。生乾和，丙奇入墓。开坤义，壬日为飞干格。

癸卯：开六，心八。开乾，使伏吟。伤震，鸟跌穴，又为丙奇得使。开乾，乙奇得使，又为龙逃走，又有天乙飞宫格。惊兑，丁奇得使。丁日为五不遇。

甲辰：惊七，柱七。符使伏吟。死坤，乙奇入墓，又有战格。

乙巳：惊八，柱二。生离义，丁日为伏干格。景乾迫，丙奇入墓。伤坤迫，地网之格，又有天乙飞宫格，壬日为飞干格。

丙午：惊九，柱一。休兑义，丁奇得使。生乾和，乙奇得使，又为龙逃走。惊震义，丙奇得使，又为鸟跌穴。伤坎义，地网之格。

丁未：惊一，柱九。生巽制，风遁，又有刑格。伤离和，地网之格。惊坎和，龙返首。景兑迫，壬日为日悖。杜坤迫，虎猖狂。

戊申：惊二，柱三。伤艮迫，大格。杜震，符反吟，又有地网之格。死离义，丁日为日悖。壬日为五不遇。

己酉：惊三，柱四。惊震迫，使反吟，又有天乙贵人升殿。生坤，丙奇得使，又为荧入白。死艮，丁奇得使，又为雀投江。开巽迫，地网之格，又甲辰壬临巽，击刑。

庚戌：惊四，柱五。休坤制，地网之格。又有天乙飞宫格。又壬日为飞干格。开离制，丁日为伏干格。伤乾制，丙奇入墓。

辛亥：惊五，柱六。休乾义，地网之格。开兑，小格，又有天乙伏宫格，又壬日为伏干格。惊坤义，丁日为飞干格。

戊、癸日
时干支

壬子：惊六，柱七。九星皆伏吟。景坤和，战格，又有乙奇入墓。死兑和，地网之格。

癸丑：惊七，柱八。惊兑，使伏吟。休坎，白入荧。景离，蛇天矫。生艮，地网之格。死坤，戊日为飞干格。

甲寅：生八，任八。符使伏吟。死坤，乙奇入墓，又有战格。戊日为五不遇。

乙卯：生九，任二。生离义，天遁。惊艮义，大格。伤坤迫，天网之格，又有天乙飞宫格，又癸日为飞干格。

丙辰：生一，任一。休乾义，丙奇入墓。生坎迫，天网之格。

丁巳：生二，任九。生坤，使反吟，又戊日为飞干格。休离迫，天网之格。景坎制，白入荧。

戊午：生三，任三。休艮制，癸日为日悖。生震制，天网之格。死兑和，小格。

己未：生四，任四。生巽制，甲寅癸临巽，击刑，又有天网之格。休震和，戊日为日悖，又有丙奇得使，又为鸟跌穴。景兑迫，丁奇得使。死乾和，乙奇得使，又为龙逃走。癸日为五不遇。

庚申：生五，任五。符使反吟。生坤，天网之格，癸日为飞干格，又有天乙飞宫格。死艮，癸日为伏干格。

辛酉：生六，任六。生乾和，天网之格。开坤义，虎猖狂。伤坎义，龙返首。死巽制，乙奇得使，又有刑格。

壬戌：生七，任七。休坤制，荧入白。生兑和，天网之格。景艮和，丁奇得使，又为雀投江。死震制，戊日为伏干格。

癸亥：生八，任八。符使伏吟。死坤，乙奇入墓，又有战格。生艮，天网之格。

阳遁四局
甲、己日
时干支

甲子：杜四，辅四。符使伏吟。开乾，战格。死坤，己日为日悖。

乙丑：杜五，辅三。休震和，甲子戊临震，击刑。己日为五不遇。

丙寅：杜六，辅二。杜乾制，使反吟，又有丙奇入墓，又为荧入白，又己日为飞干格，又为丙奇得使。死艮，小格。休离迫，龙遁。

丁卯：杜七，辅一。生离义，大格。

戊辰：杜八，辅四。生乾和，战格。开坤义，己日为日悖。九星皆伏吟。

己巳：杜九，辅五。休艮制，小格。惊乾，荧入白，又有丙奇得使，又为丙奇入墓。己日为飞干格。景坤和，龙返首。

庚午：杜一，辅六。生兑和，乙奇得使，又为龙逃走。开离制，丁奇得使，又为雀投江。伤乾制，符反吟，又有天乙飞宫格，甲日为飞干格。死震制，虎猖狂。惊巽迫，天乙伏宫格。甲日为五不遇。

辛未：杜二，辅七。杜坤迫，乙奇入墓。

壬申：杜三，辅八。景巽义，丙奇得使，又为鸟跌穴。惊坤义，白入荧，又有刑格，又己日为伏干格。

癸酉：杜四，辅九。杜巽，使伏吟。生艮，丁奇得使，又为丁奇入墓。

甲戌：死五，禽五。符使伏吟。开乾，战格。死坤，己日为日悖。

乙亥：死六，禽三。伤离和，大格。

乙、庚日

时干支

丙子：死七，禽二。九星皆伏吟。惊乾，战格，庚日为伏干格。景坤和，甲戌己临坤，击刑。庚日为五不遇。

丁丑：死八，禽一。死艮，使反吟。生坤，乙奇入墓，因为我乙奇得使。惊震迫，乙日为伏干格。景坎制，时悖。

戊寅：死九，禽四。惊坤义，天乙伏宫格，又有白入荧。景巽义，丙奇得使，又为鸟跌穴。

己卯：死一，禽五。九星皆伏吟。景乾迫，战格，庚日为伏干格。伤坤迫，甲戌己临坤，击刑。

庚辰：死二，禽六。死坤，使伏吟，又有龙返首。生艮，小格。开乾，丙奇得使，又为荧入白，又有天乙飞宫格，又庚日为日悖。死坤，龙返首。

辛巳：死三，禽七。乙日为五不遇。景艮和，丁奇得使，又为丁奇入墓。

壬午：死四，禽八。休兑义，乙奇得使，又为龙逃走。惊离制，丁奇得使，又为雀投江。景震义，虎猖狂。伤坎义，蛇天矫。

癸未：死五，禽九。死坤，使伏吟。

甲申：开六，心六。符使伏吟。开乾，天乙伏宫格，又有战格，又庚日为伏干格。

乙酉：开七，心三。生坎迫，天遁。惊坤义，乙奇得使，又为乙奇入墓。杜震，乙日为伏干格，又为时格。

丙戌：开八，心二。生巽制，丙奇得使，又为鸟跌穴。杜坤迫，白入荧，又为时格。

丁亥：开九，心一。景艮和，丁奇得使。杜坎义，时格。

丙、辛日
时干支

戊子：开一，心四。生震制，虎猖狂。开坎和，蛇夭矫。死兑和，乙奇得使，又为龙逃走。

己丑：开二，心五。开坤义，白入荧，又有刑格、时格，丙日为伏干格。死巽制，丙奇得使，又为鸟跌穴。

庚寅：开三，心六。九星皆伏吟。景乾迫，战格，又为时格，又为天乙伏宫格。伤坤迫，丙日为日悖。

辛卯：开四，心七。开巽迫，使反吟。伤兑制，时格。又辛日为伏干格。

壬辰：开五，心八。丙日为五不遇。生乾和，丙奇入墓，又丙日为飞干格，又有荧入白、丙奇得使。开坤义，龙返首。杜艮迫，小格，又为时格。又甲申庚临艮，击刑。

癸巳：开六，心九。开乾，使伏吟。景离，时格。

甲午：惊七，柱七。符使伏吟。休坎，人遁。死坤，丙日为日悖。

乙未：惊八，柱三。开震迫，符反吟，虎猖狂。生离义，丁奇得使，又为雀投江。死坎迫，蛇夭矫。杜兑制，乙奇得使，又为龙逃走。

丙申：惊九，柱二。休兑义，天乙伏宫格，又辛日为伏干格。

丁酉：惊一，柱一。休震和，人遁。开艮义，小格。死乾和，丙奇得使，又为丙奇入墓，又为荧入白。丙日为飞干格。杜坤迫，龙返首。辛日为五不遇。

戊戌：惊二，柱四。死离义，大格。

己亥：惊三，柱五。惊震迫，使反吟。伤兑制，天乙伏宫格，辛日为伏干格。

丁、壬日

时干支

庚子：惊四，柱六。生兑和，神遁。景艮和，丁奇得使。杜坎义，丁日为伏干格。伤乾制，天乙飞宫格。

辛丑：惊五，柱七。九星皆伏吟。休乾义，义格。

壬寅：惊六，柱八。开坎和，丁日为日悖。景坤和，乙奇得使，又为乙奇入墓。

癸卯：惊七，柱九。丁日为五不遇。死坤，白入荧。杜坎，龙遁。杜巽，丙奇得使，又为鸟跌穴。惊兑，使伏吟。开乾，壬日为飞干格。景离，甲午辛临离，击刑。

甲辰：生八，任八。符使伏吟。开乾，战格。

乙巳：生九，任三。休巽和，风遁。开震迫，地网之格。惊艮义，丁奇得使，又为丁奇入墓。死坎迫，丁日为伏干格。

丙午：生一，任二。生坎迫，蛇天矫。开兑，乙奇得使，又为龙逃走。死离义，丁奇得使，又为雀投江。杜震，虎猖狂。惊坤义，地网之格。伤艮迫，壬日为日悖。

丁未：生二，任一。生坤，使反吟。杜乾制，丁日为飞干格。景坎制，地网之格。

戊申：生三，任四。壬日为五不遇。休艮制，壬日为伏干格。惊乾，荧入白，又为丙奇得使。景坤和，龙返首。伤巽，地网之格，又甲辰壬临巽，击刑。

己酉：生四，任五。休震和，虎猖狂。开艮义，壬日为日悖。景兑迫，乙奇得使，又为龙逃走。杜坤迫，地网之格。伤离和，丁奇得使，又为雀投江。

庚戌：生五，任六。生坤，使反吟。又有荧入白、刑格。开巽迫，丙奇得使，又为鸟跌穴。杜乾制，地网之格，又为天乙飞宫格，壬日为飞干格。

辛亥：生六，任七。休兑义，地网之格。惊离制，大格。

戊、癸日

时干支

壬子：生七，任八。九星皆伏吟。伤乾制，战格。景艮和，地网之格。

癸丑：生八，任九。生艮，使伏吟。开乾，癸日为飞干格。死坤，乙奇得使，又为乙奇入墓。景离，地网之格。

甲寅：景九，英九。符使伏吟。戊日为五不遇。开乾，战格。

乙卯：景一，英三。景坎制，使反吟。生坤，白入荧。开巽迫，丙奇得使，又为鸟跌穴，又戊日为日悖。惊震迫，天网之格。

丙辰：景二，英二。休艮制，丁奇得使，又为丁奇入墓。景坤和，天网之格。

丁巳：景三，英一。伤坎义，符反吟，又有天网之格，又为蛇天矫。休兑义，乙奇得使，又为龙逃走。生乾和，戊日为飞干格。惊离制，丁奇得使，又为雀投江。死巽制，戊日为伏干格。景震义，虎猖狂。

戊午：景四，英四。景巽义，甲寅癸临巽，击刑，又为天网之格。死离义，癸日为日悖。

己未：景五，英五。休艮制，丁奇得使。景坤和，天网之格。癸日为五不遇。

庚申：景六，英六。景乾迫，天网之格，又有天乙飞宫格，又癸日为飞干格。伤坤迫，乙奇得使，又为乙奇入墓。

辛酉：景七，英七。开艮义，小格。杜坤迫，龙返首。死乾和，丙奇得使，又为丙奇入墓，又为荧入白。景兑迫，天网之格。

壬戌：景八，英八。开离制，大格。又为天乙伏宫格，又癸日为伏干格。景艮和，天网之格。

癸亥：景九，英九。符使伏吟。开乾，战格。景离，天网之格。

阳遁五局

甲、己日

时干支

甲子：死五，禽五。符使伏吟。惊兑，战格。

乙丑：死六，禽四。开艮义，云遁，又有乙奇得使，又为龙逃走。己日为五不遇。

丙寅：死七，禽三。惊乾，丙奇入墓，己日为日悖。景坤和，蛇天矫。

丁卯：死八，禽二。死艮，使反吟。九星皆伏吟。伤兑，战格。

戊辰：死九，禽五。九星皆伏吟。开兑，战格。

己巳：死一，禽六。休巽和，虎猖狂。死坎迫，大格。

庚午：死二，禽七。甲日为五不遇。死坤，使伏吟。开乾，刑格。

辛未：死三，禽八。生兑和，荧入白，又为丙奇得使。死震制，白入荧。伤乾制，乙奇得使。

壬申：死四，禽九。休兑义，己日为飞干格。惊离制，丁奇得使。

癸酉：死五，禽一。死坤，使伏吟，又有丙奇得使，又为鸟跌穴。丁奇得使，又为雀投江。

甲戌：开六，心六。符使伏吟。惊兑，战格。

乙亥：开七，心四。休乾义，乙奇得使。景巽义，符反吟。开兑，丙奇得使，又为荧入白。杜震，白入荧。

乙、庚日
时干支

丙子：开八，心三。庚日为五不遇。惊坎和，丁奇得使，又为雀投江。杜坤迫，丙奇得使，又为鸟跌穴。景兑迫，乙日为飞干格。

丁丑：开九，心二。景艮和，乙奇得使，又为龙逃走。开离制，小格。休坤制，甲戌己临坤，为击刑。

戊寅：开一，心五。休艮制，虎遁，又有乙奇得使，又为龙逃走。杜离和，小格。

己卯：开二，心六。九星皆伏吟。休兑义，战格，又庚日为伏干格。

庚辰：开三，心七。生离义，丁奇得使。杜兑制，天乙飞宫格。

辛巳：开四，心八。开巽迫，使反吟，又有虎猖狂。景坎制，大格。乙日为五不遇。

壬午：开五，心九。开坤义，蛇天矫。死巽制，乙日为伏干格。

癸未：开六，心一。开乾，使伏吟，又有刑格，又有天乙伏宫格。

甲申：惊七，柱七。符使伏吟。惊兑，战格。又庚日为伏干格。

乙酉：惊八，柱四。休巽和，时格，又乙日为伏干格。开震迫，龙返首。伤坤迫，蛇天矫。

丙戌：惊九，柱三。休兑义，丙奇得使，又有荧入白，又庚日为日悖。景震义，白入荧。生乾和，乙奇得使。

丁亥：惊一，柱二。伤离和，丁奇得使。杜坤迫，时格。

丙、辛日
时干支

戊子：惊一，柱五。惊坤义，时格。死离义，丁奇得使。伤艮迫，辛日为日悖。

己丑：惊三，柱六。惊震迫，使反吟。杜乾制，刑格。

庚寅：惊四，柱七。九星皆伏吟。生兑和，战格，又庚日为伏干格，又为天乙伏宫格，又为天乙飞宫格。

辛卯：惊五，柱八。生坎迫，丁奇得使，又为雀投江。伤艮迫，辛日为伏干格，又甲申庚临艮为击刑。

壬辰：惊六，柱九。休艮制，乙奇得使，又为龙逃走。杜离和，小格。丙日为五不遇。

癸巳：惊七，柱一。惊兑，使伏吟。休坎，大格，又为时格。杜巽，虎猖狂。

甲午：生八，任八。符使伏吟。惊兑，战格。

乙未：生九，任四。休巽和，虎猖狂。死坎，大格。伤坤迫，乙奇入墓。

丙申：生一，任三。休乾义，刑格。

丁酉：生二，任二。生坤，使反吟。伤兑制，荧入白，又为丙奇得使，又丙日为飞干格。杜乾制，乙奇得使。惊震迫，白入荧，丙日为伏干格。辛日为五不遇。

戊戌：生三，任五。生震制，白入荧，丙日为伏干格。惊乾，乙奇得使。死兑和，荧入白，又丙日为飞干格。

己亥：生四，任六。开艮义，乙奇得使，又为龙逃走。伤离和，小格。

丁、壬日

时干支

庚子：生五，任七。生坤，使反吟，又有蛇天矫。杜乾制，丙奇入墓。伤兑制，天乙飞宫格。

辛丑：生六，任八。九星皆伏吟。休兑义，战格。

壬寅：生七，任九。开离制，甲午辛临离为击刑。景艮和，天乙伏宫格。休坤制，丙奇得使，又为鸟跌穴，丁日为日悖。杜坎义，丁奇得使，又为雀投江。

癸卯：生八，任一。生艮，使伏吟。死坤，丁日为伏干格。景离，丁奇得使。丁日为五不遇。

甲辰：景九，英九。符使伏吟。景兑，战格。

乙巳：景一，英四。景坎制，使反吟。生坤，丁日为伏干格。开巽迫，地网之格，又甲辰壬临巽为击刑。休离迫，丁奇得使。

丙午：景二，英三。休兑制，乙奇得使，又为龙逃走，又有虎遁。生震制，地网之格。杜离和，小格，又有天乙伏宫格，壬日为伏干格。

丁未：景三，英二。休兑义，丁日为飞干格。生乾和，刑格。开坤义，地网之格。

戊申：景四，英五。休乾义，刑格。开兑，丁日为飞干格。景坤义，地网之格。壬日为五不遇。

己酉：景五，英六。开坎和，丁奇得使，又为雀投江。惊乾，地网之格。景坤和，丙奇得使，又为鸟跌穴，丁日为日悖。

庚戌：景六，英七。休巽和，虎猖狂。生离义，壬日为日悖。杜兑制，壬日为飞干格，又为地网之格，又有天乙飞宫格。伤坤迫，乙奇入墓。死坎迫，大格。

辛亥：景七，英八。休震和，龙返首。杜坤迫，蛇天矫。开艮义，地网之格。死乾和，丙奇入墓。

戊、癸日

时干支

壬子：景八，英九。九星皆伏吟。生兑和，战格。开离制，地网之格。

癸丑：景九，英一。景离，使伏吟。休坎，符反吟，又有地网之格。伤震，白入荧。惊兑，荧入白，又为丙奇得使。开乾，乙奇得使。

甲寅：休一，蓬一。戊日为五不遇。此为一九还宫之局。惊兑，战格。

乙卯：休二，蓬四。休坤制，丙奇得使，又为鸟跌穴，戊日为日悖。惊巽迫，天网之格，又甲寅癸临巽为击刑。杜坎义，丁奇得使，又为雀投江。

丙辰：休三，蓬三。休震和，天网之格。生巽制，虎猖狂。惊坎和，大格，又癸日为伏干格，又有天乙伏宫格。杜坤迫，乙奇入墓。

丁巳：休四，蓬二。伤坤迫，蛇天矫，又为天网之格。景乾迫，丙奇入墓。

戊午：休五，蓬五。休坤制，天网之格，又为蛇天矫。伤乾制，丙奇入墓。

己未：休六，蓬六。休乾义，天网之格。惊坤义，戊日为伏干格。死离义，丁奇得使。癸日为五不遇。

庚申：休七，蓬七。休兑义，天网之格。又有天乙飞宫格，又癸日为飞干格。惊离制，小格。杜坤迫，乙奇得使，又为龙逃走。

辛酉：休八，蓬八。休艮制，天网之格。惊乾，刑格。死兑和，戊日为飞干格。

壬戌：休九，蓬九。休离迫，符使反吟，又为天网之格。伤兑制，丙奇得使，又为荧入白。惊震迫，白入荧。杜乾制，乙奇得使。死艮，丁奇入墓。

癸亥：休一，蓬一。一九还宫之局。休坎，天网之格。惊兑，战格。星门皆伏吟。

阳遁六局

甲、己日

时干支

甲子：开六，心六。符使伏吟。生艮，战格。死坤，乙奇入墓。

乙丑：开七，心五。己日为五不遇。休乾义，天乙伏宫格，又甲日为伏干格。生坎迫，丁奇生门乘六合为休诈。伤艮迫，丙奇得使，又为荧入白。

丙寅：开八，心四。生巽制，龙返首，死乾和，丙奇得使，又为鸟跌穴，又为丙奇入墓，又甲日为日悖。杜坤迫，大格。

丁卯：开九，心三。休坤制，丁奇得使，又为雀投江，又丁奇休门乘六合为休诈。生兑和，己日为日悖。死震制，甲子戊临震为击刑。

戊辰：开一，心六。九星皆伏吟。休艮制，战格。生震制，丁奇生门乘六合为休诈。景坤和，乙奇入墓。

己巳：开二，心七。伤坎义，小格。

庚午：开三，心八。甲日为五不遇。惊艮义，天乙飞宫格。休巽和，白入荧。

辛未：开四，心九。开巽迫，使反吟。伤兑制，刑格，己日为伏干格。惊震迫，蛇夭矫。

壬申：开五，心一。休兑义，乙奇得使，又乙奇休门乘九地为重诈。

癸酉：开六，心二。开乾使伏吟，又有天乙伏宫格，又甲日为伏干格。休坎，丁奇得使，又丁奇休门乘六合为休诈。生艮，丙奇得使，又为荧入白。

甲戌：惊七，柱七。符使伏吟。生艮，战格。死坤，乙奇入墓。

乙亥：惊八，柱五。生离义，乙奇得使，又为龙逃走。死坎迫，小格。

乙、庚日

时干支

丙子：惊九，柱四。庚日为五不遇。休兑义，刑格。景震义，蛇夭矫。

丁丑：惊一，柱二。休震和，符反吟。生巽制，龙返首。开艮义，乙日为飞干格。杜坤迫，大格，乙日为伏干格。死乾和，丙奇得使，又为鸟跌穴，又为丙奇入墓。

戊寅：惊二，柱六。惊坤义，虎猖狂。

己卯：惊三，柱七。惊震迫，使反吟。九星皆伏吟。生坤，乙奇入墓。死艮，战格，庚日为伏干格。

庚辰：惊四，柱八。休坤制，丁奇得使，又为雀投江。景艮和，天乙飞宫格。

辛巳：惊五，柱九。乙日为五不遇。生坎迫，丙奇得使。伤艮迫，丙奇得使，又为荧入白，庚日为日悖。

壬午：惊六，柱一。伤巽，白入荧。景坤和，乙日为日悖。

癸未：惊七，柱二。惊兑，使伏吟。休坎，小格。生艮，丁奇入墓。死坤，甲戌己临坤为击刑。景离，乙奇得使，又为龙逃走。

甲申：生八，任八。符使伏吟。生艮，战格，又庚日为伏干格。死坤，乙奇入墓。

乙酉：生九，任五。休巽和，龙返首。景乾迫，丙奇得使，又为鸟跌穴，又为丙奇入墓。伤坤迫，乙日为伏干格，符反吟。惊艮义，乙日为飞干格。

丙戌：生一，任四。景巽义，白入荧。惊坤义，乙日为日悖。

丁亥：生二，任三。生坤，使反吟，又有虎猖狂。惊震迫，时格。伤兑制，乙奇得使。

丙、辛日
时干支

戊子：生三，任六。休艮制。丙奇得使。又为荧入白，丙日为飞干格。开坎和，丁奇得数。惊乾，时格。

己丑：生四，任七。景兑制，刑格，又为时格。休震和，蛇天矫。开艮义，辛日为飞干格。

庚寅：生五，任八。死艮，战格，又有天乙飞宫格，又为时格，又甲申庚临艮为击刑。生坤，乙奇入墓，又有使反吟。九星皆伏吟。

辛卯：生六，任九。惊离制，时格，又辛日为伏干格。开坤义，丁奇得使，又为雀投江。

壬辰：生七，任一。丙日为五不遇。开离制，乙奇得使，又为龙逃走。杜坎义，小格，又为时格。

癸巳：生八，任二。生艮，使伏吟。死坤，符反吟，又有大格，又为时格。开乾，丙奇得使，又为鸟跌穴，又为丙奇入墓。杜巽，龙返首。

甲午：景九，英九。符使伏吟。生艮，战格。景离，甲午辛临离为击刑。

乙未：景一，英九。景坎制，使反吟。伤兑制，乙奇得使。生坤，虎猖狂。

丙申：景二，英四。生震制，天遁，又有神遁。开坎和，小格。杜离和，乙奇得使，又为龙逃走。

丁酉：景三，英三。伤坎义，丁奇得使。杜艮迫，丙奇得使，又为荧入白，又丙日为飞干格。辛日为五不遇。

戊戌：景四，英六。惊坤义，丁奇得使，又为雀投江。死离义，天乙伏宫格，又辛日为伏干格。

己亥：景五，英七。伤巽，白入荧，又丙日为伏干格。

丁、壬日
时干支

庚子：景六，英八。开震迫，蛇天矫。杜兑制，刑格。惊艮义，天乙飞宫格。死坎迫，壬日为日悖。

辛丑：景七，英九。九星皆伏吟。开艮，战格。生巽，神遁。杜坤迫，乙奇入墓。伤离和，甲午辛临离为击刑。

壬寅：景八，英一。杜坎义，符反吟。休坤制，大格。生兑和，丁奇加生门乘九地为重诈。伤乾制，丙奇得使，又为鸟跌穴，又为丙奇入墓。惊巽迫，龙返首。

癸卯：景九，英二。景离，使伏吟。伤震，丁日为伏干格。死坤，虎猖狂。惊兑，乙奇得使。丁日为五不遇。

甲辰：休一，蓬一。符使伏吟。一九还宫。生艮，战格。死坤，乙奇入墓。

乙巳：休二，蓬五。休坤制，地网之格。生兑和，刑格。死震制，蛇天矫。杜坎义，壬日为日悖。

丙午：休三，蓬四。生巽制，地网之格，又甲辰壬为击刑。杜坤迫，丁奇得使，又为雀投江。

丁未：休四，蓬三。休巽和，白入荧。生离义，丁奇加生门乘太阴为真诈。开震迫，地网之格。

戊申：休五，蓬六。壬日为五不遇。伤乾制；地网之格。开离制，乙奇得使，又为龙逃走。杜坎迫，小格，又有天乙伏宫格，又壬日为伏干格。

己酉：休六，蓬七。生坎迫，丁奇得使，又丁奇加生门乘太阴为真诈。开兑，地网之格。伤艮迫，丙奇得使，又为荧入白。

庚戌：休七，蓬八。休兑义，乙奇得使。开坤义，虎猖狂。杜艮迫，地网之格，又有天乙飞宫格，又壬日为飞干格。

辛亥：休八，蓬九。杜离和，符反吟，又有地网之格。惊乾，丙奇得使，又为鸟跌穴，又为丙奇入墓。景坤和，大格伤巽，龙返首。

戊、癸日
时干支

壬子：休九，蓬一。九星皆伏吟，休离迫，使反吟。生坤，乙奇入墓。死艮，战格。景坎制，地网之格。

癸丑：休一，蓬二。休坎，使伏吟。惊兑，刑格，又丁奇加开门乘太阴为真诈。死坤，地网之格。伤震，蛇天矫。

甲寅：死二，芮二。符使伏吟。戊日为五不遇。生艮，战格。死坤，乙奇入墓。

乙卯：死三，芮五。九星皆伏吟。休坤制，乙奇入墓，又有天网之格。景艮和，战格。

丙辰：死四，芮四。死巽制，天网之格，又甲寅癸临巽为击刑。生乾和，戊日为伏干格。杜艮迫，丙奇得使，又为荧入白。伤坎义，丁奇得使。

丁巳：死五，芮三。死坤，使伏吟。惊兑，刑格。伤震，蛇天矫，又为天网之格。

戊午：死六，芮六。生巽制，白入荧。死乾和，天网之格。杜坤迫，癸日为日悖。

己未：死七，芮七。癸日为五不遇。死兑和，乙奇得使，又有天网之格。

庚申：死八，芮八。死艮，符使反吟，又有天乙飞宫格，又有天网之格，又癸日为飞干格。杜乾制，丙奇得使，又为鸟跌穴，又为丙奇入墓。开巽迫，龙返首。生坤，天乙伏宫格，又有大格。

辛酉：死九，芮九。生坎迫，小格。死离义，乙奇得使，又为龙逃走，又有天网之格。

壬戌：死一，芮一。伤坤迫，丁奇得使，又为雀投江。死坎迫，天网之格。

癸亥：死二，芮二。符使伏吟。生艮，战格。死坤，乙奇入墓。

阳遁七局
甲、己日
时干支

甲子：惊七，柱七。符使伏吟，景离战格。

乙丑：惊八，柱六。己日为五不遇。休巽和，蛇天矫。伤坤迫，小格。杜兑制，丙奇得使，又为鸟跌穴。死坎迫，乙奇得使，又为龙逃走。

丙寅：惊九，柱五。生乾和，虎猖狂。景震义，丁奇得使，又为雀投江。惊离制，荧入白。

丁卯：惊一，柱四。开艮义，刑格，又己日为伏干格。

戊辰：惊二，柱七。九星皆伏吟。死离义，战格。

己巳：惊三，柱八。惊震迫，使反吟。景坎制，丙奇加景门乘九天为天假。

庚午：惊四，柱九。开离制，天乙飞宫格，又甲日为飞干格。死震制，大格。甲日为五不遇。

辛未：惊五，柱一。伤艮迫，乙奇得使。惊坤义，丁奇得使。开兑，天乙飞宫格，又甲日为伏干格。

壬申：惊六，柱二。生震制，丁奇得使，又为雀投江。杜离和，丙奇得使，又为荧入白。惊乾，虎猖狂。

癸酉：惊七，柱三。惊兑，使伏吟。伤震，甲子戊临震为击刑，符反吟。生艮，己日为日悖。

甲戌：生八，柱八。符使伏吟。惊离，战格。

乙亥：生九，任六。开震迫，大格。伤坤迫，乙奇入墓。

乙、庚日
时干支

丙子：生一，任五。庚日为五不遇。惊坤义，符反吟，又甲子戊临坤为击刑。休乾义，人遁，又为真诈。

丁丑：生二，任四。生坤，使反吟，又有丁奇得使。死艮，乙奇得使。杜乾制，乙日为日悖。

戊寅：生三，任七。休艮制，刑格。开坎和，丁奇加开门乘太阴为真诈。杜离和，乙日为飞干格。

己卯：生四，任八。九星皆伏吟。伤离和，战格。庚日为伏干格，又为飞干格。

庚辰：生五，任九。生坤，使反吟。杜乾制，乙日为伏干格。休离迫，天乙飞宫格。

辛巳：生六，任一。休兑义，乙奇加休门乘九地为重诈。生乾和，虎猖狂。开坤义，龙返首。景震义，丁奇得使，又为雀投江。惊离制，丙奇得使，又为荧入白。乙日为五不遇。

壬午：生七，任二。休坤制，甲戌己临坤为击刑。

癸未：生八，任三。生艮，使伏吟。惊兑，丙奇得使，又为鸟跌穴。死坤，小格，又为白入荧。杜巽，蛇天矫。休坎，乙奇得使，又为龙逃走，又有龙遁。

甲申：景九，英九。符使伏吟。景离，战格，又有天乙伏宫格，又为天乙飞宫格，庚日既为伏干格，又为飞干格。

乙酉：景一，英六。景坎制，使反吟。杜乾制，时格，又乙日为伏干格。

丙戌：景二，英五。开坎和，乙奇得使，又为龙逃走，又有云遁。死兑和，丙奇得使，又为鸟跌穴。景坤和，小格，又有时格，又为荧入白。

伤巽，蛇天矫。

丁亥：景三，英四。生乾和，虎猖狂。开坤义，龙返首。惊离制，丙奇得使，又为荧入白，又庚日为日悖。死巽制，时格。景震义，丁奇得使，又为雀投江。

丙、辛日
时干支

戊子：景四，英七。惊坤义，丁奇得使。伤艮迫，乙奇得使。开兑，时格。

己丑：景五，英八。休艮制，甲申庚临艮宫为击刑。又有时格。

庚寅：景六，英九。九星皆伏吟。生离义，战格，又为时格，又为天乙飞宫格、天乙伏宫格。伤艮迫，丙日为日悖。

辛卯：景七，英一。生巽制，风遁。惊坎和，时格，又辛日为伏干格。

壬辰：景八，英二。休坤制，小格，又有时格，又丙日为伏干格。生兑和，丙奇得使，又为鸟跌穴。杜坎义，乙奇得使，又为龙逃走。惊巽迫，蛇天矫，丙日为五不遇。

癸巳：景九，英三。景离，使伏吟。生艮，丁奇入墓。伤震，大格，又为时格。死坤，乙奇入墓。

甲午：休一，蓬一。符使伏吟。景离，战格。死坤，丙日为日悖。

乙未：休二，蓬六。休坤制，龙返首。开离制，丙奇得使，又为荧入白。又丙日为飞干格。死震制，丁奇得使，又为雀投江。伤乾制，虎猖狂。

丙申：休三，蓬五。开艮义，刑格。

丁酉：休四，蓬四。心日为，五不遇。开震迫，乙奇加开门临地盘六癸为龙遁。死坎迫，辛日为日悖。

戊戌：休五，蓬七。死震制，大格。

己亥：休六，蓬八。生坎迫，乙奇得使，又为龙逃走，又乙奇加生门临坎宫为龙遁。惊坤义，白入荧，又斌日为伏干格。开兑，丙奇得使，又为鸟跌穴。景巽义，蛇天矫，又甲寅癸临巽宫为击刑。

丁、壬日

时干支

庚子：休七，蓬九。惊离制，符反吟，又甲午辛临离宫为击刑，又有天乙飞宫格。伤坎义天乙伏宫格。生乾和，丁奇加生门乘六合为休诈。

辛丑：休八，蓬一。九星皆伏吟。杜离和，战格。景坤和，壬日为日悖。

壬寅：休九，蓬二。休离迫，使反吟。死艮，刑格。

癸卯：休一，蓬三。休坎，使伏吟。生艮，乙奇得使。开乾，丙奇入墓。死坤，丁奇得使。丁日为五不遇。

甲辰：死二，芮二。符使伏吟。景离，战格。死坤，壬日为日悖。

乙巳：死三，芮六。休坤制，丁奇得使，又丁奇加休门乘九地为重诈。伤乾制，丙奇入墓，又有地网之格。景艮和，乙奇得使。

丙午：死四，芮五。九星皆伏吟。生乾和，乙奇加生门乘太阴为真诈。开坤义，壬日为日悖，又有地网之格。惊离制，战格。

丁未：死五，芮四。死坤，使伏吟，又有乙奇入墓。伤震，大格。杜巽，甲辰壬临巽宫为击刑，又有地网之格，又丁日为日悖。

戊申：死六，芮七。壬日为五不遇。生巽制，蛇天矫。惊坎和，乙奇得使，又为龙逃走。景兑迫，地网之格，又有丙奇得使，又为鸟跌穴。杜坤迫，小格，又有天乙伏宫格，又壬日为伏干格。伤离和，丁日为飞干格。甲寅癸临巽宫为击刑。

己酉：死七，芮八。休艮制，地网之格。

庚戌：死八，芮九。死艮，使反吟。杜乾制，虎猖狂。开巽迫，丁日为伏干格。休离迫，丙奇得使，又为荧入白，又有地网之格，又有天乙飞宫格。惊震迫，丁奇得使，又为雀投江。

辛亥：死九，芮一。生坎迫，地网之格。开兑，丁奇加开门乘九地为重诈。

戊、癸日

时干支

壬子：死一，芮二。九星皆伏吟。休巽和，丁奇加休门乘九地为重诈。

生离义，战格。伤坤迫，地网之格。

癸丑：死二，芮三。死坤，使伏吟。休坎，丁奇加休门乘九地为重诈。生艮，刑格。伤震，地网之格，又癸日为日悖。

甲寅：伤三，冲三。符使伏吟。戊日为五不遇。景离，战格。

乙卯：伤四，冲六。休艮制，刑格。生震制，癸日为日悖。惊乾，天网之格。

丙辰：伤五，冲五。伤坤迫，天网之格。

丁巳：伤六，冲四。休坤制，小格，又有白入荧。生兑和，丙奇得使，又为鸟跌穴，又戊日为日悖。杜坎义，乙奇得使，又为龙逃走。惊巽迫，天网之格。

戊午：伤七，冲七。伤兑制，符使反吟，又有天网之格。

己未：伤八，冲八。癸日为五不遇，休乾义，虎猖狂。惊坤义，龙返首。死离义，丙奇得使，又为荧入白。杜震，丁奇得使，又为雀投江。伤艮迫，天网之格。

庚申：伤九，冲九。开艮义，地遁。景兑迫，戊日为伏干格。死乾和，丙奇入墓。杜坤迫，丁奇得使。伤离义，天乙飞宫格，又有天网之格，又癸日为飞干格。

辛酉：伤一，冲一。开坤义，云遁，又有乙奇入墓。景震义，大格，又有天乙伏宫格，又癸日为伏干格。惊离制，戊日为飞干格。伤坎义，天网之格。

壬戌：伤二，冲二。伤坤迫，天网之格。

癸亥：伤三，冲三。符使伏吟。景离，战格。

阳遁八局
甲、己日
时干支

甲子：生八，任八。符使伏吟。休坎，战格。开乾，丙奇入墓。

乙丑：生九，任七。己日为五不遇。生离义，己日为日悖。休巽和，乙奇加休门临巽宫为风遁。又临地盘六癸为龙遁。开震迫，丁奇得使。

丙寅：生一，任六。休乾义，龙返首。死离义，乙奇得使。景巽义，丁奇得使，又为雀投江。

丁卯：生二，任五。生坤，符使皆反吟。休离迫，刑格。又己日为伏干格。

戊辰：生三，任八。九星皆伏吟。开坎和，战格。惊乾，丙奇入墓。

己巳：生四，任九。生巽制，大格。休震和，丙奇加休门乘九地为重诈。

庚午：生五，任一。生坤，使反吟。甲日为五不遇。杜乾制，白入荧。景坎制，天乙飞宫格，甲日为飞干格。

辛未：生六，任二。惊离制，刑格。又己日为伏干格。伤坎义，己日为飞干格。

壬申：生七，任三。生兑和，虎猖狂。杜坎义，荧入白。死震迫，甲子戊临震宫为击刑。景艮和，天乙飞宫格，又甲日为伏干格。

癸酉：生八，任四。生艮，使伏吟，又有丙奇得使，又为鸟跌穴，又甲日为日悖。休坎，乙奇加休门临坎宫为龙遁。

甲戌：景九，英九。符使伏吟。休坎，战格。开乾，丙奇入墓。

乙亥：景一，英七。景坎，使反吟。死艮，丙奇得使，又为鸟跌穴，又甲日为日悖。生坤，蛇天矫。

乙、庚日
时干支

丙子：景一，英六。生震制，丙奇加生门乘六合为休诈。伤巽，大格。惊乾，值符天英入墓。庚日为五不遇。

丁丑：景三，英五。伤坎义，丙奇得使，又为荧入白，又庚日为日悖。休兑义，虎猖狂。生乾和，乙奇加生门乘太阴为真诈。开坤义，甲戌己临坤宫为击刑。

戊寅：景四，英八。杜震，丁奇得使。

己卯：景五，英九。杜离和，符伏吟。九星皆伏吟。开坎和，战格，庚日为伏干格，又为飞干格。

庚辰：景六，英一。死坎迫，符反吟，又有天乙飞宫格。生离义，刑格，又有天乙伏宫格。开震迫，乙奇加开门乘太阴为真诈。

辛巳：景七，英二。乙日为五不遇。杜坤迫，甲戌己临坤宫为击刑。景兑迫，虎猖狂。惊坎和，丙奇得使，又为荧入白，又庚日为日悖。

壬午：景八，英三。休坤制，丙奇加休门乘六合为休诈。生兑和，乙日为伏干格。开离制，乙奇得使，又乙奇加开门临地盘六己为地遁。伤乾制，龙返首。惊巽迫，丁奇得使，又为雀投江。

癸未：景九，英四。开乾，白入荧。死坤，乙奇得使，又为龙逃走，又为乙奇入墓。惊兑，乙日为日悖。景离，使伏吟。

甲申：休一，蓬一。符使伏吟，休坎，战格。庚日为伏干格，又为飞干格。开乾，丙奇入墓。

乙酉：休二，蓬七。生兑和，乙日为伏干格，又为时格。开离制，乙奇得使，又乙奇加开门临地盘六己为地遁。惊巽迫，丁奇得使，又为雀投江。

丙戌：休三，蓬六。死乾和，白入荧。景兑迫，乙日为日悖。杜坤迫，乙奇得使，又为龙逃走，又为乙奇入墓。

丁亥：休四，蓬五。伤坤迫，时格。休巽和，乙奇加休门临巽宫为风遁，又下临六癸为龙遁。生离义，丙奇加生门乘九天为神遁。开震迫，丁奇得使。

丙、辛日
时干支

戊子：休五，蓬八。景艮和，甲申庚临艮宫为击刑，又有时格。生兑和，虎猖狂。杜坎义，荧入白，又为丙奇得使，又丙日为飞干格。

己丑：休六，蓬九。死离义，符反吟，又有刑格，又为时格。伤艮迫，丁奇入墓。

庚寅：休七，蓬一。伤坎义，符伏吟，又有战格，又为时格。又庚日为伏干格，又为天乙伏宫格，又为天乙飞宫格。九星皆伏吟。生乾和，丙奇入墓。又斌日为日悖。

辛卯：休八，蓬二。景坤和，时格，又辛日为伏干格。生震制，丁奇得使。

壬辰：休九，蓬三。丙日为五不遇。休离迫，使反吟。死艮，丙奇得使，又为鸟跌穴。惊震迫，时格。

癸巳：休一，蓬四。休坎，使伏吟，又辛日为飞干格。生艮，乙奇加生门乘九地为重诈。杜巽，大格，又为时格。

甲午：死二，芮二。符使伏吟。开乾，丙奇入墓。又丙日为日悖。休坎，战格。

乙未：死三，芮七。生兑和，虎猖狂。杜坎义，丙奇得使，又为荧入白，又丙日为飞干格。

丙申：死四，芮六。杜艮迫，丙奇得使，又为鸟跌穴。景震义，小格。

丁酉：死五，芮五。辛日为五不遇。开乾，丙奇入墓，又丙日为日悖。休坎，战格。符使伏吟。

戊戌：死六，芮八。伤离和，刑格。

己亥：死七，芮九。惊乾，白入荧，又丙日为伏干格。景坤和，乙奇得使，又为龙逃走，又为乙奇入墓。杜离和，甲午辛临离宫为击刑。

丁、壬日
时干支

庚子：死八，芮一。死艮，使反吟。开巽迫，大格。景坎制，天乙飞宫格。惊震迫，壬日为日悖。

辛丑：死九，芮二。九星皆伏吟。生坎迫，战格。休乾义，丙奇入墓。

壬寅：死一，芮三。休巽和，乙奇加休门临巽宫为风遁，又临地盘六癸为龙遁。开震迫，丁奇得使。伤坤迫，天乙伏宫格，又丁日为伏干格。

癸卯：死二，芮四。死坤，使伏吟，又丁日为日悖。开乾，龙返首。杜巽，丁奇得使，又为雀投江。景离，乙奇得使。丁日为五不遇。

甲辰：伤三，冲三。符使伏吟。休坎，战格。开乾，丙奇入墓。

乙巳：伤四，冲七。死兑和，符反吟，又有地网之格。杜离和，刑格。

丙午：伤五，冲六。休巽和，乙奇加休门临巽宫为风遁，又临地盘六癸为龙遁。开震迫，丁奇得使。伤坤迫，丁日为伏干格。景乾迫，地网之格。

丁未：伤六，冲五。休坤制，地网之格，惊巽迫，大格。死震制，壬日为日悖。

戊申：伤七，冲八。壬日为五不遇。伤兑制，使反吟。杜乾制，白入荧。生坤，乙奇得使，又为龙逃走，又为乙奇入墓。死艮，地网之格。

己酉：伤八，冲九。惊坤义，蛇天矫。杜震，小格，又壬日为伏干格，又有天乙伏宫格。死离义，地网之格。伤艮迫，丙奇得使，又为鸟跌穴。

庚戌：伤九，冲一。生巽制，丁奇得使，又为雀投江，又丁奇加生门乘六合为休诈。死乾和，龙返首。杜坤迫，丁日为日悖。惊坎和，天乙飞宫格，又有地网之格，又壬日为飞干格。伤离和，乙奇得使。

辛亥：伤一，冲二。开坤义，德之歌。死巽制，大格。景震义，壬日为日悖。

戊、癸日
时干支

壬子：伤二，冲三。九星皆伏吟。开震迫，地网之格。死坎迫，战格。景乾迫，丙奇入墓。

癸丑：伤三，冲四。伤震，使伏吟，又甲子戊临震宫为击刑。杜巽，地网之格。休坎，丙奇得使，又为荧入白。生艮，戊日为伏干格，惊兑，虎猖狂。

甲寅：杜四，辅四。符使伏吟。休坎，战格。开乾，丙奇入墓。戊日为五不遇。

乙卯：杜五，辅七。生巽制，大格，又有天乙伏宫格，又癸日为伏干格。开艮义，乙奇加开门乘六合为休诈。景兑迫，天网之格。

丙辰：杜六，辅六。杜乾制，符使皆反吟，又有天网之格。休离迫，刑格。开寻破，癸日为日悖。

丁巳：杜七，辅五。开震迫，小格。惊艮义，丙奇得使，又为鸟跌穴，又戊日为日悖。伤坤迫，天网之格。

戊午：杜八，辅八。休兑义，奇格。生乾和，龙返首。惊离制，乙奇得使。死巽制，丁奇得使，又为雀投江。杜艮迫，天网之格。

己未：杜九，辅九。癸日为五不遇。休艮制，戊日为伏干格。开坎和，丙奇得使，又为荧入白。死兑和，虎猖狂。杜离和，天网之格。

庚申：杜一，辅一。杜坎义，天乙飞宫格，又有天网之格，又癸日为飞干格。

辛酉：杜二，辅二。休震和，小格。开根艺，丙奇得使，又为鸟跌穴，又戊日为日悖。杜坤迫，天网之格。

壬戌：杜三，辅三。休乾义，白入荧。生坎迫，戊日为飞干格。惊坤义，乙奇得使，又为龙逃走，又为乙奇入墓。杜震，天网之格。

癸亥：杜四，辅四。符使伏吟。一九还宫。杜巽，甲寅癸临巽宫为击刑，又有天网之格。开乾，丙奇入墓。休坎，战格。

阳遁九局
甲、己日
时干支

甲子：景九，英九。符使伏吟。死坤，战格。

乙丑：景一，英八。景坎，使反吟。生坤，己日为飞干格。己日为五不遇。

丙寅：景二，英七。开坎和，己日为日悖。惊乾，蛇天矫。死兑和，龙返首。开坎和，丙奇加开门乘太阴为真诈。休艮制，丁奇加休门乘六合为休诈。

丁卯：景三，英六。伤坎义，刑格，又己日为伏干格。

戊辰：景四，英九。九星皆伏吟。开兑，丙奇加开门乘太阴为真诈。休乾义，丁奇加休门乘六合为休诈。惊坤义，刑格，又有大格。

己巳：景五，英一。开坎和，符反吟。伤巽，丁奇得使。生震制，丙奇加生门乘太阴为真诈。

庚午：景六，英二。甲日为五不遇。开震迫，乙奇得使，又为龙逃走，又乙奇加开门下临地盘六辛为云遁。景乾迫，丙奇入墓。伤坤迫，天乙飞宫格，又甲日为飞干格。杜兑制，白入荧。

辛未：景七，英三。休震和，甲子戊临震宫为击刑。生巽制，小格。伤离和，丙奇得使，又为鸟跌穴。

壬申：景八，英四。休坤制，丙奇得使，又为荧入白，又丙奇加休门乘太阴为真诈。生兑和，丁奇加生门乘六合为休诈。开离制，天乙伏宫格，又甲日为伏干格。景艮和，虎猖狂。杜坎义，乙奇得使。

癸酉：景九，英五。景离，使伏吟。休坎，丁奇加休门乘六合为休诈。开乾，丙奇入墓，又丙奇加开门乘太阴为真诈。伤震，乙奇得使，又为龙逃走。惊兑，白入荧。死坤，天乙飞宫格，又甲日为飞干格。

甲戌：休一，蓬一。符使伏吟。死坤，战格。

乙亥：休二，蓬八。休坤制，甲日为飞干格。生兑和，白入荧。伤乾制，丙奇入墓。死震，乙奇得使，又为龙逃走。

乙、庚日
时干支

丙子：休三，蓬七。生巽制，小格。伤离和，丙奇得使，又为鸟跌穴。庚日为五不遇。

丁丑：休四，蓬六。伤坤迫，丙奇得使，又为荧入白，又庚日为日悖。惊艮义，虎猖狂。死坎迫，乙奇得使。

戊寅：休五，蓬九。开离制，符反吟。休坤制，乙奇入墓，又乙日为飞干格。惊巽迫，丁奇得使。景艮和，乙日为飞干格。

己卯：休六，蓬一。九星皆伏吟。惊坤义，战格，又为大格。庚日为伏干格，又为飞干格。开兑，丙奇加开门乘九地为重诈。

庚辰：休七，蓬二。开坤义，天乙飞宫格，又甲戌己临坤宫为击刑。

辛巳：休八，蓬三。乙日为五不遇。死兑和龙返首。开坎和，丙奇加开门乘九地我重诈。

壬午：休九，蓬四。休离迫，使反吟。景坎制，刑格，又有天乙伏宫格。

癸未：休一，蓬五。休坎，使伏吟。死坤，天乙飞宫格，又甲戌己临坤宫为击刑。

甲申：死二，芮二。符使伏吟。死坤，战格，又庚日为伏干格，又为飞干格。

乙酉：死三，芮八。休坤制，乙日为飞干格。惊巽迫，丁奇得使。景艮和，乙日为伏干格。又甲申庚临艮宫为击刑。

丙戌：死四，芮七。休兑义，白入荧，又有天网之格。生乾和，丙奇入墓。景震义，乙奇得使，又为龙逃走。

丁亥：死五，芮六。死坤，使伏吟。生艮，丁奇加生门乘太阴为真诈。景兑，龙返首。

丙、辛日
时干支

戊子：死六，芮九。开艮义，虎猖狂。杜坤迫，丙奇得数，又为荧入白，又丙日为飞干格。伤离和，时格，又有天网之格。惊坎和，乙奇得使。

己丑：死七，芮一。开坎和，刑格，又为时格，又有天网之格。生震制，丁奇加生门乘太阴为真诈。

庚寅：死八，芮二。九星皆伏吟。死艮，使反吟。生坤战格，又为时格，又有天网之格。伤兑制，丙日为日悖。

辛卯：死九，芮三。杜震，时格，又有天网之格，又辛日为伏干格。

壬辰：死一，芮四。丙日为五不遇。休巽和，小格，又为时格，又有天网之格。生离义，丙奇得使，又为鸟跌穴。

癸巳：死二，芮五。符使伏吟。死坤，战格，又有大格，又有天乙伏宫格，又有天乙飞宫格，又有天网之格。惊兑，丙日为日悖。

甲午：伤三，冲三。符使伏吟。死坤，战格，又有大格。惊兑，丙日为日悖。

乙未：伤四，冲八。休艮制，虎猖狂。开坎和，乙奇得使，又乙奇加开门临坎宫为龙遁，又下临地盘六己为地遁。景坤和，丙奇得使，又为荧入白，又丙日为飞干格。

丙申：伤五，冲七。休巽和，丁奇得使。开震迫，辛日为日悖。

丁酉：伤六，冲六。死震制，天乙伏宫格，又辛日为伏干格。辛日为五不遇。

戊戌：伤七，冲九。伤兑，使反吟，又有龙返首。休离迫，甲午辛临离宫为击刑。死艮，丁奇入墓。

己亥：伤八，冲一。死离义，丙奇得使，又为鸟跌穴。景巽义，小格。惊坤义，丁奇得使，又为雀投江。

丁、壬日
时干支

庚子：伤九，冲二。惊坎和，刑格。杜坤迫，天乙飞宫格。

辛丑：伤一，冲三。九星皆伏吟。开坤义，战格。

壬寅：伤二，冲四。开震迫，乙奇得使，又为龙逃走，又乙奇加开门临地盘六辛为云遁。景乾迫，丙奇入墓，又丁日为日悖。杜兑制，白入荧。

癸卯：伤三，冲五。伤震，使伏吟。休兑，刑格。死坤，天乙飞宫格，丁日为五不遇。

甲辰：杜四，辅四。符使伏吟。死坤，战格。杜巽，甲辰壬临巽宫为击刑。

乙巳：杜五，辅八。生巽制，小格，又壬日为伏干格，又有天乙伏宫格。开艮义，地网之格。伤离和，丙奇得使，又为鸟跌穴。杜坤迫，丁日为飞干格。

丙午：杜六，辅七。杜乾制，使反吟。景坎制，刑格。伤兑制，地网之格。

丁未：杜七，辅六。休巽和，丁奇得使。景乾迫，地网之格。

戊申：杜八，辅九。壬日为五不遇。休兑义，白入荧。生乾和，丙奇入墓，又丁日为日悖，又丙奇加生门乘六合为休诈，又丙奇加生门临地盘丁奇为天遁。景震义，乙奇得使，又为龙逃走。惊离制，地网之格。

己酉：杜九，辅一。开坎和，地网之格。伤巽，壬日为日悖。

庚戌：杜一，辅二。休坤分，壬日为飞干格，又有天乙飞宫格，又有地网之格。生兑和，龙返首。伤乾制，蛇天矫，又丁日为伏干格。景艮和，丁奇入墓。

辛亥：杜二，辅三。杜坤迫，丙奇得使，又为荧入白。惊坎和，乙奇得使。休震和，地网之格。开艮义，虎猖狂。

戊、癸日
时干支

壬子：杜三，辅四。九星皆伏吟。惊坤义，战格，又癸日为伏干格，又为飞干格。景巽义，地网之格，又甲辰壬临巽宫为击刑。

癸丑：杜四，辅五。杜巽，使伏吟。休坎，丙奇加休门乘六合为休诈。生艮，丁奇入墓。惊兑，龙返首。死坤，天乙飞宫格，又有地网之格。

甲寅：死五，禽五。戊日为五不遇。符使伏吟。死坤，战格，又有大格，癸日为伏干格，又为飞干格。开乾，丁奇加开门乘六合为休诈。

乙卯：死六，禽八。开艮义，符反吟，又有时格，又有天网之格。杜坤迫，乙奇入墓。生巽制，丁奇得使。

丙辰：死七，禽七。生震制，乙奇得使，又乙奇加生门临地盘六辛为云遁。惊乾，丙奇入墓。死兑和，白入荧，又有时格，又有天网之格。

丁巳：死八，禽六。死艮，使反吟，又有丁奇入墓。杜乾制，时格，又有天网之格。伤兑制，龙返首。

戊午：死九，禽九。生坎迫，乙奇得使。开兑，丁奇加开门乘太阴为真诈。死离义，时格，又有天网之格，又戊日为伏干格。惊坤义，丙奇得使，又为荧入白，又癸日为日悖。伤艮迫，虎猖狂。

己未：死一，禽一。癸日为五不遇。开震迫，丁奇加开门乘太阴为真诈。死坎迫，刑格，又有天网之格，又有时格。

庚申：死二，禽二。符使伏吟。死坤，战格，又有时格，又有天乙飞宫格，又有天乙伏宫格，又有天网之格，又癸日为伏干格，又为飞干格。杜巽，甲辰壬临巽宫为击刑。

辛酉：死三，禽三。开离制，丁奇加开门乘太阴为真诈。死震制，时格，又有天网之格。

壬戌：死四，禽四。死巽制，小格，又有天网之格，又有时格。开坤义，丁奇得使，又为雀投江。惊离制，丙奇得使，又为鸟跌穴，又戊日为日悖。

癸亥：死五，禽五。符使伏吟。死坤，战格，又有时格，又有天网之格。又有天乙飞宫格，又有天乙伏宫格，又癸日为伏干格，又为飞干格。开乾，丁奇加开门乘太阴为真诈。杜巽，甲辰壬临巽宫为击刑。

附录四　时家阴遁五百四十局

与阳遁局相同，阴遁局也有九局，每局管五日。每日有十二个时辰，所以每局辖六十个时辰。在时家奇门中，每个时辰再排出一个子局，故每个阴遁局也有六十个子局，即每个时辰一个子局。由此可知，阴遁九局总共有五百四十个子局。

阴遁一局

甲、己日

时干支

甲子：休一，蓬一。符使伏吟。生艮，战格。

乙丑：休九，蓬二。休离迫，使反吟。杜乾制，丙奇入墓。死艮，己日为飞干格。己日为五不遇。

丙寅：休八，蓬三。生震制，龙返首。又甲子戊临震宫为击刑。景坤和，丁奇得使，又为雀投江。杜离和，己日为日悖。

丁卯：休七，蓬四。开坤义，丙奇加开门乘九地为重诈。惊离制，刑格，又己日为伏干格。

戊辰：休六，蓬一。九星皆伏吟。惊坤义，乙奇入墓。伤艮迫，战格。

己巳：休五，蓬九。开离制，符反吟。休坤制，大格。伤乾制，丁奇得使。生兑和，丙奇加生门乘九地为重诈。

庚午：休四，蓬八。甲日为五不遇。休巽和，丙奇加休门乘九地为重诈。开震迫，白入荧。惊艮义，天乙飞宫格，又甲日为飞干格。杜乾制，乙奇得使，龙逃走。

辛未：休三，蓬七。生寻址，蛇天矫，又乙奇加生门乘六合为休诈，又临巽宫为风遁，又甲寅癸临巽宫为击刑。惊坎和，丙奇得使，又为鸟跌穴，又甲日为日悖。死乾和，小格。伤离和，甲午辛临离宫为击刑。

壬申：休二，蓬六。休坤制，虎猖狂。开离制，乙奇得使，又乙奇加开门临地盘六己为地遁。景艮和，丙奇得使，又为荧入白。杜坎义，天乙伏宫格，又甲日为伏干格。

癸酉：休一，蓬五。休坎，使伏吟。开乾，丙奇入墓。生艮，己日为飞干格。

甲戌：景九，英九。符使伏吟。生艮，战格，又甲申庚临艮宫为击刑。

死坤，乙奇入墓。

乙亥：景八，英二。休坤制，甲戌己临坤宫为击刑。生兑和，乙奇得使，又为龙逃走，又乙奇加生门临地盘六辛为云遁。死震制，白入荧。景艮和，甲日为飞干格。

乙、庚日

时干支

丙子：景七，英三。生巽制，蛇天矫，又乙奇加生门临巽宫为风遁，又甲寅癸临巽宫为击刑。惊坎和，丙奇得使，又为鸟跌穴。死乾和，小格。庚日为五不遇。

丁丑：景六，英四。生离义，乙奇得使。惊艮义，荧入白，又有丙奇得使。又庚日为日悖。伤坤迫，虎猖狂。

戊寅：景五，英一。休艮制，乙奇加休门临艮宫为虎遁，乙日为飞干格。惊乾，丁奇得使。景坤和，大格，又乙日为伏干格。伤巽，甲辰壬临巽宫为击刑。开坎和，符反吟。

己卯：景四，英九。九星皆伏吟。伤艮迫，战格，庚日为伏干格，又为飞干格。

庚辰：景三，英八。生乾和，丙奇入墓，又丙奇加生门乘太阴为真诈。杜艮迫，天乙飞宫格。

辛巳：景二，英七。生震制，龙返首。又甲子戊临震宫为击刑。景坤和丁奇得使，又为雀投江。乙日为五不遇。

壬午：景一，英六。景坎制，使反吟。生坤，丙奇加生门乘太阴为真诈，又乙日为日悖。休离迫，天乙伏宫格，又有刑格。

癸未：景九，英五。景离，使伏吟。惊兑，乙奇得使，又为龙逃走。死坤，甲戌己临坤宫为击刑。伤震，白入荧。

甲申：生八，任八。符使伏吟。生艮，战格，庚日为伏干格，又为飞干格，又有天乙飞宫格、天乙伏宫格。死坤，乙奇入墓。

乙酉：生七，任二。休坤制，符反吟，又有大格，又乙日为伏干格。生兑和，丙奇加生门乘九天为神遁。景艮和，乙日为飞干格。伤乾制，丁奇得使。

丙戌：生六，任三。休兑义，乙奇得使，又为龙逃走，又乙奇加休门临地盘六辛为云遁。开坤义，甲戌己临坤宫为击刑。景震义，白入荧。

丁亥：生五，任四。生坤，使反吟，又有丁奇得使，又为雀投江。惊震迫，龙返首，又甲子戊临震宫为击刑。

丙、辛日
时干支

戊子：生四，任一。休震和，丁奇加休门乘九地为重诈。开艮义，丙奇得使，又为荧入白，又为丙日飞干格。惊坎和，时格。杜坤迫，虎猖狂。伤离和，乙奇得使。

己丑：生三，任九。杜离和，刑格，又有时格。休艮制，辛日为飞干格。开坎和，乙奇加开门临坎宫为龙遁。

庚寅：生二，任八。死艮，使凡有，又有战格、时格、天乙飞宫格、天乙伏宫格，又甲申庚临艮宫为击刑。惊震迫，丙日为日悖。生坤，乙奇入墓。

辛卯：生一，任七。休乾义，丙奇入墓。开兑，辛日为伏干格，又有时格。生坎迫，丁奇加生门乘九地为重诈。

壬辰：生九，任六。丙日为五不遇。休巽和，蛇天矫，又甲寅癸临巽宫为击刑，又乙奇加休门临巽宫为风遁。生离义，甲午辛临离宫为击刑。惊艮义，丁奇入墓。死坎迫，丙奇得使，又为鸟跌穴。景乾迫，小格。

癸巳：生八，任五。生艮，使伏吟。死坤，符反吟，又有大格、时格。开乾，丁奇得使，又丁奇加开门乘九地为重诈。惊兑，辛日为日悖。杜巽，甲辰壬临巽宫为击刑。

甲午：惊七，柱七。符使伏吟。生艮，战格。伤震，丙日为日悖。死坤，乙奇入墓。

乙未：惊六，柱二。休艮制，丙奇得使，又为荧入白，又丙日为飞干格。生震制，丁奇加生门乘六合为休诈。景坤和，虎猖狂。杜离和，乙奇得使。

丙申：惊五，柱三。杜震，符反吟。休乾义，丁奇得使，又丁奇加生门乘六合为休诈。开兑，辛日为日悖。惊坤义，大格。景巽义，甲辰壬临巽宫为击刑。

丁酉：惊四，柱四。辛日为五不遇。生兑和，天乙伏宫格，又辛日为伏干格。伤兑制，丙奇入墓。

戊戌：惊三，柱一。惊震迫，使反吟，又甲子戊临震宫为击刑，又有龙返首。生坤，丁奇得使，又为雀投江，又丁奇加生门乘六合为休诈。

己亥：惊二，柱九。休乾义，小格。生坎迫，丙奇得使，又为鸟跌穴。死离义，甲午辛临离宫为击刑。景巽义，甲寅癸临巽宫为击刑，又有蛇天矫。

丁、壬日
时干支

庚子：惊一，柱八。开艮义，太阴飞宫格。伤离和，刑格。

辛丑：惊九，柱七。九星皆伏吟。开艮义，乙奇入墓。又乙奇加开门临地盘六癸为龙遁。杜艮迫，战格。

壬寅：惊八，柱六。休巽和，丁日为日悖。生离义，丁奇加生门乘六合为休诈。开震迫，白入荧。杜兑制，乙奇得使，又为龙逃走。伤坤迫，甲戌己临坤宫为击刑。

癸卯：惊七，柱五。丁日为五不遇。惊兑，使伏吟。生艮，丙奇得使，又为荧入白。景离，乙奇得使，死坤，虎猖狂。

甲辰：开六，心六。符使伏吟。生艮，战格。死坤，乙奇入墓。

乙巳：开五，心二。生乾和，小格，又有天乙伏宫格，又壬日为伏干格。开坤义，地网之格。死巽制，蛇天矫，又甲寅癸临巽宫为击刑。惊离制，甲午辛临离宫为击刑。杜艮迫，丁日为飞干格。伤坎义，丙奇得使，又为鸟跌穴。

丙午：开四，心三。开巽迫，使反吟。休离迫刑格。惊震迫，地网之格。

丁未：开三，心四。休巽和，符反吟，又甲辰壬临巽宫为击刑，又有地网之格。景乾迫，丁奇得使。伤坤迫，大格。

戊申：开二，心一。壬日为五不遇。休兑义，乙奇得使，又为龙逃走，又乙奇加休门临地盘六辛为云遁，有上乘太阴为真诈。开坤义，甲戌己临坤宫为击刑。死巽制，丁日为日悖。景震义，白入荧。伤坎义，地网之格。

己酉：开一，心九。惊乾，丙奇入墓，又壬日为日悖。生震制，乙奇加休门乘太阴为真诈。杜离和，地网之格。

庚戌：开九，心八。休坤制，丁奇得使，又为雀投江。惊巽迫，丁日为伏干格。死震制，甲子戊临震宫为击刑。又有龙返首。景艮和，天乙飞宫格，又有地网之格。又壬日为飞干格。

辛亥：开八，心七。开艮义，丙奇得使，又为荧入白。景兑迫，地网之格。杜坤迫，虎猖狂。伤离和，乙奇得使。

戊、癸日

时干支

壬子：开七，心六。九星皆伏吟。休乾义，地网之格。惊坤义，乙奇入墓。伤艮迫，战格。

癸丑：开六，心五。开乾，使伏吟，又有小格，又有天乙伏宫格。休坎，丙奇得使，又为鸟跌穴，又戊日为日悖。死坤，地网之格。景离，甲午辛临离宫为击刑。杜巽，蛇天矫，又甲寅癸临巽宫为击刑。

甲寅：死五，禽五。戊日为五不遇。符使伏吟。生艮，战格。死坤，乙奇入墓。

乙卯：死四，禽二。九星皆伏吟。开坤义，乙奇入墓，又有天网之格，又乙奇加开门临地盘六癸为龙遁。杜艮迫，战格。

丙辰：死三，禽三。死震制，天网之格。伤乾制，丙奇入墓。

丁巳：死二，禽四。死坤，使伏吟。休坎，丙奇得使，又为鸟跌穴，又戊日为日悖。开乾，小格。景离，甲午辛临离宫为击刑。杜巽，蛇天矫，又有天网之格，又甲寅癸临巽宫为击刑。

戊午：死一，禽一。生离义，刑格。死坎迫，天网之格。伤坤迫，癸日为日悖。

己未：死九，禽九。癸日为五不遇。生坎迫，戊日为伏干格。惊坤义，虎猖狂。死离义，乙奇得使，又有天网之格。伤艮迫，丙奇得使，又为荧入白。

庚申：死八，禽八。死艮，符使皆伏吟，又有天乙飞宫格，又有天网之格，又癸日为飞干格。生坤，大格，又癸日为伏干格，又有天乙伏宫格。开巽迫，甲辰壬临巽宫为击刑。

辛酉：死七，禽七。休艮制，戊日为飞干格。生震制，白入荧。死兑和，乙奇得使，又为龙逃走，又有天网之格。景坤和，甲戌己临坤宫为击刑。

壬戌：死六，禽六。休震和，龙返首，又甲子戊临震宫为击刑。死乾和，天网之格。杜坤迫，丁奇得使，又为雀投江。

癸亥：死五，禽五。符使伏吟。生艮，战格。死坤，乙奇入墓，又有天网之格。

阴遁二局
甲、己日
时干支

甲子：死二，芮二。景离，战格。符使伏吟。

乙丑：死一，芮三。己日为五不遇。休巽和，甲辰壬临巽宫为击刑。开震迫，甲子戊临震宫为击刑。惊艮义，甲申庚临艮宫为击刑。死坎迫，己日为日悖。景乾迫，乙奇入墓。伤坤迫，甲戌己临坤宫为击刑。

丙寅：死九，芮四。生坎迫，乙奇得使，又乙奇加生门乘六合为休诈。惊坤义，蛇天矫。景巽义，龙返首。

丁卯：死八，芮五。死艮，使反吟。生坤，符伏吟。九星皆伏吟。休离迫，战格。开巽迫，丙奇加生门乘太阴为真诈。

戊辰：死七，芮二。九星皆伏吟。杜离和，战格。生震制，乙奇加生门乘六合为休诈。

己巳：死六，芮一。生乾和，大格。杜坤迫，乙奇入墓。伤离和，甲午辛临离宫为击刑。

庚午：死五，芮九。甲日为五不遇。死坤，使伏吟。生艮，乙奇得使，又为龙逃走，又乙奇加生门乘六合为休诈，又下临地盘六辛为云遁。杜巽，白入荧。景离，甲日为飞干格，又有天乙飞宫格。

辛未：死四，芮八。杜艮迫，符反吟。休兑义，乙奇加生门乘六合为休诈。惊离制，己日为飞干格。死巽制，甲寅癸临巽宫为击刑。伤坎义，刑格，又己日为伏干格。

壬申：死三，芮七。休坤制，甲日为伏干格，又有天乙伏宫格。生兑和，丁奇得使。开离制，丙奇得使，又为荧入白，又丙奇加开门乘太阴为真诈。死震制，虎猖狂。

癸酉：死二，芮六。开乾，丁奇得使，又为雀投江。惊兑，小格。死坤，丙奇得使，又为鸟跌穴，又甲日为日悖。

甲戌：休一，蓬一。符使伏吟。景离，战格。

乙亥：休九，蓬三。休离迫，使反吟。生坤丙奇得使，又为鸟跌穴，又丙奇加生门下临丁奇为天遁，又甲日为日悖。伤兑制，小格。杜乾制，丁奇得使，又为雀投江。

乙、庚日
时干支

丙子：休八，蓬四。庚日为五不遇。惊乾，大格。开坎和，丁奇加开门乘六合为休诈。景坤和，乙奇入墓。

丁丑：休七，蓬五。生乾和，乙奇入墓，又乙奇加生门乘九地为重诈，又下临地癸（地盘六癸）为龙遁。开坤义，甲戌己临坤宫为击刑。死巽制，甲辰壬临巽宫为击刑。景震义，甲子戊临震宫为击刑。杜艮迫，甲申庚临艮宫为击刑。

戊寅：休六，蓬二。休乾义，乙奇加休门下临地癸为龙遁，又上乘九地为重诈。惊坤义，甲戌己临坤宫为击刑。景巽义，甲辰壬临巽宫为击刑，伤艮迫，甲申庚临艮宫为击刑。

己卯：休五，蓬一。九星皆伏吟。休坤制，值使休门加地丁（地盘六丁）为玉女守门。开离制，战格，又庚日为伏干格，又为飞干格。

庚辰：休四，蓬九。生离义，符反吟，又有天乙飞宫格。休巽和，甲寅癸临巽宫为击刑。死坎迫，刑格，又有天乙伏宫格。景乾迫，丙奇入墓。

辛巳：休三，蓬八。乙日为五不遇。休震和，虎猖狂。生巽制，乙奇加生门临巽宫为风遁。景兑迫，丁奇得使。伤离和，丙奇得使，又为荧入白，又庚日为日悖。

壬午：休二，蓬七。休坤制，蛇天矫，又值使休门加地丁（地盘六丁）为玉女守门。杜坎义，乙奇得使。子震制，乙日为伏干格。惊巽迫，龙返首。

癸未：休一，蓬六。休坎，使伏吟。生艮，乙奇得使，又为龙逃走，又乙奇加生门临地辛（地盘六辛）为云遁，又上乘九地为重诈。杜巽，白入荧。

甲申：景九，英九。符使伏吟。景离，战格，又有天乙伏宫格，又庚日为飞干格，又为伏干格。

乙酉：景八，英三。休坤制，蛇天矫。惊巽迫，龙返首。死震制，乙日为伏干格。杜坎义，乙奇得使。

丙戌：景七，英四。开艮义，乙奇加开门乘太阴为真诈，又新林地辛为云遁，又有乙奇得使，又为龙逃走。休震和，乙日为日悖。生巽制，白入荧。

丁亥：景六，英五。休巽和，乙奇加生门乘太阴为真诈，又下临巽宫为风遁。生离义，丙奇得使，又为荧入白，又庚日为日悖。开震迫，虎猖狂。杜兑制，丁奇得使。

丙、辛日

时干支

戊子：景五，英二。生震制，虎猖狂。死兑和，丁奇得使。景坤和，值使景门甲地丁（地盘六丁）为玉女守门。杜离和，丙奇得使，又为荧入白，又丙日为飞干格。

己丑：景四，英一。生坎迫，符反吟，又有刑格。休乾义，丙奇入墓。开兑，乙奇加开门乘太阴为真诈。

庚寅：景三，英九。九星皆伏吟。惊离制，战格，又为时格，又有天乙飞宫格、天乙伏宫格。死巽制，丙日为日悖。

辛卯：景二，英八。休艮制，时格，又辛日为伏干格，又甲申庚临艮宫为击刑。生震制，甲子戊临震宫为击刑。景坤和，甲戌己临坤宫为击刑。伤巽迫，甲辰壬临巽宫为击刑。

壬辰：景一，英七。丙日为五不遇。景坎制，使反吟。生坤，丙奇得使，又为鸟跌穴，又丙奇加生门临地丁（地盘六丁）为天遁。伤兑制，小格。杜乾制，丁奇得使，又为雀投江。

癸巳：景九，英六。景离，使伏吟，又辛日为飞干格，又甲午辛临离宫为击刑。开乾，大格，又有时格。死坤，乙奇入墓。

甲午：生八，任八。符使伏吟，景离战格。杜巽，丙日为日悖。

乙未：生七，任三。生兑和，丁奇得使。开离制，丙奇得使，又为荧入白，又丙日为飞干格。死震制，虎猖狂。

丙申：生六，任四。休兑义，小格。生乾和，丁奇得使，又为雀投江。开坤义，丙奇得使，又为鸟跌穴，又丙奇加开门乘九地为重诈。

丁酉：生五，任五。辛日为五不遇。生坤，符使皆反吟。景坎制，刑格。杜乾制，丙奇入墓。开巽迫，甲寅癸临巽宫为击刑。

戊戌：生四，任二。苏坤迫，符反吟。惊坎和，刑格。死乾和，丙奇入墓。生巽制，甲寅癸临巽宫为击刑。

己亥：生三，任一。休艮制，乙奇得使，又为龙逃走，又乙奇加休门临地辛艮宫为虎遁。生震制，丙奇加生门乘九地为重诈。伤巽，白入荧，又丙日为伏干格。

丁、壬日
时干支

庚子：生二，任九。休离迫，甲午辛临离宫为击刑，又有天乙飞宫格。生坤，乙奇入墓，又有值使反吟。伤兑制，壬日为日悖。杜乾制，大格。

辛丑：生一，任八。九星皆伏吟。死离义，战格。

壬寅：生九，任七。休巽和，甲辰壬临巽宫为击刑。

癸卯：生八，任六。生艮，使伏吟，又有丙奇加生门乘九地为重诈。丁日为五不遇。休坎，乙奇得使，又乙奇加休门临坎宫为龙遁杜巽，龙返首。景离，壬日为飞干格。死坤，蛇天矫。

甲辰：惊七，柱七。符使伏吟。景离，战格。

乙巳：惊六，柱三。生震制，符反吟，又有地网之格。开坎和，刑格。惊乾，丙奇入墓。

丙午：惊五，柱四。休乾义，乙奇加休门临地癸（地盘六癸）为龙遁。惊坤义，甲戌己临坤宫为击刑。景巽义，地网之格，又甲辰壬临巽宫为击刑。杜震，甲子戊临震宫为击刑。

丁未：惊四，柱五。休坤制，地网之格。开离制，丁日为飞干格。白入荧。景艮和，乙奇得使，又为龙逃走。

戊申：惊三，柱二。惊震迫，使反吟。壬日为五不遇。休离迫，丁日为飞干格。生坤，地网之格。开巽迫，白入荧。死艮，乙奇得使，又为龙逃走。

己酉：惊二，柱一。休乾义，丁奇得使，又为雀投江。生坎迫，地网之格。开兑，小格，又有天乙伏宫格。又壬日为伏干格。惊坤义，丙奇得使，又为鸟跌穴，又丁日为日悖。

庚戌：惊一，柱九。生巽制，龙返首。惊坎和，乙奇得使。伤离和，天乙飞宫格，又有地网之格。又壬日为飞干格。杜坤迫，蛇天矫。

辛亥：惊九，柱八。休兑义，壬日为日悖，又丙奇加休门乘六合为休诈。生乾和，大格。开坤义，乙奇入墓。惊离制，甲午辛临离宫为击刑。杜艮迫，地网之格。

戊、癸日
时干支

壬子：惊八，柱七。九星皆伏吟。休巽和，丙奇加休门乘六合为休诈。生离义，战格。杜兑制，地网之格。

癸丑：惊七，柱六。惊兑使伏吟，又有丁奇得使。开乾，地网之格。死坤，戊日为伏干格。景离，丙奇得使，又为荧入白。伤艮，虎猖狂。

甲寅：开六，心六。符使伏吟。戊日为五不遇。景离，战格。

乙卯：开五，心三。生乾和，大格，又有天乙伏宫格，又癸日为伏干格。开坤义，乙奇入墓。惊离制，甲午辛临离宫为击刑。景震义，天网之格。

丙辰：开四，心四。开巽迫，符使皆反吟，又有天网之格，又甲寅癸临巽宫为击刑。景坎制，刑格。杜乾制，丙奇入墓，又癸日为日悖。

丁巳：开三，心五。休巽和，龙返首，又丁奇加休门乘太阴为人遁，又为真诈。死坎迫，乙奇得使。伤坤迫，天网之格。

戊午：开二，心二。开坤义，天网之格。死巽制，龙返首。伤坎义，乙奇得使。

己未：开一，心一。癸日为五不遇。生震制，虎猖狂。开坎和，天网之格。死兑和，丁奇得使。景坤和，戊日为伏干格。杜离和，丙奇得使，又为荧入白。

庚申：开九，心九。开离制，天网之格，又有天乙飞宫格，又癸日为飞干格。惊巽迫，甲辰壬临巽宫为击刑。死震制，甲子戊临震宫为击刑。

辛酉：开八，心八。开艮义，天网之格。死乾和，丁奇得使，又为雀投江。景兑迫，小格。杜坤迫，丙奇得使，又为鸟跌穴，又戊日为日悖。

壬戌：开七，心七。开兑，天网之格。死离义，戊日为飞干格。景巽义，白入荧。伤艮迫，乙奇得使，又为龙逃走。

癸亥：开六，心六。符使皆伏吟。开乾，天网之格。景离，战格。

阴遁三局

甲、己日

时干支

甲子：伤三，震三。符使伏吟。开乾，丁奇加开门乘六合为休诈。死坤，己日为日悖。休坎，战格。伤震，甲子戊临震宫为击刑。

乙丑：伤二，冲四。己日为五不遇。生离义，乙奇得使，又为龙逃走，又乙奇加生门临地辛（地盘六辛）为云遁。景艮义，小格。景乾迫，蛇夭矫。

丙寅：伤一，冲五。休兑义，乙奇加休门临地癸（地盘六癸）为龙遁。开坤义，龙返首。伤坎义，丙奇得使，又为荧入白。

丁卯：伤九，冲六。休震和，丙奇得使，又为鸟跌穴，又甲日为日悖。杜坤迫，刑格，又为白入荧，又己日为伏干格。

戊辰：伤八，冲三。九星皆伏吟。休兑义，丁奇加休门乘六合为休诈。生坎迫，战格。杜震，甲子戊临震宫为击刑。惊坤义，己日为日悖。

己巳：伤七，冲二。伤兑制，使反吟。生坤，龙返首。景坎制，丙奇得使，又为荧入白，又己日为飞干格。

庚午：伤六，冲一。甲日为五不遇。休坤制，丁奇加休门乘六合为休诈。生兑和，大格。杜坎义，天乙飞宫格，又甲日为飞干格。

辛未：伤五，冲九。伤坤迫，乙奇得使，又为乙奇入墓。开震迫，天乙伏宫格，又甲日为伏干格。惊艮义，丁奇得使。景乾迫，丙奇入墓。

壬申：伤四，冲八。死兑和，丁奇得使，又为雀投江。伤巽，虎猖狂。

癸酉：伤三，冲七。杜巽，丁奇加杜门乘六合为地假。伤震，使伏吟。惊兑，符反吟。

甲戌：死二，芮二。符使伏吟。死坤，甲戌己临坤宫为击刑，又己日为日悖。休坎，战格。开乾，丁奇加开门乘九地为重诈。

乙亥：死一，芮四。杜兑制，大格。死坎迫，甲日为飞干格。

乙、庚日

时干支

丙子：死九，芮五。九星皆伏吟。休乾义，丁奇加休门乘九地为重诈。

生坎迫，战格，又庚日为飞干格，又为伏干格。庚日为五不遇。

丁丑：死八，芮六。死艮，使反吟，又有丁奇得使。生坤，乙奇得使，又为乙奇入墓，又乙奇加生门乘太阴为真诈。开巽迫，甲辰壬临巽宫为击刑。杜乾制，丙奇入墓。

戊寅：死七，芮三。生震制，丙奇得使，又为鸟跌穴。开坎和，乙日为飞干格。景坤和，刑格，又有白入荧。又有天乙伏宫格。杜离和，丁奇加杜门乘九地为地假。

己卯：死六，芮二。九星皆伏吟。生巽制，乙奇加生门临巽宫为风遁，又上乘太阴为真诈。惊坎和，战格，又庚日为飞干格，又为伏干格。死乾和，地丁（地盘六丁）加值使死门为玉女守门。杜坤迫，甲戌己临坤宫为击刑。

庚辰：死五，芮一。死坤，使伏吟，又有龙返首。休坎，丙奇得使，又为荧入白，又有天乙飞宫格，又庚日为日悖。杜巽，乙日为伏干格。

辛巳：死四，芮九。乙日为五不遇。休兑义，丁奇得使，又为雀投江，哟哟丁奇加休门乘九地为重诈。死巽制，虎猖狂。

壬午：死三，芮八。景艮和，符反吟。

癸未：死二，芮七。七坤，使伏吟。生艮，小格。休坎，丁奇加休门乘九地为休诈。开乾，蛇天矫。景离，乙奇得使，又为龙逃走。

甲申：休一，蓬一。符使伏吟。休坎，战格，又有天乙飞宫格、天乙伏宫格，又庚日为飞干格，又为伏干格。

乙酉：休九，蓬四。休离迫。使反吟。生坤，龙返首。开巽迫，时格，又乙日为伏干格。景坎制，丙奇得使，又为荧入白。

丙戌：休八，蓬五。生震制，丙奇得使，又为鸟跌穴，又丙奇加生门乘六合为休诈。开坎和，乙日为飞干格。景坤和，白入荧，又有刑格、时格。

丁亥：休七，蓬六。休兑义，丁奇得使，又为雀投江。生乾和，时格，死巽制，虎猖狂。

丙、辛日
时干支

戊子：休六，蓬三。休乾义，丙奇入墓，又丙奇加休门乘六合为休诈，又值使休门加丁奇为玉女守门。惊坤义，乙奇得使，又为乙奇入墓。伤艮迫，丁奇得使，又为丁奇入墓。杜震，时格。

己丑：休五，蓬二。休坤制，刑格，又有白入荧；时格，又丙日为伏干格。死震制，丙奇得使，又为鸟跌穴。

庚寅：休四，蓬一。九星皆伏吟。休巽和，乙奇加休门临巽宫为风遁。死坎迫，天乙飞宫格、天乙伏宫格，又有战格、时格。伤坤迫，丙日为日悖。

辛卯：休三，蓬九。伤离和，符反吟，又有时格，又辛日为伏干格。惊坎和，辛日为飞干格。

壬辰：休二，蓬八。丙日为五不遇。开离制，乙奇得使，又为龙逃走，又乙奇加开门临地辛（地盘六辛）为云遁。景艮和，小格，又有时格，又甲申庚临艮宫为击刑。伤乾制，蛇天矫。

癸巳：休一，蓬七。休坎，使伏吟。惊兑，大格，又为时格。

甲午：景九，英九。符使伏吟。休坎，战格。死坤，丙日为日悖，又甲戌己临坤宫为击刑。景离，甲午辛临离宫为击刑。伤震，甲子戊临震宫为击刑。

乙未：景八，英四。生兑和，丁奇得使，又为雀投江。开离制，辛日为日悖。惊巽迫，虎猖狂。

丙申：景七，英五。开艮义，小格。死乾和，蛇天矫。伤离和，乙奇得使，又为龙逃走。

丁酉：景六，英六。辛日为五不遇。死坎迫，丙奇得使，又为荧入白，又丙日为飞干格。景乾迫，值使景门加地丁（地盘六丁）为玉女守门。伤艮迫，龙返首。

戊戌：景五，英三。死兑和，大格。

己亥：景四，英二。休乾义，蛇天矫。死离义，乙奇得使，又为龙逃走。伤艮迫，小格。

丁、壬日
时干支

庚子：景三，英一。伤坎义，符反吟。杜艮迫，壬日为日悖。

辛丑：景二，英九。九星皆伏吟。生震制，甲子戊临震宫为击刑。开坎和，战格。景坤和，甲戌己临坤宫为击刑。杜离和，甲午辛临离宫为击刑。

壬寅：景一，英八。景坎制，使反吟。生坤，刑格，又有白入荧。惊震迫，丙奇得使，又为鸟跌穴。

癸卯：景九，英七。景离，使伏吟。生艮，丁奇得使，又有丁奇入墓。开乾，丙奇入墓，又丁日为日悖。死坤，乙奇得使，又为乙奇入墓。丁日为五不遇。

甲辰：生八，任八。符使伏吟。休坎，战格。

乙巳：生七，任四。休坤制，乙奇得使，又为乙奇入墓，又乙奇加休门乘九地为重诈。惊巽迫，地网之格，又甲辰壬临巽宫为击刑。伤乾制，丙奇入墓，又丁日为日悖。景艮和，丁奇得使，又有丁奇入墓。

丙午：生六，任五。开困意，地网之格。生乾和，乙奇加生门乘九地为重诈。杜艮迫，壬日为日悖。

丁未：生五，任六。生坤，使反吟。伤兑制，大格。杜乾制，地网之格。

戊申：生四，任三。任日为五不遇。休震和，地网之格。开艮义，小格，壬日为伏干格，又有天乙伏宫格。惊坎和，丁日为飞干格。死乾和，蛇天矫。伤离和，乙奇得使，又为龙逃走。

己酉：生三，任二。景坤和，符反吟，又有地网之格。休艮制，壬日为日悖。

庚戌：生二，任一。生坤，使反吟。开巽迫，虎猖狂。景坎制，天乙飞宫格，又有地网之格。又壬日为飞干格。伤兑制，丁奇得使，又为雀投江。

辛亥：生一，任九。生坎迫，丙奇得使，又为荧入白。开兑，乙奇加开门临地癸（地盘六癸）为龙遁。又上乘九地为重诈。惊坤义，龙返首。死离义，地网之格。

戊、癸日
时干支

壬子：生九，任八。九星皆伏吟。休巽和，乙奇加休门临巽宫为风遁，又乘九地为重诈。生离义，甲午辛临离宫为击刑。开震迫，甲子戊临震宫为击刑。惊艮义，地网之格，死坎迫，战格。

癸丑：生八，任七。生艮，使伏吟。休坎，乙奇加休门临坎宫为龙遁，又上乘九地为重诈。惊兑，地网之格。死坤，刑格，又有白入荧。伤震，丙奇得使，又为鸟跌穴，又戊日为日悖。

甲寅：惊七，柱七。符使伏吟。戊日为五不遇。休坎，战格。死坤，甲戌己临坤宫为击刑。景离，甲午辛临离宫为击刑。伤震，甲子戊临震宫为击刑。

乙卯：惊六，柱四。生震制，戊日为日悖，又有丙奇得使、鸟跌穴。开坎和，乙奇加开门临坎宫为龙遁。惊乾，值使惊门加地丁（地盘六丁）为玉女守门。景坤和，刑格，又有白入荧。伤巽，天网之格，又甲寅癸临巽宫为击刑。

丙辰：惊五，柱五。开兑，丁奇得使，又为雀投江。惊坤义，天网之格。景巽义，虎猖狂。

丁巳：惊四，柱六。生兑和，癸日为日悖。开离制，乙奇加开门临地辛（地盘六辛）为云遁，又上乘六合为休诈，又有乙奇得使、龙逃走。景艮和，小格，又甲申庚临艮宫为击刑。伤乾制，蛇天矫，又为天网之格。

戊午：惊三，柱三。惊震迫，符使皆反吟，又有天网之格。

己未：惊二，柱二。癸日为五不遇。开兑，丁奇得使，又为雀投江。惊坤义，天网之格。景巽义，虎猖狂。

庚申：惊一，柱一。休震和，戊日为伏干格。生巽制，甲辰壬临巽宫为击刑。开艮义，丁奇得使，又为丁奇入墓。惊坎和，天网之格，又有天乙飞宫格，又癸日为飞干格。死乾和，丙奇入墓。杜坤迫，乙奇得使，又为乙奇入墓。

辛酉：惊九，柱九。休兑义，大格，又有天乙伏宫格，又癸日为伏干格。惊离制，天网之格。伤坎义，戊日为飞干格。

壬戌：惊八，柱八。惊艮义，天网之格。死坎迫，丙奇得使，荧入白。伤坤迫，龙返首。

癸亥：惊七，柱七。符使皆伏吟。休坎，战格。惊兑，天网之格。

阴遁四局
甲、己日
时干支

甲子：杜四，辅四。符使伏吟。开乾，丙奇入墓。死坤，战格。

乙丑：杜三，辅五。己日为五不遇。休乾义，白入荧，又乙奇加休门乘九地为重诈。惊坤义，天乙飞宫格，又甲日为飞干格。

丙寅：杜二，辅六。生巽制，丙奇得使，又为鸟跌穴，又甲日为日悖。开艮义，大格。死乾和，龙返首。

丁卯：杜一，辅七。景艮和，丁奇得使，又为雀投江。杜坎义，乙奇得使，又为龙逃走。死震制，己日为日悖。

戊辰：杜九，辅四。九星皆伏吟。景坤和，乙奇入墓，又有战格。惊乾，丙奇入墓。

己巳：杜八，辅三。惊离制，小格。景震义，甲子戊临震宫为击刑。

庚午：杜七，辅二。甲日为五不遇。景乾迫，白入荧。伤坤迫，天乙飞宫格，又甲日为飞干格。

辛未：杜六，辅一。杜乾制，使反吟。惊震迫，刑格，又有乙奇得使，又己日为伏干格。伤兑制，蛇天矫。生坤，虎猖狂。

壬申：杜五，辅九。

癸酉：杜四，辅八。杜巽，使伏吟。景离，丁奇得使。死坤，丙奇得使，又为荧入白。杜巽，天乙伏宫格，又甲日为伏干格。

甲戌：伤三，冲三。符使伏吟。死坤，战格。开乾，丙奇入墓，又丙奇加开门乘六合为休诈。

乙亥：伤二，冲五。开震迫，丙奇加开门乘六合为休诈。又己日为日悖。惊艮义，丁奇得使，又为雀投江，又有丁奇入墓。死坎迫，乙奇得使，又为龙逃走。伤坤迫，天乙飞宫格，又己日为飞干格。

乙、庚日
时干支

丙子：伤一，冲六。庚日为五不遇。休兑义，蛇天矫。开坤义，虎猖狂。景震义，乙奇得使，又有刑格。

丁丑：伤九，冲七。生巽制，丙奇得使，又为鸟跌穴，又丙奇加生门乘六合为休诈。开艮义，大格。死乾，龙返首。

戊寅：伤八，冲四。生坎迫，丙奇加生门乘六合为休诈。

己卯：伤七，冲三。九星皆伏吟。伤兑制，使反吟，又值使伤门加地丁（地盘六丁）为玉女守门。生坤，战格，又乙、庚日皆为飞干格，又皆为伏干格。

庚辰：伤六，冲二。休坤制，天乙飞宫格，又甲戌己临坤宫为击刑。景坎和，丁奇得使，又为雀投江，又有丁奇入墓。杜坎义，乙奇得使，又为龙逃走。

辛巳：伤五，冲一。乙日为五不遇。休巽和，乙奇加休门临巽宫为风遁。生离义，丁奇得使。伤坤迫，丙奇得使，又为荧入白，又庚日为日悖。

壬午：伤四，冲九。休艮制，丙奇加休门乘六合为休诈。惊乾，白入荧。

癸未：伤三，冲八。伤震，使伏吟，又甲子戊临震宫为击刑。景离，小格。

甲申：死二，芮二。符使伏吟。死坤，战格，又乙、庚日皆为飞干格，又皆为伏干格，又有天乙飞宫格、天乙伏宫格。开乾，丙奇入墓，又丙奇加开门乘九地为重诈。

乙酉：死一，芮五。九星皆伏吟。景乾迫，丙奇入墓。伤坤迫，战格，又有天乙飞宫格、天乙伏宫格，又乙、庚日皆为飞干格，又皆为伏干格。

丙戌：死九，芮六。休乾义，白入荧，又有时格。

丁亥：死八，芮七。死艮，使反吟。

丙、辛日
时干支

戊子：死七，芮四。景坤和，丙奇得使，又有荧入白，又丙日为飞干格。杜离和，丁奇得使。

己丑：死六，芮三。休震和，乙奇得使，又有刑格。景兑迫，蛇天矫。杜坤迫，虎猖狂，又辛日为飞干格。

庚寅：死五，芮二。死坤，符使伏吟，战格，又有天乙飞宫格、天乙伏宫格。开乾，丙奇入墓，又丙奇加开门乘九地为重诈，有丙日为日悖。

辛卯：死四，芮一。杜艮迫，丁奇得使，又为雀投江，又有丁奇入墓。伤坎义，乙奇得使，又为龙逃走，又有时格，又辛日为伏干格。

壬辰：死三，芮九。丙日为五不遇。生兑和，丙奇加生门临地丁（地盘六丁）为天遁，又上乘九地为休诈。开离制，小格。

癸巳：死二，芮八。死坤，使伏吟。生艮，符反吟，又有大格、时格，又甲申庚临艮宫为击刑。开乾，龙返首。杜巽，丙奇得使，又为鸟跌穴。

甲午：休一，蓬一。符使伏吟。死坤战格。开乾，丙奇入墓，又丙日为日悖。

乙未：休九，蓬五。休离迫，使反吟。生坤，虎猖狂，又有天乙飞宫格，又辛日为飞干格。惊震迫，刑格，又有乙奇得使，伤兑制，蛇夭矫。

丙申：休八，蓬六。杜离和，小格。

丁酉：休七，蓬七。辛日为五不遇。休兑义，值使休门临地丁（地盘六丁）为玉女守门。开坤义，丙奇得使，又为荧入白，又丙日为飞干格。惊离制，丁奇得使。

戊戌：休六，蓬四。生坎迫，乙奇得使，又为龙逃走，又有天乙伏宫格，又乙奇加生门临地辛（地盘六辛）为风遁，又辛日为伏干格。伤艮迫，丁奇得使，又为雀投江。

己亥：休五，蓬三。伤乾制，白入荧，又丙日为伏干格。惊巽迫，甲寅癸临巽宫为击刑。

丁、壬日
时干支

庚子：休四，蓬二。休巽和，丁奇加休门乘太阴为人遁。生离义，壬日为日悖。开震迫，乙奇得使，又有刑格，又乙奇加开门乘六合为休诈。杜兑制，蛇夭矫。伤坤迫，天乙飞宫格，又有虎猖狂，又辛日为飞干格。

辛丑：休三，蓬一。九星皆伏吟。死乾和，丙奇入墓。杜坤迫，战格。

壬寅：休二，蓬九。开离制，符反吟，又甲午辛临离宫为击刑。惊巽迫，丙奇得使，又为鸟跌穴。景艮和，大格。伤乾制，龙返首。

癸卯：休一，蓬八。丁日为五不遇。休坎，使伏吟。开乾，丁奇加开门乘太阴为真诈。惊兑，丁日为伏干格。死坤，壬日为飞干格。

甲辰：景九，英九。符使伏吟。死坤，战格。开乾，丙奇入墓。

乙巳：景八，英五。休坤制，天乙飞宫格，又有地网之格，又壬日为飞干格。生兑和，丁日为伏干格。

丙午：景七，英六。开艮义，丁奇得使，又为雀投江，又有丁奇入墓，又丁奇加开门乘九地为重诈。惊坎和，乙奇得使，又为龙逃走。死乾和，地网之格。景兑迫，值使景门临地丁（地盘六丁）为玉女守门。

丁未：景六，英七。景乾迫，白入荧。杜兑制，地网之格。

戊申：景五，英四。壬日为五不遇。死兑和，丁日为日悖。杜离和，小格，壬日为伏干格，又有天乙飞宫格。伤巽，地网之格，又甲辰壬临巽宫为击刑。

己酉：景四，英三。惊坤义，丙奇得使，又为荧入白，死离义，丁奇得使。杜震，地网之格。

庚戌：景三，英二。休兑义，丁日为伏干格。生乾和，丁奇加生门乘九地为重诈。开坤义，天乙飞宫格、地网之格，又壬日为飞干格。

辛亥：景二，英一。开坎和，符反吟。休艮制，大格。乙奇加休门临地癸（地盘六癸）为龙遁，又甲申庚临艮宫为击刑。生震制，丁奇加生门为重诈。开坎和，地网之格。惊乾，龙返首。伤巽，丙奇得使，又为鸟跌穴。

戊、癸日
时干支

壬子：景一，英九。景坎制，使反吟。休离迫，符伏吟。九星皆伏吟。杜乾制，丙奇入墓。生坤，战格。休离迫，地网之格。

癸丑：景九，英八。景离，使伏吟。惊兑，蛇天矫。死坤，虎猖狂。伤震，乙奇得使，又有刑格。生艮，地网之格。

甲寅：生八，任八。符使伏吟。戊日为五不遇。开乾，丙奇入墓。又丙奇加开门乘太阴为真诈。死坤，战格。

乙卯：生七，任五。生兑和，值使生门临地丁（地盘六丁）为玉女守门。休坤制，天乙飞宫格，又有天网之格，又癸日为飞干格。惊巽迫，丙奇得使，又为鸟跌穴，又戊日为日悖。景艮和，天乙伏宫格，又有大格，又癸日为伏干格。伤乾制，龙返首。

丙辰：生六，任六。生乾和，天网之格。开坤义，丙奇得使，又为荧入白，又丙奇加开门乘太阴为真诈。惊离制，丁奇得使。死巽制，戊日为伏干格。

丁巳：生五，任七。生坤，使反吟，又有虎猖狂。休离迫，丙奇加休门乘太阴为真诈。开巽制，丁奇加开门乘六合为休诈。惊震迫，乙奇得使，又有刑格。伤兑制，蛇天矫。

戊午：生四，任四。生巽制，天网之格，又甲寅癸临巽宫为击刑。开艮义，癸日为日悖，又丙奇加开门乘太阴为真诈。死乾和，白入荧。杜坤迫，戊日为飞干格。

己未：生三，任三。癸日为五不遇。生震制，天网之格。开坎和，丙奇加开门乘太阴为真诈。

庚申：生二，任二。生坤，符使皆反吟，又有天乙飞宫格、天网之格。开巽迫，丙奇得使，又为鸟跌穴，又丙奇加开门乘太阴为真诈，又戊日为日悖。死艮，大格，又有天乙伏宫格，又癸日为伏干格。杜乾制，龙返首。

辛酉：生一，任一。生坎迫，天网之格。开兑，丙奇加开门乘太阴为真诈。死离义，小格。

壬戌：生九，任九。生离义，天网之格。开震迫，丙奇加开门乘太阴为真诈。惊艮义，丁奇得使，又为雀投江。死坎迫，乙奇得使，又为龙逃走。

癸亥：生八，任八。符使伏吟。生艮，天网之格。开乾，丙奇入墓，又丙奇加开门乘太阴为真诈。死坤，战格。

阴遁五局
甲、己日
时干支

甲子：死五，禽五。符使伏吟。开乾，乙奇加开门乘九地为重诈。生艮，丁奇入墓。伤震，战格。

乙丑：死四，禽六。己日为五不遇。生乾和，虎猖狂。惊离制，大格。

丙寅：死三，禽七。生兑和，龙返首。伤乾制，丙奇入墓。惊巽迫，刑格，又己日为伏干格。

丁卯：死二，禽八。死坤，使伏吟。生艮符反吟。伤震，丙奇得使，又为白入荧。杜巽，乙奇得使。惊兑，白入荧。

戊辰：死一，禽五。九星皆伏吟。开震迫，战格。

己巳：死九，禽四。生坎迫，小格。惊坤义，乙奇得使，又为龙逃走，又有乙奇入墓。

庚午：死八，禽三。甲日为五不遇。死艮，使反吟，又有蛇天矫。开巽迫，己日为日悖。惊震迫，天乙飞宫格，又甲日为飞干格。休离迫，乙奇加休门临地癸（地盘六癸）为龙遁，又上乘九地为重诈。

辛未：死七，禽二。景坤和，符伏吟。九星皆伏吟。生震制，战格。

壬申：死六，禽一。休震和，乙奇加休门乘九地为重诈。伤离和，丁奇得使，又为雀投江。杜坤迫，天乙伏宫格，又甲日为伏干格。

癸酉：死五，禽九。死坤，使伏吟，甲日为日悖。休坎，丁奇得使。景离，甲午辛临离宫为击刑。

甲戌：杜四，辅四。符使伏吟。生艮，丁奇加生门乘太阴为真诈。伤震，战格。

乙亥：杜三，辅六。开兑，白入荧。杜震，丙奇得使，荧入白。景巽义，乙奇得使。

乙、庚日
时干支

丙子：杜二，辅七。庚日为五不遇。休震和，乙日为飞干格。伤离和，丁奇得使，又为雀投江。

丁丑：杜一，辅八。休坤制，乙奇得使，又为龙逃走，又有乙奇入墓，又乙奇加休门临地辛（地盘六辛）为云遁。杜坎义，小格。

戊寅：杜九，辅五。惊乾，虎猖狂。杜离和，大格。

己卯：杜八，辅四。九星皆伏吟。杜艮迫，丁奇入墓。景震义，战格，又庚日为飞干格，又为伏干格。

庚辰：杜七，辅三。休巽和，甲寅癸临巽宫为击刑。生离义，甲午辛临离宫为击刑。开震迫，天乙飞宫格。

辛巳：杜六，辅二。乙日为五不遇。杜乾制，使反吟，又有虎猖狂。休离迫，大格。生坤，甲戌己临坤宫为击刑。

壬午：杜五，辅一。开艮义，蛇天矫。死乾和，乙日为伏干格。

癸未：杜四，辅九。杜巽，使伏吟，又有刑格，又有天乙伏宫格。开乾，丙奇入墓，又乙日为日悖。惊兑，龙返首。休坎，乙奇加休门临坎宫为龙遁。

甲申：伤三，冲三。符使伏吟。开乾，乙奇加开门乘六合为休诈。伤震，战格，又有天乙飞宫格、天乙伏宫格，又庚日为飞干格，又为伏干格。

乙酉：伤二，冲六。生离义，乙奇加生门乘六合为休诈。惊艮义，蛇天矫。景乾迫，乙日为伏干格，又有时格。

丙戌：伤一，冲七。休兑义，时格，又为白入荧。死巽制，乙奇得使。

景震义，丙奇得使，又为荧入白，又庚日为日悖。

丁亥：伤九，冲八。开艮义，时格，又甲申庚临艮宫为击刑。杜坤迫，丙奇得使，鸟跌穴。惊坎和，丁奇得使。

丙、辛日
时干支

戊子：伤八，冲五。死离义，丁奇得使，又为雀投江。惊坤义，时格，又辛日为伏干格。

己丑：伤七，冲四。伤兑，使反吟。开巽迫，刑格，又为时格。杜乾制，丙奇入墓。

庚寅：伤六，冲三。九星皆伏吟，死震制，战格，又为时格，又有天乙伏宫格。生兑和，丙日为日悖。

辛卯：伤五，冲二。伤坤迫，时格，又辛日为伏干格。生离义，丁奇得使，又为雀投江。开震迫，乙奇加开门乘六合为休诈。

壬辰：伤四，冲一。丙日为五不遇。开坎和，时格，又为小格。景坤和，乙奇得使，又为龙逃走，又有乙奇入墓。

癸巳：伤三，冲九。伤震，使伏吟。生艮，乙奇加生门乘六合为休诈。开乾，虎猖狂。景离，时格，又为大格。

甲午：死二，芮二。符使伏吟。伤震，战格。开乾，乙奇加开门乘九地为重诈。惊兑，丙日为日悖。

乙未：死一，芮六。生离义，大格。景乾迫，虎猖狂。

丙申：死九，芮七。休乾义，丙奇入墓。生坎迫，乙奇加生门临坎宫为龙遁，又上乘九地为重诈。开兑，龙返首。景巽义，刑格。

丁酉：死八，芮八。辛日为五不遇。死艮，使反吟。开巽迫，乙奇得使，又乙奇加开门临巽宫为风遁，又上乘九地为重诈。惊震迫，丙奇得使，又为荧入白。伤兑制，白入荧，又丙日为伏干格。

戊戌：死七，芮五。九星皆伏吟。休艮制，丁奇入墓。死兑和，丙日为日悖。生震制，战格。

己亥：死六，芮四。惊坎和，小格。杜坤迫，乙奇得使，又为龙逃走，又有乙奇入墓。

丁、壬日
时干支

庚子：死五，芮三。死坤，使伏吟。生艮，蛇天矫。伤震，天乙飞宫格。

辛丑：死四，芮二。九星皆伏吟。生乾和，乙奇加生门乘九地为重诈。景震义，战格。杜艮迫，丁奇入墓。

壬寅：死三，芮一。休坤制，天乙伏宫格。开离制，丁奇得使，又为雀投江。景艮和，丁日为日悖。

癸卯：死二，芮九。死坤，使伏吟。又有丙奇得使，又为鸟跌穴。休坎，丁奇得使。生艮，丁日为伏干格。丁日为五不遇。

甲辰：休一，蓬一。符使伏吟。伤震，战格。生艮，丁奇入墓。

乙巳：休九，蓬六。休离迫，使反吟。生坤，丙奇得使，鸟跌穴，丙奇加生门乘太阴为真诈。景坎制，丁奇得使。杜乾制，地网之格。死艮，丁日为伏干格。

丙午：休八，蓬七。开坎和，小格，又有天乙伏宫格，又壬日为伏干格。死兑和，地网之格。景坤和，乙奇得使，又为龙逃走，又有乙奇入墓。

丁未：休七，蓬八。休兑义，龙返首。生乾和，丙奇入墓，又丙奇加生门乘太阴为真诈。死巽制，刑格。景震义，丁日为飞干格。杜艮迫，地网之格。

戊申：休六，蓬五。壬日为五不遇。伤艮迫，蛇天矫。惊坤义，地网之格。

己酉：休五，蓬四。开离制，丁奇得使，又为雀投江。惊巽迫，地网之格，又甲辰壬临巽宫为击刑。景艮和，丁日为日悖。

庚戌：休四，蓬三。生离义，大格。开震迫，天乙飞宫格，又有地网之格，又壬日为飞干格。死坎迫，壬日为日悖。景乾迫，虎猖狂。

辛亥：休三，蓬二。开艮义，蛇天矫。杜坤迫，地网之格。生巽制，丙奇加生门乘太阴为真诈。

戊、癸日
时干支

壬子：休二，蓬一。九星皆伏吟。杜坎义，地网之格。生兑和，丙奇加生门乘太阴为真诈。死震制，战格。

癸丑：休一，蓬九。休坎，使伏吟。景离，符反吟，又有德之歌。杜巽，乙奇得使。伤震，丙奇得使，又为荧入白。

甲寅：景九，英九。符使伏吟。戊日为五不遇。伤震，战格。生艮，丁奇加生门乘六合为休诈。

乙卯：景八，英六。休坤制，戊日为伏干格。开离制，丁奇得使，又为雀投江，又丁奇加开门乘六合为休诈。伤乾制，天网之格。

丙辰：景七，英七。景兑迫，天网之格。生巽制，丁奇加生门乘六合为休诈。死乾和，虎猖狂。伤离和，大格，又有天乙伏宫格，又癸日为伏干格。

丁巳：景六，英八。休巽和，丙奇加休门乘九地为重诈。开震迫，戊日为飞干格。惊艮义，蛇夭矫，又有天网之格。

戊午：景五，英五。生震制，丁奇加生门乘六合为休诈。死兑和，龙返首。景坤和，天网之格。伤巽，刑格。惊乾，丙奇入墓。

己未：景四，英四。癸日为五不遇。生坎迫，丁奇得使，又丁奇加生门乘六合为休诈。惊坤义，丙奇得使，又为鸟跌穴，又戊日为日悖。景巽义，天网之格，又甲寅癸临巽宫为击刑。

庚申：景三，英三。生乾和，丁奇加生门乘六合为休诈。开坤义，乙奇得使，又为龙逃走，又乙奇加开门临地辛（地盘六辛）为云遁。惊离制，癸日为日悖。景震义，天乙飞宫格，又有天网之格。又癸日为飞干格。伤坎义，小格。

辛酉：景二，英二。生震制，丁奇加生门乘六合为休诈。开坎和，乙奇加开门临坎宫为龙遁。惊乾，丙奇入墓。死兑和，龙返首。景坤和，天网之格。伤巽，小格。

壬戌：景一，英一。景坎制，符使皆反吟，开巽迫，乙奇得使，又乙奇加开门临地己（地盘六己）为地遁。生坤，丁奇加生门乘六合为休诈。惊震迫，丙奇得使，又为荧入白。景坎制，天网之格。伤兑制，白入荧。

癸亥：景九，英九，符使皆伏吟。一九还宫。生艮，丁奇入墓，又丁奇加生门乘六合为休诈。伤震，战格。景离，天网之格。

阴遁六局

甲、己日

时干支

甲子：开六，心六。符使伏吟。生艮，丙奇加生门乘九地为重诈。杜巽，战格。

乙丑：开五，心七。己日为五不遇。开坤义，乙奇得使，又有乙奇入墓，又乙奇加开门临地己（地盘六己）为地遁。

丙寅：开四，心八。开巽迫，使反吟，又有丙奇得使，荧入白，又丙奇加生门乘九地为重诈。死艮，龙返首。生坤，小格，又有刑格，又己日为伏干格。

丁卯：开三，心九。休巽和，乙奇加休门临巽宫为风遁。死坎迫，大格。

戊辰：开二，心六。九星皆伏吟。死巽制，战格。

己巳：开一，心五。休艮和，白入荧惊乾，丙奇得使，又为鸟跌穴，又有丙奇入墓，又甲日为日悖。

庚午：开九，心四。开离，蛇天矫。甲日为五不遇。休坤制，丙奇加休门乘九地为重诈，又己日为日悖。生兑和，虎猖狂。死震制，乙奇得使，又为龙逃走。杜坎义，丁奇得使，又为雀投江。惊巽迫，天乙飞宫格，又甲日为飞干格。伤乾制，天乙伏宫格。

辛未：开八，心三。休震和，甲子戊临震宫为击刑。

壬申：开七，心二。休乾义，丙奇得使，又为鸟跌穴，又有丙奇入墓，又丙奇加休门乘九地为重诈，又甲日为日悖。伤艮迫，白入荧。景巽义，己日为飞干格。

癸酉：开六，心一。开乾，使伏吟。死坤，丁奇得使。

甲戌：死五，禽五。符使伏吟。杜巽，战格。死坤，甲戌己临坤宫为击刑。

乙亥：死四，禽七。休兑义，地网之格。开坤义，丁奇得使。

乙、庚日

时干支

丙子：死三，禽八。庚日为五不遇。生兑和，虎猖狂。开离制，蛇天矫。死震制，乙奇得使，又为龙逃走。景艮和，地网之格。杜坎义，丁奇得使，又为雀投江。

丁丑：死二，禽九。死坤，使伏吟，又有乙奇得使，又有乙奇入墓。景离，地网之格。

戊寅：死一，禽六。休巽和，丙奇得使，又为荧入白，又庚日为日悖。惊艮义，龙返首。景乾迫，地网之格上坤迫，小格，又有刑格、天乙伏宫格。

己卯：死九，禽五。九星皆伏吟。景巽义，战格，又庚日为伏干格，又为飞干格。

庚辰：死八，禽四。死艮，使反吟，又有白入荧。开巽迫，天乙飞宫格，又有地网之格，又甲辰壬临巽宫为击刑。杜乾制，丙奇得使，又为鸟跌穴，又有丙奇入墓。

辛巳：死七，禽三。乙日为五不遇。生震制，地网之格。开坎和，大格。伤巽，乙日为飞干格。死兑和，乙日为日悖。

壬午：死六，禽二。九星皆伏吟。生巽制，战格，又庚日为伏干格，又为飞干格。杜坤迫，地网之格。

癸未：死五，禽一。死坤，使伏吟。休坎，地网之格。惊兑，乙日为伏干格。伤震，甲子戊临震宫为击刑。

甲申：杜四，辅四。符使伏吟。生艮，丙奇加生门乘太阴为真诈。杜巽，战格，又有太阴飞宫格、天乙伏宫格，又庚日为伏干格，又为飞干格。

乙酉：杜三，辅七。开兑，乙日为伏干格。

丙戌：杜二，辅八。开艮义，时格，又为白入荧，又甲申庚临艮宫为击刑。死乾和，丙奇得使，又为鸟跌穴，又有丙奇入墓。

丁亥：杜一，辅九。

丙、辛日
时干支

戊子：杜九，辅六。生震制，乙奇得使，又为龙逃走，又乙奇加生门临地辛（地盘六辛）为云遁。开坎和，丁奇得使，又为雀投江。惊乾，时格，又值符反吟。死兑和，虎猖狂。杜离和，蛇天矫。

己丑：杜八，辅五。杜艮迫，龙返首。开坤义，刑格，又有小格。死巽制，丙奇得使，又为荧入白，又丙日为飞干格。

庚寅：杜七，辅四。九星皆伏吟。休巽和，战格，又为时格，又有天乙飞宫格。惊艮义，丙日为日悖。

辛卯：杜六，辅三。杜乾制，使反吟。生坤，乙奇得使，又为乙奇入墓。惊震迫，时格，又辛日为伏干格。

壬辰：杜五，辅二。丙日为五不遇。生巽制，丙奇得使，又为荧入白，又丙日为飞干格。开艮义，龙返首。杜坤迫，刑格，又有时格、小格。

癸巳：杜四，辅一。杜巽，使伏吟。休坎，大格，又为时格。

甲午：伤三，冲三。符使伏吟。杜巽，战格。生艮，丙日为日悖。

乙未：伤二，冲七。生离义，蛇天矫。开震迫，乙奇得使，又为龙逃走，又乙奇加开门临地辛（地盘六辛）为云遁。死坎迫，丁奇得使，又为雀投江。杜兑制，虎猖狂。

丙申：伤一，冲八。开坤义，乙奇得使，又有乙奇入墓，又乙奇加开门临地己（地盘六己）为云遁。景震义，天乙伏宫格，又辛日为伏干格。

丁酉：伤九，冲九。辛日为五不遇。伤离和，甲午辛临离宫为击刑。生巽制，丙奇得使，又为荧入白，又丙日为飞干格。开艮义，龙返首。杜坤迫，刑格，又有小格。

戊戌：伤八，冲六。生坎迫，大格。

己亥：伤七，冲五。伤兑制，使反吟。杜乾制，丁奇加杜门乘九地为地假。

丁、壬日
时干支

庚子：伤六，冲四。休坤制，丁奇得使，又丁奇加休门乘九地为重诈。开离制，丁日为伏干格。

辛丑：伤五，冲三。九星皆伏吟。休巽和，战格。生离义，丁奇加生门乘九地为重诈。

壬寅：伤四，冲二。休艮制，乙奇加休门临艮宫为虎遁。杜离和，丁日为日悖。

癸卯：伤三，冲一。丁日为五不遇。生艮，白入荧。伤震，使伏吟。开乾，丙奇得使，又为鸟跌穴，又有丙奇入墓。杜巽，壬日为飞干格。

甲辰：死二，芮二。符使伏吟。杜巽，战格。

乙巳：死一，芮七。生离义，丁日为伏干格。杜兑制，地网之格。伤坤迫，丁奇得使。

丙午：死九，芮八。生坎迫，丁奇得使，又为雀投江。开兑，虎猖狂。惊坤义，壬日为日悖。死离义，蛇天矫。杜震，乙奇得使，又为龙逃走。伤艮迫，地网之格。

丁未：死八，芮九。死艮，使反吟。休离迫，地网之格。生坤，乙奇得使。开巽迫，丁日为飞干格。

戊申：死七，芮六。壬日为五不遇。休艮制，龙返首，又为地网之格。景坤和，刑格，又有小格、天乙伏宫格，又壬日为伏干格。

己酉：死六，芮五。九星皆伏吟生巽制，战格。杜坤迫，地网之格。

庚戌：死五，芮四。死坤，使伏吟。生艮，白入荧。开乾，丙奇得使，乙奇鸟跌穴，又有丙奇入墓。杜巽，地网之格，又有天乙飞宫格，又壬日为飞干格，又甲辰壬临巽宫为击刑。

辛亥：死四，芮三。景震义，地网之格。杜艮迫，丁奇入墓。

戊、癸日
时干支

壬子：死三，芮二。九星皆伏吟。休坤制，地网之格。惊巽迫，战格。

癸丑：死二，芮一。死坤，使伏吟。休坎，地网之格。杜巽，癸日为飞干格，又甲寅癸临巽宫为击刑。

甲寅：休一，蓬一。符使伏吟，戊日为五不遇。杜巽，战格。生艮，丙奇加生门乘九天为神遁。

乙卯：休九，蓬七。休离迫，使反吟，又乙奇加休门乘太阴为真诈。杜乾制，丙奇得使，又为鸟跌穴，又有丙奇入墓，又戊日为日悖。伤兑制，天网之格。死艮，白入荧。

丙辰：休八，蓬八。休艮制，天网之格。生震制，丙奇加生门乘九天为神遁。景坤和，丁奇得使。

丁巳：休七，蓬九。惊离制，符反吟，又有天网之格、蛇天矫。死巽制，戊日为飞干格。景震义，乙奇得使，又为龙逃走。伤坎义，丁奇得使，又为雀投江。

戊午：休六，蓬六。休乾义，天网之格。生坎迫，丙奇加生门乘九天为神遁，又癸日为日悖。惊坤义，乙奇得使，又为乙奇入墓。

己未：休五，蓬五。癸日为五不遇。休坤制，天网之格。生兑和，丙奇加生门乘九天为神遁。杜坎义，天乙伏宫格，又癸日为伏干格。

庚申：休四，蓬四。休巽和，天网之格，又有天乙飞宫格，又癸日为飞干格，又甲寅癸临巽宫为击刑。生离义，丙奇加生门乘九天为神遁。

辛酉：休三，蓬三。休震和，天网之格。生兑和，丙奇加生门乘九天为神遁，又有丙奇得使，又为荧入白。开艮义，龙返首。杜坤迫，刑格，又有小格。

壬戌：休二，蓬二。休坤制，天网之格。生兑和，丙奇加生门乘九天为神遁。杜坎义，大格，又有天乙伏宫格，又癸日为伏干格。

癸亥：休一，蓬一。符使伏吟。一九还宫。生艮，丙奇加生门乘九天为神遁，杜巽，战格。休坎，天网之格。

阴遁七局
甲、己日
时干支

甲子：惊七，柱七。死坤，战格。符使伏吟。休坎，丁奇加休门乘九地为重诈。

乙丑：惊六，柱八。己日为五不遇。开坎和，蛇天矫。惊乾，丙奇入墓，又己日为日悖。

丙寅：惊五，柱九。惊坤义，己日为飞干格。休乾义，乙奇得使。开兑，丁奇加开门乘九地为重诈。死离义，龙返首。伤艮迫，虎猖狂。

丁卯：惊四，柱一。生兑和，丙奇得使，又为鸟跌穴，又甲日为日悖，又丙奇加生门乘太阴为真诈。惊巽迫，乙奇得使，又为龙逃走。伤乾制，刑格，又己日为伏干格。

戊辰：惊三，柱七。九星皆伏吟。惊震，使反吟。生坤，战格，又有大格。休离迫，丙奇加休门乘太阴为真诈。

己巳：惊二，柱六。开兑，甲日为伏干格。惊坤义，荧入白。景巽义，甲辰壬临巽宫为击刑。伤艮迫，丁奇入墓。

庚午：惊一，柱五。甲日为五不遇。生巽制，丙奇加生门乘太阴为真诈。伤离和，白入荧。杜坤迫，天乙飞宫格，又甲日为飞干格。

辛未：惊九，柱四。开坤义，丁奇得使，又为雀投江，又丁奇加开门乘九地为重诈。景震义，小格。

壬申：惊八，柱三。开震迫，甲子戊临震宫为击刑。生离义，丁奇加生门乘九地为重诈。伤坤迫，乙奇入墓。

癸酉：惊七，柱二。惊兑，使伏吟。景离，白入荧。休坎，乙奇加休门临坎宫为龙遁。死坤，天乙飞宫格，又甲日为飞干格。

甲戌：开六，心六。符使伏吟。死坤，战格。生艮，乙奇加生门乘九地为重诈。

乙亥：开五，心八。休兑义，丙奇得使，又为鸟跌穴，又丙奇加休门乘六合为休诈。生乾和，天乙飞宫格，又有刑格，又己日为伏干格。死巽制，乙奇得使，又为龙逃走。景震义，丁奇得使。

乙、庚日
时干支

丙子：开四，心九。庚日为五不遇。开巽迫，使反吟。生坤，丁奇得使，又为雀投江。惊震迫，小格。死艮，乙日为日悖。

丁丑：开三，心一。伤坤迫，荧入白，又庚日为日悖。开震迫，乙奇加开门乘九地为重诈。

戊寅：开二，心七。惊离制，白入荧。

己卯：开一，心六。九星皆伏吟。休艮制，乙奇加休门乘九地为重诈。景坤和，战格，又有大格，又庚日为伏干格，又为飞干格。

庚辰：开九，心五。开离制，龙返首。休坤制，天乙飞宫格，又甲戌己临坤宫为击刑。景艮和，虎猖狂。伤乾制，乙奇得使。

辛巳：开八，心四。乙日为五不遇。生巽制，符反吟。杜坤迫，乙奇入墓，又乙日为飞干格。开艮义，乙日为伏干格。

壬午：开七，心三。休乾义，丙奇入墓，又丙奇加休门乘六合为休诈。生坎迫，蛇天矫。

癸未：开六，心二。开乾，使伏吟。生艮虎猖狂。景离，龙返首。死坤，天乙飞宫格，又甲戌己临坤宫为击刑。

甲申：死五，禽五。符使伏吟。死坤，战格，又有天乙飞宫格、天乙伏宫格，又庚日为伏干格，又为飞干格，又有大格。

乙酉：死四，禽八。杜艮迫，符反吟，又乙日为伏干格。开坤义，乙奇入墓。

丙戌：死三，禽九。开离制，白入荧，又有天网之格。

丁亥：死二，禽一。死坤，使伏吟。开乾，丙奇入墓。休坎，蛇天矫，又有天网之格。

丙、辛日
时干支

戊子：死一，禽七。伤坤迫，荧入白，又丙日为飞干格。杜兑制，天网之格。

己丑：死五，禽六。休乾义，刑格，又有天网之格。开兑，丙奇得使，又为鸟跌穴。惊坤义，辛日为飞干格。景巽义，乙奇得使，又为龙逃走。杜震，丁奇得使。

庚寅：死八，禽五。九星皆伏吟。死艮，使反吟。生坤，战格，又有大格、天网之格、天乙飞宫格、天乙伏宫格。休离迫，丙日为日悖。

辛卯：死七，禽四。伤巽，甲寅癸临巽宫为击刑，又有天网之格。休艮制，虎猖狂。惊乾，乙奇得使。杜离和，龙返首。

壬辰：死六，禽三。休震和，小格，又有天网之格。杜坤迫，丁奇得使，又为雀投江，丙日为五不遇。

癸巳：死五，禽二。符使伏吟。死坤，战格，又有大格、天乙伏宫格、天乙飞宫格、天网之格。景离，丙日为日悖。

甲午：杜四，辅四。符使伏吟。死坤，战格。景离，丙日为日悖。生艮，乙奇加生门乘太阴为真诈。休坎，丁奇加休门乘六合为休诈。

乙未：杜三，辅八。休乾义，乙奇得使，又乙奇加休门乘太阴为真诈。开兑，丁奇加开门乘六合为休诈。死离义，龙返首。景巽义，天乙伏宫格，又辛日为伏干格。伤艮迫，虎猖狂。

丙申：杜二，辅九。休震和，乙奇加休门乘太阴为真诈。开艮义，丁奇加开门乘六合为休诈。杜坤迫，丙奇得使，又为荧入白，又丙日为飞干格。伤离和，甲午辛临离宫为击刑。

丁酉：杜一，辅一。辛日为五不遇。休坤制，丁奇得使，又为雀投江，又丁奇加休门乘六合为休诈。四针制，小格。生兑和，乙奇加生门乘太阴为真诈。

戊戌：杜九，辅七。开坎和，蛇天矫。惊乾，丙奇入墓。

己亥：杜八，辅六。开坤义，乙奇入墓，又乙奇加开门乘太阴为真诈。

丁、壬日
时干支

庚子：杜七，辅五。休巽和，乙奇得使，又为龙逃走，又乙奇加休门临巽宫为风遁，又上乘太阴为真诈。开震迫，丁奇加开门乘六合为休诈，又有乙奇得使。景乾迫，刑格。伤坤迫，天乙飞宫格。杜兑制，丙奇得使，又为鸟跌穴。

辛丑：杜六，辅四。九星皆伏吟。杜乾制，使反吟。生坤，战格，又有大格。

壬寅：杜五，辅三。生巽制，丙奇加生门乘九天为神遁。伤离和，白入荧。

癸卯：杜四，辅二。丁日为五不遇。杜巽，使伏吟，又有乙奇得使，又为龙逃走。死坤，天乙飞宫格。惊兑，丙奇得使，又为鸟跌穴。开乾，刑格。

甲辰：伤三，冲三。符使伏吟。休坎，丁奇加休门乘太阴为人遁，又为真诈。死坤，战格。

乙巳：伤二，冲八。休巽和，丙奇加休门乘九地为重诈。生离义，白入荧。惊艮义，地网之格。

丙午：伤一，冲九。休兑义，丙奇得使，又为鸟跌穴，又丙奇加休门乘九地为重诈。生乾和，刑格。开艮意，辛日为飞干格。惊离制，地网之格。死巽制，乙奇得使，又为龙逃走。景震义，丁奇得使。

丁未：伤九，冲一。休震和，丙奇加休门乘九地为重诈，又壬日为日悖。开艮义，虎猖狂。惊坎和，地网之格。死乾和，乙奇得使。伤离和，龙返首。

戊申：伤八，冲七。壬日为五不遇。开兑，符反吟，又有地网之格。生坎迫，丙奇加生门临地丁（地盘六丁）为天遁，又丁日为日悖，又丙奇加生门乘九地为重诈。惊坤义，地网之格。

己酉：伤七，冲六。伤兑制，使反吟。生坤，丁奇得使，又为雀投江。惊震迫，天乙伏宫格，又有小格，又壬日为伏干格。杜乾制，地网之格。

庚戌：伤六，冲五。休坤制，天乙飞宫格，又有地网之格，又壬日为飞干格。伤乾制，丙奇入墓。杜坎义，蛇天矫。

辛亥：伤五，冲四。休巽和，地网之格，又甲辰壬临巽宫为击刑。伤坤迫，荧入白，又有丙奇得使。

戊、癸日
时干支

壬子：伤四，冲三。九星皆伏吟。生震制，地网之格。景坤和，战格，又有大格，又癸日为伏干格，又为飞干格。

癸丑：伤三，冲二。伤震，使伏吟，开乾，丙奇入墓，又丙奇加开门乘九地为重诈。休坎，蛇天矫。死坤，天乙飞宫格，又有地网之格。

甲寅：死二，芮二。戊日为五不遇。死坤，战格，又有大格、天乙飞宫格、天乙伏宫格，又癸日为伏干格，又为飞干格。符使皆伏吟。

乙卯：死一，芮八。惊艮义，符反吟，又有天网之格，又甲申庚临艮宫为击刑。伤坤迫，乙奇入墓。

丙辰：死九，芮九。死离义，白入荧，又有天网之格。惊坤义，戊日为飞干格。

丁巳：死八，芮一。死艮，使反吟。杜乾制，丙奇入墓。景坎制，蛇天矫，又有天网之格。

戊午：死七，芮七。景坤和，荧入白，又癸日为日悖。死兑和，戊日为伏干格，又有天网之格。

己未：死六，芮六。癸日为五不遇，休震和，丁奇得使。生巽制，乙奇得使，又为龙逃走，又乙奇加生门临巽宫为风遁。死乾和，刑格，又为时格，又有天网之格。景兑迫，丙奇得使，又为鸟跌穴，又戊日为日悖。

庚申：死五，芮五。符使伏吟。死坤，战格，又有时格、大格、天乙飞宫格、天乙伏宫格、天网之格，又癸日为伏干格，又为飞干格。

辛酉：死四，芮四。生乾和，乙奇得使。惊离制，龙返首。杜艮迫，虎猖狂。死巽制，天网之格，又甲寅癸临巽宫为击刑。

壬戌：死三，芮三。休坤制，丁奇得使，又为雀投江。死震制，时格，又有小格、天网之格。

癸亥：死二，芮二。符使伏吟。死坤，战格，又有时格，大格、天乙飞宫格、天乙伏宫格、天网之格，又癸日为伏干格，又为飞干格。

阴遁八局
甲、己日
时干支

甲子：生八，任八。符使伏吟。开乾，战格。

乙丑：生七，任九。己日为五不遇。休坤制，蛇天矫。死震制，大格。

丙寅：生六，任一。休兑义，刑格，又己日为日悖。生乾和，丙奇得使，又为丙奇入墓，又有荧入白。伤坎义，龙返首。

丁卯：生五，任二。生坤，符使皆反吟。开巽迫，小格。

戊辰：生四，任八。九星皆伏吟，死乾和，战格。

己巳：生三，任七。生震制，丁奇得使，又为雀投江。

庚午：生二，任六。甲日为五不遇。生坤，使反吟。开巽迫，丁奇得使。伤兑制，己日为日悖。杜乾制，天乙飞宫格，又甲日为飞干格。

辛未：生一，任五。惊坤，符反吟。景巽义，小格。

壬申：生九，任四。杜兑制，乙奇得使。惊艮义，天乙伏宫格，又甲日为伏干格。

癸酉：生八，任三。生艮，使伏吟，又有丙奇得使，又为鸟跌穴。休坎，白入荧。死坤，乙奇得使，又为龙逃走，又有乙奇入墓。

甲戌：惊七，柱七。符使伏吟。开乾，战格。休坎，丙奇加休门乘九地为重诈。

乙亥：惊六，柱九。惊乾，甲日为飞干格。死兑和，己日为日悖。生震制，乙奇加生门乘太阴为真诈。

乙、庚日

时干支

丙子：惊五，柱一。庚日为五不遇。开兑，乙奇得使，又乙奇加开门乘太阴为真诈。又下临地己（地盘六己）为地遁。

丁丑：惊四，柱二。休坤制，甲戌己临坤宫为击刑。生兑和，刑格，又有天乙伏宫格。开离制，虎猖狂。伤乾制，丙奇得使，又为荧入白，又有丙奇入墓，又庚日为日悖。杜坎义，龙返首。

戊寅：惊三，柱八。惊震迫，使反吟，又有大格。杜乾制，乙日为飞干格。生坤，蛇天矫。

己卯：惊二，柱七。九星皆伏吟。休乾义，战格，又庚日为伏干格。生坎迫，丙奇加生门乘九地为重诈。

庚辰：惊一，柱六。开艮义，丙奇得使，又为鸟跌穴，又丙奇加开门乘九地为重诈。死乾和，天乙飞宫格。惊坎和，白入荧。杜坤迫，乙奇得使，又为龙逃走，又有乙奇入墓。

辛巳：惊九，柱五。乙日为五不遇。休兑义，刑格，又有天乙伏宫格。生乾和，丙奇得使，又为荧入白，又有丙奇入墓，又庚日为日悖，又丙奇加生门乘九地为重诈。伤坎义，龙返首。惊离制，虎猖狂。

壬午：惊八，柱四。生离义，乙日为伏干格。开震迫，丁奇得使，又为雀投江。

癸未：惊七，柱三。惊兑，使伏吟。伤震，符反吟。休坎，乙奇加休门下临坎宫为龙遁，又上乘太阴为真诈。生艮，丁奇入墓。杜巽，小格。景离，乙日为日悖。

甲申：开六，心六。符使伏吟。开乾，战格，又有天乙伏宫格，又庚日为伏干格，又为飞干格。

乙酉：开五，心九。惊离制，乙日为伏干格，又为时格。景震义，丁奇得使，又为雀投江。

丙戌：开四，心一。开巽迫，使反吟。死艮，丙奇得使，又为鸟跌穴。景坎制，白入荧，又为时格。生坤，乙奇得使，又为龙逃走，又有乙奇入墓，又乙奇加生门下临地辛（地盘六辛）为云遁，又上乘六合为休诈。

丁亥：开三，心二。休巽和，丁奇加休门乘太阴为人遁，又为真诈，又有丁奇得使。开震迫，乙奇加开门乘六合为休诈。伤坤迫，时格。

丙、辛日
时干支

戊子：开二，心八。休兑义，乙奇得使，又乙奇加休门乘六合为休诈。生乾和，辛日为飞干格，又丁奇加生门乘太阴为真诈。杜艮迫，甲申庚临艮宫为击刑。

己丑：开一，心七。开坎和，龙返首。惊乾，丙奇得使，又为荧入白，又有丙奇入墓，又丙日为飞干格。死兑和，刑格。杜离和，虎猖狂。

庚寅：开九，心六。九星皆伏吟。休坤制，丁奇加休门乘太阴为人遁，又为真诈。开离制，乙奇加开门乘六合为休诈。伤乾制，战格，又有时格、天乙飞宫格、天乙伏宫格。杜坎义，丙日为日悖。

辛卯：开八，心五。休震和，乙奇加休门下临地癸（地盘六癸）为龙遁，又上乘六合为休诈。生巽制，丁奇得使。

壬辰：开七，心四。丙日为五不遇。景巽义，符反吟，又有小格。生坎迫，乙奇加生门下临坎宫为龙遁，又上乘六合为休诈。

癸巳：开六，心三。开乾，使伏吟，又乙奇加开门乘六合为休诈。休坎，丁奇加休门乘太阴为人遁，又为休诈。伤震，大格。死坤，蛇天矫。

甲午：死五，禽五。符使伏吟。开乾，战格。

乙未：死四，禽九。休兑义，刑格。生乾和，丙奇得使，又为荧入白，又有丙奇入墓。惊离制，虎猖狂，又甲午辛临离宫为击刑。伤坎义，龙返首。

丙申：死三，禽一。休坤制，蛇天矫。死震制，大格。

丁酉：死二，禽二。辛日为五不遇。符使皆伏吟。开乾，战格。休坎，丙日为日悖。

戊戌：死一，禽八。惊艮义，符反吟。休巽和，小格。

己亥：死九，禽七。生坎迫，白入荧，又丙日为伏干格。惊坤义，乙奇得使，又为龙逃走，又有乙奇入墓。伤艮迫，鸟跌穴，又为丙奇得使。

丁、壬日

时干支

庚子：死八，禽六。死艮，使反吟。伤兑制，乙奇得使。杜乾制，天乙飞宫格，又丁日为飞干格。

辛丑：死七，禽五。九星皆伏吟。伤巽，甲辰壬临巽宫为击刑。惊乾，战格。

壬寅：死六，禽四。休震和，乙奇加休门临地癸（地盘六癸）为龙遁。生巽制，丁奇得使。杜坤迫，天乙伏宫格，又丁日为伏干格。

癸卯：死五，禽三。丁日为五不遇。死坤，使伏吟，又丁日为日悖。伤震，丁奇得使，又为崔投江。

甲辰：杜四，辅四。符使伏吟。开乾，战格。休坎，丙奇加休门乘六合为休诈。杜巽，甲辰壬临巽宫为击刑。

乙巳：杜三，辅九。生坎迫，白入荧。开兑，丁奇加开门乘九地为重诈。惊坤义，乙奇得使，又为龙逃走，又有乙奇入墓。伤艮迫，丙奇得使，又为鸟跌穴。死离义，地网之格。

丙午：杜二，辅一。休震和，丁奇得使，又为崔投江，又丁奇加休门乘九地为重诈。惊坎和，地网之格。杜坤迫，丁日为日悖。

丁未：杜一，辅二。休坤制，地网之格。生兑和，乙奇得使。伤乾制，丁日为飞干格。

戊申：杜九，辅八。壬日为五不遇。休艮制，地网之格。景坤和，丁日为伏干格。

己酉：杜八，辅七。休兑义，地网之格。开坤义，蛇天矫，景震义，大格。

庚戌：杜七，辅六。生离义，丙奇加生门乘六合为休诈。休巽和，小格，又有天乙伏宫格，又壬日为伏干格。景乾迫，地网之格。

辛亥：杜六，辅五。杜乾制，使反吟，又丁日为飞干格。伤兑制，乙奇得使。

戊、癸日

时干支

壬子：杜五，辅四。九星皆伏吟。生巽制，地网之格，又甲辰壬临巽宫为击刑。死乾和，战格。

癸丑：杜四，辅三。杜巽，使伏吟。休坎，龙返首。开乾，丙奇得使，又为荧入白，又有丙奇入墓，又丙奇加生门乘六合为休诈。惊兑，刑格。伤震，地网之格。景离，虎猖狂。

甲寅：伤三，冲三。符使伏吟。开乾，战格。休坎，丙奇加休门乘太阴为真诈。戊日为五不遇。

乙卯：上二，冲九。生离义，天网之格。开震迫，癸日为日悖，又丙奇加开门乘太阴为真诈。杜兑制，乙奇得使。惊艮义，戊日为伏干格。

丙辰：伤一，冲一。休兑义，丙奇加休门乘太阴为真诈。生乾和，戊日为飞干格。死巽制，丁奇得使。伤坎义，天网之格。

丁巳：伤九，冲二。休震和，大格，又有天乙伏宫格，又癸日为伏干格。生巽制，丙奇加生门乘太阴为真诈。杜坤迫，蛇天矫，又为天网之格。

戊午：伤八，冲八。休乾义，丙奇得使，又为荧入白，又有丙奇入墓，又丙奇加休门乘太阴为真诈。生坎迫，龙返首。开兑，刑格。死离，虎猖狂。伤艮迫，天网之格。

己未：伤七，冲七。癸日为五不遇。伤兑制，符使皆反吟，又有天网之格。开巽迫，小格。

庚申：伤六，冲六。休坤制，丙奇加休门乘太阴为真诈。死震制，丁奇得使，又为雀投江。伤乾制，天乙飞宫格，又有天网之格，又癸日为飞干格。

辛酉：伤五，冲五。休巽和，丙奇加休门乘太阴为真诈。开震迫，大格，又癸日为伏干格。伤坤迫，蛇天矫，又有天网之格。

壬戌：伤四，冲四。休艮制，丙奇得使，又为鸟跌穴，又戊日为日悖，又丙奇加休门乘太阴为真诈。开坎和，白入荧。景坤和，乙奇得使，又为龙逃走，又有乙奇入墓。伤巽，天网之格。又甲寅癸临巽宫为击刑。

癸亥：伤三，冲三。符使伏吟。开兑，战格。休坎，丙奇加休门乘太阴为真诈。

阴遁九局

甲、己日

时干支

甲子：景九，英九。符使伏吟。惊兑，战格。休坎，乙奇加休门临坎宫为龙遁。

乙丑：景八，英一。己日为五不遇。杜坎义，符反吟。景艮和己日为日悖。生兑和，丁奇加生门乘太阴为真诈。

丙寅：景七，英二。生巽制，丁奇得使，又为雀投江，又丁奇加生门乘太阴为真诈。开艮义，乙奇得使，又乙奇加开门临地己（地盘六己）为地遁。景兑迫，丙奇得使，又为荧入白。惊坎和，虎猖狂。杜坤迫，龙返首。

丁卯：景六，英三。休巽和，甲辰壬临巽宫为击刑。生离义，天乙伏宫格，又甲日为伏干格。开震迫，甲子戊临震宫为击刑。

戊辰：景五，英九。杜离和，符伏吟。九星皆伏吟。死兑和，战格。生震制，丁奇加生门乘太阴为真诈。开坎和，乙奇加生门临坎宫为龙遁。

己巳：景四，英八。休乾义，丁奇加休门乘太阴为真诈。惊巽义，大格。惊坤义，乙奇入墓。开兑，己日为飞干格。

庚午：景三，英七。甲日为五不遇。生乾和，丙奇入墓，又丙奇加生门乘九天为神遁。休兑义，天乙飞宫格，又甲日为飞干格。

辛未：景二，英六。休艮制，刑格，又己日为伏干格，又甲申庚临艮宫为击刑。

壬申：景一，英五。景坎制，使反吟，又有虎猖狂。生坤，龙返首。开巽迫，丁奇得使，又为雀投江，又丁奇加开门乘太阴为真诈。死艮，乙奇得使。伤兑制，丙奇得使，又为荧入白。

癸酉：景九，英四。景离，使伏吟，又有丙奇得使，又为鸟跌穴，又甲日为日悖。开乾，乙奇得使，又为龙逃走，又乙奇加开门临地辛（地盘六辛）为云遁。死坤，白入荧，又有小格。

甲戌：生八，任八。符使伏吟。惊兑，战格。休坎，乙奇加休门临坎宫为龙遁。

乙亥：生七，任一。休坤制，白入荧，又有小格。景艮和，丁奇入墓。

开离制，丙奇得使，又为鸟跌穴，又甲日为日悖。伤乾制，乙奇得使，又为龙逃走。死震制，蛇天矫。

乙、庚日
时干支

丙子：生六，任二。庚日为五不遇。开坤义，符反吟，又甲戌己临坤宫为击刑。

丁丑：生五，任三。生坤，使反吟，又有龙返首。开巽迫，丁奇得使，又为雀投江。景坎制，虎猖狂。伤兑制，丙奇得使，又为荧入白，又庚日为日悖。死艮，乙奇得使。

戊寅：生四，任九。生巽制，乙奇加生门临巽宫为风遁。开艮义，刑格，又有天乙伏宫格。惊坎和，乙日为日悖。

己卯：生三，任八。九星皆伏吟。开坎和，乙奇加开门临坎宫为龙遁。死兑和，战格，又庚日为伏干格，又为飞干格。

庚辰：生二，任七。生坤，使反吟，又有乙奇入墓。开巽迫，大格。伤兑制，天乙飞宫格。

辛巳：生一，任六。乙日为五不遇。开兑，乙日为飞干格。景巽义，甲辰壬临巽宫为击刑。

壬午：生九，任五。伤坤迫，符反吟。

癸未：生八，任四。生艮，使伏吟。开乾，丙奇入墓。休坎制，乙日为伏干格。

甲申：惊七，柱七。符使伏吟。惊兑，战格，又有天乙伏宫格、天乙飞宫格，又庚日为伏干格，又为飞干格。休坎，乙奇加休门下临坎宫为龙遁，又上乘九地为重诈。

乙酉：惊六，柱一。生震制，乙奇加生门乘九地为重诈。开坎和，乙日为伏干格，又有时格。惊乾，丙奇入墓。

丙戌：惊五，柱二。休乾义，乙奇得使，又为龙逃走，又乙奇加休门下临地辛（地盘六辛）为云遁，又上乘九地为重诈。惊坤义，白入荧，又有小格。死离义，丙奇得使，又为鸟跌穴。杜震，蛇天矫。

丁亥：惊四，柱三。开离制，乙奇加开门乘九地为重诈。

丙、辛日

时干支

戊子：惊三，柱九。惊震迫，使反吟。休离迫，时格。

己丑：惊二，柱八。伤艮迫，刑格，又有时格，又甲申庚临艮宫为击刑。惊坤义，丁奇得使。

庚寅：惊一，柱七。九星皆伏吟。景兑迫，战格，又有时格，天乙飞宫格、天乙伏宫格。杜坤迫，丙日为日悖。

辛卯：惊九，柱六。休兑义，丙奇得使，又为荧入白，又丙日为飞干格。生乾和，时格，又辛日为伏干格。开坤义，龙返首。死巽制，丁奇得使，又为雀投江。杜艮迫，乙奇得使。伤坎义，虎猖狂。

壬辰：惊八，柱五。丙日为五不遇。生离义，丙奇得使，又为鸟跌穴。开震迫，蛇天矫。景乾迫，乙奇得使，又为龙逃走。伤坤迫，白入荧，又有小格，时格，又丙日为伏干格。杜兑制，辛日为飞干格。

癸巳：惊七，柱四。惊兑，使伏吟。死坤，乙奇入墓。杜巽，大格，又为时格。

甲午：开六，心六。符使伏吟。惊兑，战格。休坎，乙奇加休门临坎宫为龙遁。死坤，丙日为日悖。

乙未：开五，心一。休兑义，丙奇得使。又为荧入白，又丙日为飞干格。生乾和，天乙伏宫格，又辛日为伏干格。开坤义，龙返首。伤坎义，虎猖狂。杜艮迫，乙奇得使。死巽制，丁奇得使，又为雀投江。休兑义，丙奇加休门乘太阴为真诈。

丙申：开四，心二。开巽，使反吟，又甲辰壬临巽宫为击刑，又丙奇加开门乘太阴为真诈。

丁酉：开三，心三。辛日为五不遇。休巽和，乙奇加休门临巽宫为风遁。惊艮义，刑格，又甲申庚临艮宫为击刑。

戊戌：开二，心九。开坤义，乙奇入墓。死巽制，大格。惊离制，甲午辛临离宫为击刑。

己亥：开一，心八。惊乾，丙奇入墓，又辛日为日悖。

丁、壬日

时干支

庚子：开九，心七。休坤制，白入荧，又有小格，又壬日为伏干格。生兑和，天乙飞宫格。开离制，丙奇得使，又为鸟跌穴，又丙奇加开门乘太阴为真诈。死震制，蛇天矫。伤乾制，乙奇得使，又为龙逃走。

辛丑：开八，心六。九星皆伏吟。景兑迫，战格。杜坤迫，壬日为日悖。

壬寅：开七，心五。景巽义，甲辰壬临巽宫为击刑。

癸卯：开六，心四。丁日为五不遇。开乾，使伏吟。惊兑，丁日为飞干格。生艮，丙奇加生门乘太阴为真诈。伤震，丁日为伏干格。杜巽，符反吟。

甲辰：死五，禽五。符使伏吟。惊兑，战格。休坎，乙奇加休门临坎宫为龙遁。死坤，壬日为日悖。

乙巳：死四，禽一。开坤义，丁奇得使，又丁奇加开门乘六合为休诈。杜艮迫，刑格。伤坎义，地网之格。

丙午：死三，禽二。九星皆伏吟。休坤制，地网之格。又壬日为日悖。生兑和，战格。惊巽迫，甲寅癸临巽宫为击刑。

丁未：死二，禽三。死坤，使伏吟。杜巽，大格。伤震，丁日为日悖，又为地网之格。景离，甲午辛临离宫为击刑。

戊申：死一，禽九。壬日为五不遇。生离义，丙奇得使，又为鸟跌穴，又有时悖，地网之格。开震迫，蛇天矫。景乾迫，乙奇得使，又为龙逃走。伤坤迫，又有天乙伏宫格、白入荧。惊艮义，丁奇入墓。

己酉：死九，禽八。杜震，丁日为伏干格。伤艮迫，符反吟，又有时悖、地网之格。惊坤，甲戌己临坤宫为击刑。

庚戌：死八，禽七。死艮，使反吟，又有乙奇得使。生坤，龙返首。开巽迫，丁奇得使，又为雀投江，又丁奇加开门乘六合为休诈。伤兑制，天乙飞宫格，又有丙奇得使、荧入白、时悖，又壬日为飞干格，又有地网之格。景坎制，虎猖狂。死艮，乙奇得使。

辛亥：死七，禽六。惊乾，丙奇入墓，又有时悖、地网之格。

戊、癸日

时干支

壬子：死六，禽五。九星皆伏吟。休震和，丁奇加休门乘六合为休诈。生巽制，甲寅癸临巽宫为击刑。景兑迫，战格。杜坤迫，时悖，又有地网之格。

癸丑：死五，禽四。死坤，使伏吟。杜巽，日悖，又有时悖、地网之格。又甲辰壬临巽宫为击刑。景离，戊日为伏干格。休坎，丁奇加休乘六合为休诈。

甲寅：杜四，辅四。戊日为五不遇。符使皆伏吟。惊兑，战格。杜巽，甲寅癸临巽宫为击刑。休坎，乙奇加休门下临坎宫为龙遁，又上乘六合为休诈。

乙卯：杜三，辅一。生坎迫，天网之格。景巽义，大格，又有天乙伏宫格，又癸日为伏干格。惊坤义，乙奇入墓。

丙辰：杜二，辅二。休震和，乙奇加休门乘六合为休诈。死乾和，丙奇入墓。杜坤迫，天网之格。景兑迫，戊日为飞干格。

丁巳：杜一，辅三。休坤制，白入荧，又有小格。开离制，丙奇得使又为鸟跌穴，又戊日为日悖，又丙奇加开门乘九地为重诈。死震制，蛇天矫，又有天网之格。伤乾制，乙奇得使，又为龙逃走。

戊午：杜九，辅九。休艮制，乙奇得使，又乙奇加休门乘六合为休诈。开坎和，虎猖狂。死兑和，丙奇得使，又为荧入白。景坤和，龙返首。杜离和，天网之格。伤巽，丁奇得使，又为雀投江。

己未：杜八，辅八。癸日为五不遇。休兑义，乙奇加休门乘六合为休诈。死巽制，癸日为日悖。惊离制，戊日为伏干格。杜艮迫，天网之格。

庚申：杜七，辅七。休巽和，乙奇加休门下临巽宫为风遁，又上乘六合为休诈。惊艮义，刑格。杜兑制，天乙飞宫格，又有天网之格，又癸日为飞干格。

辛酉：杜六，辅六。杜乾制，使反吟，又有天网之格。生坤，甲戌己临坤宫为击刑。

壬戌：杜五，辅五。休震和，乙奇加休门乘六合为休诈。死乾和，丙奇入墓。杜坤迫，天网之格。景兑迫，戊日为飞干格。

癸亥：杜四，辅四。符使伏吟。休坎，鹧加休门下临坎宫为龙遁，又上乘六合为休诈。惊兑，战格。杜巽，天网之格，又甲戌己临巽宫为击刑。

附录五　2025年奇门专用历

　　奇门遁甲的运用首先要根据当时的日子进行排局，而排局则需要推算该日在节气中的超神或者接气的信息。为了便于读者使用，笔者曾经在1997年定稿的版本中附上了1995—2000年奇门专用历，可以直接从专用历中查到这六年中任何一日在演布奇门活盘时应该使用哪一局。可惜当时的版本没有及时出版，其原因已经在"前言"中做了交代。现在再次整理原稿，出版本书，前面书稿中的奇门专用历已经过时，需要根据当下的时间，再列出新的奇门专用历。所以笔者在下面附上了2025年奇门专用历，读者可以直接使用。使用方法如下。

　　由于每一旬有十日，每一旬的第一天称为"旬头"。每一日有十二个时辰。与一旬的十日相对应，每十个时辰为一组，所以一日之中的十二个时辰覆盖了两个旬。也就是说，每一日的十二个时辰组会有两个旬头。例如，1995年1月1日（公历），农历是乙亥年十二月初一，日干支为壬辰。这一天的十二个时辰分别是：庚子、辛丑、壬寅、癸卯、甲辰、乙巳、丙午、丁未、戊申、己酉、庚戌、辛亥。其中，前四个时辰庚子、辛丑、壬寅、癸卯属于甲午旬，亦即它们的旬头是甲午。后八个时辰：甲辰、乙巳、丙午、丁未、戊申、己酉、庚戌、辛亥属于甲辰旬，亦即它们的旬头是甲辰。所以笔者在该日的"旬头"栏中列出了甲午/甲辰两个旬头。明确了一日之中每个时辰的旬头，就很容易在奇门活盘上确定与之对应的值符和值使。

　　如果没有奇门专用历，读者需要推算每个日子与节气之间超前或之后多少天，比较麻烦。有了奇门专用历，可以直接查询，不必再推算。

公历 2025 年 1 月

公历	农历	日干支	局		节气
1 月 1 日	癸卯年十二月初二	庚午	阳遁八局		∨
2 日	初三	辛未	∨	中元	∨
3 日	初四	壬申	∨		∨
4 日	初五	癸酉	∨		∨
5 日	初六	甲戌	阳遁五局		小寒
6 日	初七	乙亥	∨	下元	∨
7 日	初八	丙子	∨		∨
8 日	初九	丁丑	∨		∨
9 日	初十	戊寅	∨		∨
10 日	十一	己卯	阳遁三局		∨
11 日	十二	庚辰	∨	上元	∨
12 日	十三	辛巳	∨		∨
13 日	十四	壬午	∨		∨
14 日	十五	癸未	∨		∨
15 日	十六	甲申	阳遁九局		∨
16 日	十七	乙酉	∨	中元	∨
17 日	十八	丙戌	∨		∨
18 日	十九	丁亥	∨		∨
19 日	二十	戊子	∨		∨
20 日	廿一	己丑	阳遁六局		大寒
21 日	廿二	庚寅	∨	下元	∨
22 日	廿三	辛卯	∨		∨
23 日	廿四	壬辰	∨		∨
24 日	廿五	癸巳	∨		∨
25 日	廿六	甲午	阳遁八局		∨
26 日	廿七	乙未	∨	上元	∨
27 日	廿八	丙申	∨		∨
28 日	廿九	丁酉	∨		∨
29 日	乙巳年正月初一	戊戌	∨		∨
30 日	初二	己亥	阳遁五局	中	∨
31 日	初三	庚子	∨		∨

公历 2025 年 2 月

公历	农历	日干支	局		节气
2 月 1 日	初四	辛丑	∨		∨
2 日	初五	壬寅	∨	元	∨
3 日	初六	癸卯	∨		立春
4 日	初七	甲辰	阳遁二局		∨
5 日	初八	乙巳	∨		∨
6 日	初九	丙午	∨	下元	∨
7 日	初十	丁未	∨		∨
8 日	十一	戊申	∨		∨
9 日	十二	己酉	阳遁九局		∨
10 日	十三	庚戌	∨		∨
11 日	十四	辛亥	∨	上元	∨
12 日	十五	壬子	∨		∨
13 日	十六	癸丑	∨		∨
14 日	十七	甲寅	阳遁六局		∨
15 日	十八	乙卯	∨		∨
16 日	十九	丙辰	∨	中元	∨
17 日	二十	丁巳	∨		∨
18 日	廿一	戊午	∨		雨水
19 日	廿二	己未	阳遁三局		∨
20 日	廿三	庚申	∨		∨
21 日	廿四	辛酉	∨	下元	∨
22 日	廿五	壬戌	∨		∨
23 日	廿六	癸亥	∨		∨
24 日	廿七	甲子	阳遁一局		∨
25 日	廿八	乙丑	∨		∨
26 日	廿九	丙寅	∨	上元	∨
27 日	三十	丁卯	∨		∨
28 日	乙巳年二月初一	戊辰	∨		∨

公历 2025 年 3 月

公历	农历	日干支	局		节气
3 月 1 日	初二	己巳	阳遁七局		∨
2 日	初三	庚午	∨	中元	∨
3 日	初四	辛未	∨		∨
4 日	初五	壬申	∨		∨
5 日	初六	癸酉	∨		惊蛰
6 日	初七	甲戌	阳遁四局		∨
7 日	初八	乙亥	∨	下元	∨
8 日	初九	丙子	∨		∨
9 日	初十	丁丑	∨		∨
10 日	十一	戊寅	∨		∨
11 日	十二	己卯	阳遁三局		∨
12 日	十三	庚辰	∨	上元	∨
13 日	十四	辛巳	∨		∨
14 日	十五	壬午	∨		∨
15 日	十六	癸未	∨		∨
16 日	十七	甲申	阳遁九局		∨
17 日	十八	乙酉	∨	中元	∨
18 日	十九	丙戌	∨		∨
19 日	二十	丁亥	∨		∨
20 日	廿一	戊子	∨		春分
21 日	廿二	己丑	阳遁六局		∨
22 日	廿三	庚寅	∨	下元	∨
23 日	廿四	辛卯	∨		∨
24 日	廿五	壬辰	∨		∨
25 日	廿六	癸巳	∨		∨
26 日	廿七	甲午	阳遁四局		∨
27 日	廿八	乙未	∨	上元	∨
28 日	廿九	丙申	∨		∨
29 日	乙巳年三月初一	丁酉	∨		∨
30 日	初二	戊戌	∨		∨
31 日	初三	己亥	阳遁一局		∨

公历 2025 年 4 月

公历	农历	日干支	局		节气
4月1日	初四	庚子	˅		˅
2日	初五	辛丑	˅	中元	˅
3日	初六	壬寅	˅		˅
4日	初七	癸卯	˅		清明
5日	初八	甲辰	阳遁七局		˅
6日	初九	乙巳	˅		˅
7日	初十	丙午	˅	下元	˅
8日	十一	丁未	˅		˅
9日	十二	戊申	˅		˅
10日	十三	己酉	阳遁五局		˅
11日	十四	庚戌	˅		˅
12日	十五	辛亥	˅	上元	˅
13日	十六	壬子	˅		˅
14日	十七	癸丑	˅		˅
15日	十八	甲寅	阳遁二局		˅
16日	十九	乙卯	˅		˅
17日	二十	丙辰	˅	中元	˅
18日	廿一	丁巳	˅		˅
19日	廿二	戊午	˅		˅
20日	廿三	己未	阳遁八局		谷雨
21日	廿四	庚申	˅		˅
22日	廿五	辛酉	˅	下元	˅
23日	廿六	壬戌	˅		˅
24日	廿七	癸亥	˅		˅
25日	廿八	甲子	阳遁四局		˅
26日	廿九	乙丑	˅		˅
27日	乙巳年四月初一	丙寅	˅	上元	˅
28日	初二	丁卯	˅		˅
29日	初三	戊辰	˅		˅
30日	初四	己巳	阳遁一局		˅

公历 2025 年 5 月

公历	农历	日干支	局		节气
5月1日	初五	庚午	∨		∨
2 日	初六	辛未	∨	中元	∨
3 日	初七	壬申	∨		∨
4 日	初八	癸酉	∨		∨
5 日	初九	甲戌	阳遁七局		立夏
6 日	初十	乙亥	∨	下元	∨
7 日	十一	丙子	∨		∨
8 日	十二	丁丑	∨		∨
9 日	十三	戊寅	∨		∨
10 日	十四	己卯	阳遁五局		∨
11 日	十五	庚辰	∨	上元	∨
12 日	十六	辛巳	∨		∨
13 日	十七	壬午	∨		∨
14 日	十八	癸未	∨		∨
15 日	十九	甲申	阳遁二局		∨
16 日	二十	乙酉	∨	中元	∨
17 日	廿一	丙戌	∨		∨
18 日	廿二	丁亥	∨		∨
19 日	廿三	戊子	∨		∨
20 日	廿四	己丑	阳遁八局		∨
21 日	廿五	庚寅	∨	下元	小满
22 日	廿六	辛卯	∨		∨
23 日	廿七	壬辰	∨		∨
24 日	廿八	癸巳	∨		∨
25 日	廿九	甲午	阳遁六局		∨
26 日	三十	乙未	∨	上元	∨
27 日	乙巳年五月初一	丙申	∨		∨
28 日	初二	丁酉	∨		∨
29 日	初三	戊戌	∨		∨
30 日	初四	己亥	阳遁三局	中元	∨
31 日	初五	庚子	∨		∨

公历 2025 年 6 月

公历	农历	日干支	局		节气
6 月 1 日	初六	辛丑	✓	中元	✓
2 日	初七	壬寅	✓		✓
3 日	初八	癸卯	✓		✓
4 日	初九	甲辰	阳遁九局		✓
5 日	初十	乙巳	✓	下元	芒种
6 日	十一	丙午	✓		✓
7 日	十二	丁未	✓		✓
8 日	十三	戊申	✓		✓
9 日	十四	己酉	阳遁六局		✓
10 日	十五	庚戌	✓	上元	✓
11 日	十六	辛亥	✓		✓
12 日	十七	壬子	✓		✓
13 日	十八	癸丑	✓		✓
14 日	十九	甲寅	阳遁三局		✓
15 日	二十	乙卯	✓	中元	✓
16 日	廿一	丙辰	✓		✓
17 日	廿二	丁巳	✓		✓
18 日	廿三	戊午	✓		✓
19 日	廿四	己未	阳遁九局		✓
20 日	廿五	庚申	✓	下元	✓
21 日	廿六	辛酉	✓		夏至
22 日	廿七	壬戌	✓		✓
23 日	廿八	癸亥	✓		✓
24 日	廿九	甲子	阴遁九局		✓
25 日	乙巳年六月初一	乙丑	✓	上元	✓
26 日	初二	丙寅	✓		✓
27 日	初三	丁卯	✓		✓
28 日	初四	戊辰	✓		✓
29 日	初五	己巳	阴遁三局	中元	✓
30 日	初六	庚午	✓		✓

公历 2025 年 7 月

公历	农历	日干支	局		节气
7 月 1 日	初七	辛未	✓	中元	✓
2 日	初八	壬申	✓		✓
3 日	初九	癸酉	✓		✓
4 日	初十	甲戌	阴遁六局	下元	✓
5 日	十一	乙亥	✓		✓
6 日	十二	丙子	✓		✓
7 日	十三	丁丑	✓		小暑
8 日	十四	戊寅	✓		✓
9 日	十五	己卯	阴遁八局	上元	✓
10 日	十六	庚辰	✓		✓
11 日	十七	辛巳	✓		✓
12 日	十八	壬午	✓		✓
13 日	十九	癸未	✓		✓
14 日	二十	甲申	阴遁二局	中元	✓
15 日	廿一	乙酉	✓		✓
16 日	廿二	丙戌	✓		✓
17 日	廿三	丁亥	✓		✓
18 日	廿四	戊子	✓		✓
19 日	廿五	己丑	阴遁五局	下元	✓
20 日	廿六	庚寅	✓		✓
21 日	廿七	辛卯	✓		大暑
22 日	廿八	壬辰	✓		✓
23 日	廿九	癸巳	✓		✓
24 日	三十	甲午	阴遁七局	上元	✓
25 日	乙巳年闰六月初一	乙未	✓		✓
26 日	初二	丙申	✓		✓
27 日	初三	丁酉	✓		✓
28 日	初四	戊戌	✓		✓
29 日	初五	己亥	阴遁一局	中元	✓
30 日	初六	庚子	✓		✓
31 日	初七	辛丑	✓		✓

公历 2025 年 8 月

公历	农历	日干支	局		节气
8 月 1 日	初八	壬寅	✓		✓
2 日	初九	癸卯	✓		✓
3 日	初十	甲辰	阴遁四局		✓
4 日	十一	乙巳	✓	下元	✓
5 日	十二	丙午	✓		✓
6 日	十三	丁未	✓		✓
7 日	十四	戊申	✓		立秋
8 日	十五	己酉	阴遁二局		✓
9 日	十六	庚戌	✓		✓
10 日	十七	辛亥	✓	上元	✓
11 日	十八	壬子	✓		✓
12 日	十九	癸丑	✓		✓
13 日	二十	甲寅	阴遁五局		✓
14 日	廿一	乙卯	✓		✓
15 日	廿二	丙辰	✓	中元	✓
16 日	廿三	丁巳	✓		✓
17 日	廿四	戊午	✓		✓
18 日	廿五	己未	阴遁八局		✓
19 日	廿六	庚申	✓		✓
20 日	廿七	辛酉	✓	下元	✓
21 日	廿八	壬戌	✓		✓
22 日	廿九	癸亥	✓		✓
23 日	乙巳年七月初一	甲子	阴遁一局		处暑
24 日	初二	乙丑	✓		✓
25 日	初三	丙寅	✓	上元	✓
26 日	初四	丁卯	✓		✓
27 日	初五	戊辰	✓		✓
28 日	初六	己巳	阴遁四局		✓
29 日	初七	庚午	✓		✓
30 日	初八	辛未	✓	中元	✓
31 日	初九	壬申	✓		✓

公历 2025 年 9 月

公历	农历	日干支	局		节气
9 月 1 日	初十	癸酉	∨		∨
2 日	十一	甲戌	阴遁七局		∨
3 日	十二	乙亥	∨	下元	∨
4 日	十三	丙子	∨		∨
5 日	十四	丁丑	∨		∨
6 日	十五	戊寅	∨		∨
7 日	十六	己卯	阴遁九局		白露
8 日	十七	庚辰	∨	上元	∨
9 日	十八	辛巳	∨		∨
10 日	十九	壬午	∨		∨
11 日	二十	癸未	∨		∨
12 日	廿一	甲申	阴遁三局		∨
13 日	廿二	乙酉	∨	中元	∨
14 日	廿三	丙戌	∨		∨
15 日	廿四	丁亥	∨		∨
16 日	廿五	戊子	∨		∨
17 日	廿六	己丑	阴遁六局		∨
18 日	廿七	庚寅	∨	下元	∨
19 日	廿八	辛卯	∨		∨
20 日	廿九	壬辰	∨		∨
21 日	三十	癸巳	∨		∨
22 日	乙巳年八月初一	甲午	阴遁七局		∨
23 日	初二	乙未	∨	上元	秋分
24 日	初三	丙申	∨		∨
25 日	初四	丁酉	∨		∨
26 日	初五	戊戌	∨		∨
27 日	初六	己亥	阴遁一局		∨
28 日	初七	庚子	∨	中元	∨
29 日	初八	辛丑	∨		∨
30 日	初九	壬寅	∨		∨

公历 2025 年 10 月

公历	农历	日干支	局		节气
10 月 1 日	初十	癸卯	✓		✓
2 日	十一	甲辰	阴遁四局		✓
3 日	十二	乙巳	✓	下元	✓
4 日	十三	丙午	✓		✓
5 日	十四	丁未	✓		✓
6 日	十五	戊申	✓		✓
7 日	十六	己酉	阴遁六局		✓
8 日	十七	庚戌	✓	上元	寒露
9 日	十八	辛亥	✓		✓
10 日	十九	壬子	✓		✓
11 日	二十	癸丑	✓		✓
12 日	廿一	甲寅	阴遁九局	中元	✓
13 日	廿二	乙卯	✓		✓
14 日	廿三	丙辰	✓	中元	✓
15 日	廿四	丁巳	✓		✓
16 日	廿五	戊午	✓		✓
17 日	廿六	己未	阴遁三局		✓
18 日	廿七	庚申	✓	下元	✓
19 日	廿八	辛酉	✓		✓
20 日	廿九	壬戌	✓		✓
21 日	乙巳年九月初一	癸亥	✓		✓
22 日	初二	甲子	阴遁五局		✓
23 日	初三	乙丑	✓	上元	霜降
24 日	初四	丙寅	✓		✓
25 日	初五	丁卯	✓		✓
26 日	初六	戊辰	✓		✓
27 日	初七	己巳	阴遁八局		✓
28 日	初八	庚午	✓	中元	✓
29 日	初九	辛未	✓		✓
30 日	初十	壬申	✓		✓
31 日	十一	癸酉	✓		✓

公历 2025 年 11 月

公历	农历	日干支	局		节气
11月1日	十二	甲戌	阴遁二局		˅
2日	十三	乙亥	˅	下元	˅
3日	十四	丙子	˅		˅
4日	十五	丁丑	˅		˅
5日	十六	戊寅	˅		˅
6日	十七	己卯	阴遁六局	上元	˅
7日	十八	庚辰	˅		立冬
8日	十九	辛巳	˅		˅
9日	二十	壬午	˅	上元	˅
10日	廿一	癸未	˅		˅
11日	廿二	甲申	阴遁九局		˅
12日	廿三	乙酉	˅	中元	˅
13日	廿四	丙戌	˅		˅
14日	廿五	丁亥	˅		˅
15日	廿六	戊子	˅		˅
16日	廿七	己丑	阴遁三局		˅
17日	廿八	庚寅	˅	下元	˅
18日	廿九	辛卯	˅		˅
19日	三十	壬辰	˅		˅
20日	乙巳年十月初一	癸巳	˅		˅
21日	初二	甲午	阴遁五局		˅
22日	初三	乙未	˅	上元	小雪
23日	初四	丙申	˅		˅
24日	初五	丁酉	˅		˅
25日	初六	戊戌	˅		˅
26日	初七	己亥	阴遁八局		˅
27日	初八	庚子	˅	中元	˅
28日	初九	辛丑	˅		˅
29日	初十	壬寅	˅		˅
30日	十一	癸卯	˅		˅

公历 2025 年 12 月

公历	农历	日干支	局		节气
12 月 1 日	十二	甲辰	阴遁二局		˅
2 日	十三	乙巳	˅	下元	˅
3 日	十四	丙午	˅		˅
4 日	十五	丁未	˅		˅
5 日	十六	戊申	˅		˅
6 日	十七	己酉	阴遁四局		˅
7 日	十八	庚戌	˅	上元	大雪
8 日	十九	辛亥	˅		˅
9 日	二十	壬子	˅		˅
10 日	廿一	癸丑	˅		˅
11 日	廿二	甲寅	阴遁七局		˅
12 日	廿三	乙卯	˅	中元	˅
13 日	廿四	丙辰	˅		˅
14 日	廿五	丁巳	˅		˅
15 日	廿六	戊午	˅		˅
16 日	廿七	己未	阴遁一局		˅
17 日	廿八	庚申	˅	下元	˅
18 日	廿九	辛酉	˅		˅
19 日	三十	壬戌	˅		˅
20 日	乙巳年十一月初一	癸亥	˅		˅
21 日	初二	甲子	阳遁一局		˅
22 日	初三	乙丑	˅	上元	冬至
23 日	初四	丙寅	˅		˅
24 日	初五	丁卯	˅		˅
25 日	初六	戊辰	˅		˅
26 日	初七	己巳	阳遁七局		˅
27 日	初八	庚午	˅	中元	˅
28 日	初九	辛未	˅		˅
29 日	初十	壬申	˅		˅
30 日	十一	癸酉	˅		˅
31 日	十二	甲戌	阳遁四局		˅

公历 2026 年 1 月

公历	农历	日干支	局	元	节气
1 月 1 日	十三	乙亥	✓	下元	✓
2 日	十四	丙子	✓		✓
3 日	十五	丁丑	✓		✓
4 日	十六	戊寅	✓		✓
5 日	十七	己卯	阳遁二局	上元	小寒
6 日	十八	庚辰	✓		✓
7 日	十九	辛巳	✓		✓
8 日	二十	壬午	✓		✓
9 日	廿一	癸未	✓		✓
10 日	廿二	甲申	阳遁八局	中元	✓
11 日	廿三	乙酉	✓		✓
12 日	廿四	丙戌	✓		✓
13 日	廿五	丁亥	✓		✓
14 日	廿六	戊子	✓		✓
15 日	廿七	己丑	阳遁五局	下元	✓
16 日	廿八	庚寅	✓		✓
17 日	廿九	辛卯	✓		✓
18 日	三十	壬辰	✓		✓
19 日	乙巳年十二月初一	癸巳	✓		✓
20 日	初二	甲午	阳遁三局	上元	大寒
21 日	初三	乙未	✓		✓
22 日	初四	丙申	✓		✓
23 日	初五	丁酉	✓		✓
24 日	初六	戊戌	✓		✓
25 日	初七	己亥	阳遁九局	中元	✓
26 日	初八	庚子	✓		✓
27 日	初九	辛丑	✓		✓
28 日	初十	壬寅	✓		✓
29 日	十一	癸卯	✓		✓
30 日	十二	甲辰	阳遁六局	下元	✓
31 日	十三	乙巳	✓		✓